问题——概念·解析·实证之探索丛书

手指划开新世界
旅游APP的用户采纳行为研究

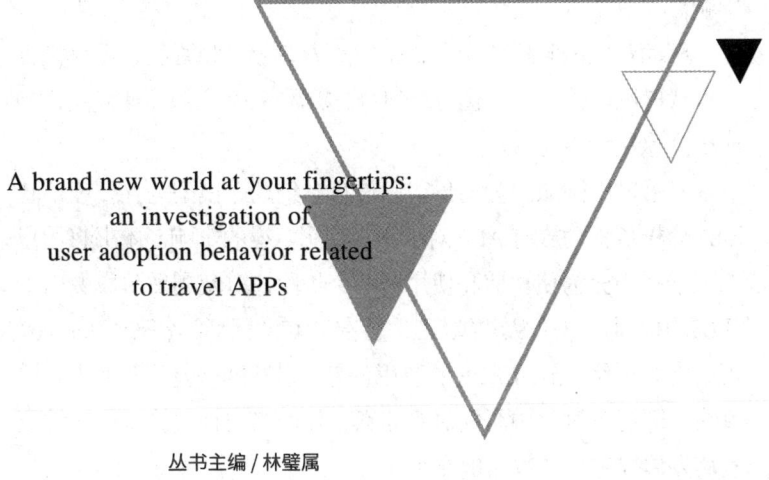

A brand new world at your fingertips:
an investigation of
user adoption behavior related
to travel APPs

丛书主编／林璧属

潘澜／著

旅游教育出版社
·北京·

内容简介

"动动指尖，周游世界"，APP 技术不仅改变了旅游者的行为模式，更对旅游企业的运营方式和政府的管理模式产生了深刻的影响。

移动互联网时代的中国，密集的人口分布和智能移动手机直接取代电脑软件的后发优势，使智慧旅游 APP 应用超速发展，相应研究也属世界前沿。

本书以中国旅游为情景，以信息系统成功模型为主要理论基础，分析了移动旅游 APP 对于用户使用意愿的影响。本书将用户的采纳行为分为使用前和使用后两个阶段，对使用后阶段做出了详细的探讨。本书从"拉新""留存"和"促活"三个方面来分析游客对于移动旅游 APP 的使用意愿，以帮助旅游运营商更好地解决实际运营过程中所面对的问题，并最终为相关旅游市场健康有序发展提出了具体的指导和建议。

本项目受到了国家留学基金项目（201708330567）资助、浙江省旅游职业学院院级高层次课题（PYG201601）资助，获得杭州市哲社科规划项目（Z20YD031）、浙江省社科规划课题成果（16NDJC177YB）、2019 年浙江省文化和旅游创新人才团队项目的支持。

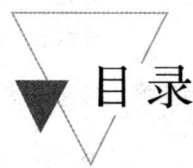

目录

旅游学研究的对象与路径（代总序） …………………… 01
前　言 …………………………………………………… 15
摘　要 …………………………………………………… 19
Abstract ………………………………………………… 23

第一章　绪论 ………………………………………… 001
　　第一节　研究背景 ………………………………… 002
　　第二节　研究问题与意义 ………………………… 013
　　第三节　研究方法、框架与内容 ………………… 016
　　第四节　研究创新 ………………………………… 021

第二章　移动旅游 APP 研究评述 …………………… 023
　　第一节　移动旅游 APP 概述 ……………………… 024
　　第二节　移动旅游 APP 文献综述 ………………… 028
　　第三节　文献评述 ………………………………… 059

第三章　用户采纳的相关理论 ……………………… 061
　　第一节　理性行为理论 …………………………… 062
　　第二节　计划行为理论 …………………………… 068
　　第三节　技术接受模型及其扩展 ………………… 075
　　第四节　整合科技接受模型 ……………………… 097

第五节　信息系统成功模型 ……………………… 112
第六节　霍夫斯泰德文化理论 …………………… 124

第四章　拉新：旅游 APP 初次使用意愿分析 …… 139

第一节　研究假设 ………………………………… 140
第二节　研究模型 ………………………………… 146
第三节　问卷设计与前测 ………………………… 147
第四节　正式问卷发放 …………………………… 151
第五节　数据分析 ………………………………… 152
第六节　实证分析总结与讨论 …………………… 181
第七节　本章总结 ………………………………… 186

第五章　存活：旅游 APP 持续性使用意愿分析 …… 189

第一节　研究假设 ………………………………… 190
第二节　研究模型 ………………………………… 196
第三节　量表设计与前测 ………………………… 196
第四节　正式问卷发放 …………………………… 199
第五节　数据分析 ………………………………… 200
第六节　实证分析总结与讨论 …………………… 215
第七节　本章总结 ………………………………… 217

第六章　促活：旅游 APP 系统设计对于使用意愿的影响分析 ……………………… 219

第一节　研究假设 ………………………………… 220
第二节　理论研究模型 …………………………… 223
第三节　实验设计与前测 ………………………… 223
第四节　实验过程 ………………………………… 235
第五节　数据分析 ………………………………… 236
第六节　实证分析总结与讨论 …………………… 264
第七节　本章总结 ………………………………… 268

第七章 研究总结与未来展望 ················· 269
    第一节 研究结论 ····························· 270
    第二节 不足与展望 ··························· 273

参考文献 ·· 276
致　谢 ·· 299

图目录

图 1-1	中国在线旅游市场产业链图 ……………………	009
图 1-2	2017—2018 年在线旅游预订/手机在线旅行预订用户规模及使用率…………	011
图 1-3	全文研究框架 ……………………………………	019
图 1-4	不同阶段下旅游 APP 用户的采纳行为分析 ………	019
图 2-1	2015 年旅游产品购买渠道对比 ………………	026
图 3-1	理性行为理论 ……………………………………	062
图 3-2	理性行为理论扩展模型 …………………………	068
图 3-3	计划行为理论 ……………………………………	069
图 3-4	技术接受模型 ……………………………………	075
图 3-5	技术接受模型 Ⅱ …………………………………	078
图 3-6	技术接受模型 Ⅲ …………………………………	082
图 3-7	整合科技接受模型 ………………………………	101
图 3-8	整合科技接受模型 Ⅱ ……………………………	103
图 3-9	信息系统成功模型 ………………………………	112
图 3-10	塞登的信息系统成功模型框架 ………………	116
图 3-11	信息系统成功模型 Ⅱ …………………………	116
图 4-1	初次使用意愿研究理论模型 ……………………	147
图 4-2	初次使用意愿研究碎石图 A ……………………	160
图 4-3	初次使用意愿研究碎石图 B ……………………	167
图 4-4	AMOS 中初次使用意愿的研究模型 ……………	174

图 4-5　调节模型 ………………………………………… 176
图 4-6　AMOS 中初次使用意愿的调节模型 …………… 179
图 5-1　持续性使用意愿研究理论模型 ………………… 196
图 6-1　系统设计对用户使用意愿影响研究理论模型 …… 223
图 6-2　低信息质量和低系统质量 ……………………… 226
图 6-3　低信息质量和高系统质量 A ……………………… 227
图 6-4　低信息质量和高系统质量 B ……………………… 228
图 6-5　登录系统 ………………………………………… 228
图 6-6　高信息质量和低系统质量 A ……………………… 230
图 6-7　高信息质量和低系统质量 B ……………………… 230
图 6-8　高信息质量和低系统质量 C ……………………… 230
图 6-9　高信息质量和高系统质量 ……………………… 232
图 6-10　组间比较——感知有用性 ……………………… 252
图 6-11　组间比较——感知易用性 ……………………… 253
图 6-12　组间比较——满意度 …………………………… 253
图 6-13　组间比较——感知趣味性 ……………………… 254
图 6-14　系统设计对使用意愿影响研究的碎石图 ……… 259

表目录

表 1-1　第四章至第六章具体研究内容 …………… 020
表 2-1　影响旅游者采纳意愿的因素 …………… 044
表 2-2　有关不同旅游行为研究的文献综述 …………… 045
表 3-1　整合科技接受模型变量定义 …………… 098
表 3-2　整合科技接受模型Ⅱ变量定义 …………… 102
表 3-3　信息系统成功模型变量定义 …………… 114
表 4-1　变量题项设计 …………… 148
表 4-2　初次使用意愿研究样本的描述性人口统计特征 … 153
表 4-3　样本信度分析 …………… 155
表 4-4　KMO-Bartlett 检验结果 …………… 158
表 4-5　样本解释总方差 …………… 158
表 4-6　旋转成分矩阵结果 …………… 161
表 4-7　探索性因子分析与验证性因子分析的差异比较表 … 163
表 4-8　验证性因子分析结果 …………… 164
表 4-9　样本解释总方差 …………… 165
表 4-10　旋转成分矩阵结果 …………… 168
表 4-11　验证性因子分析结果Ⅱ …………… 170
表 4-12　平均提取方差值的平方根及相关系数 …………… 171
表 4-13　测量模型拟合适配度指标 …………… 172
表 4-14　模型分析结果 …………… 175
表 4-15　假设模型拟合度适配指标 …………… 176

表4-16	调节效应检验结果	180
表5-1	变量题项设计	198
表5-2	持续性使用意愿研究样本的描述性人口统计特征	200
表5-3	样本信度分析	201
表5-4	KMO-Bartlett 检验结果	203
表5-5	样本解释总方差	204
表5-6	旋转成分矩阵结果	206
表5-7	验证性因子分析结果	207
表5-8	KMO-Bartlett 检验结果	208
表5-9	样本解释总方差	209
表5-10	旋转成分矩阵结果	209
表5-11	验证性因子分析结果Ⅱ	211
表5-12	平均提取方差值的平方根及相关系数	211
表5-13	测量模型拟合适配度指标	212
表5-14	模型分析结果	213
表5-15	假设模型拟合度适配指标	213
表5-16	调节效应检验结果	214
表6-1	系统设计对使用意愿影响研究的变量题项设计	233
表6-2	单因素方差分析结果——性别	237
表6-3	单因素方差分析结果——年龄	237
表6-4	单因素方差分析结果——使用经验	237
表6-5	四组间变量平均值和标准差的比较	238
表6-6	单因素方差分析结果	244
表6-7	单因素方差分析结果——信息质量	246
表6-8	单因素方差分析结果——系统质量	246
表6-9	主体效应检验结果	250
表6-10	样本信度分析	256
表6-11	KMO-Bartlett 检验结果	258
表6-12	样本解释总方差	258

表 6-13　旋转成分矩阵结果 …………………………… 260
表 6-14　验证性因子分析结果 ………………………… 261
表 6-15　平均提取方差值的平方根及相关系数 ……… 262
表 6-16　测量模型拟合适配度指标 …………………… 262
表 6-17　模型分析结果 ………………………………… 263
表 6-18　假设模型拟合度适配指标 …………………… 263

旅游学研究的对象与路径

| 代总序 |

在人类认识世界、改造世界的历史长河中,知识积累与创新起到了最为关键的作用。在知识领域,理论研究主要展现为"概念导向"和"实践导向"两种模式,人们常说的"问题导向"本质上属于后者。"概念导向"在西方思想界中有着悠久的历史,柏拉图通过"理念王国"的建构开创了理论研究遵循"概念导向"的先河。柏拉图的"理念王国"主要是通过概念或者概念之间的演绎、归纳、推理建构起来的。柏拉图在《理想国》里曾说过:"在一个有许多不同的多种多样性事物的情况里,我们都假设了一个单一的'相'或'型',同时给了它们同一的名称。"(柏拉图. 理想国 [M]. 谢善元,译. 上海:译文出版社,2016.)在柏拉图看来,世上万事万物尽管形态各异,但只不过是对理念的模仿和分有,只有理念才是本质。只有认识了理念才能把握流变的现象世界,理念王国的知识对于现象世界的人具有决定性意义。因而,只有关于理念的知识才是真正的知识,是永恒的、完美的"理智活物",才最值得追求。在这里,理念的意义完全来自逻辑的规定性,即不同概念之间的相互关系,而与任何感性对象无关。虽然柏拉图的"理念"并不完全等同于"概念",

但二者都被视为是对事物的一般性本质特征的把握，是从感性事物的共同特点中抽象、概括出来的。在某种意义上，理念在柏拉图那里实际是通过概括现实事物的共性而得出的概念。柏拉图的概念化的王国，打造了形而上学的原型，并形成为绵延两千多年的哲学传统。

"概念导向"与"实践导向"有着显著的差别。首先，"概念导向"关注的是形而上学的对象性，"实践导向"关注的是现实活动的、交互主体性的对象性。也就是说，"概念导向"关注的是抽象的客体，而"实践导向"则是以在一定境遇中生成的具有交互主体性的"事物、现实、感性"为研究对象，遵循的是"一切将成"的生活世界观，所以其基本主张就是突破主、客体二元对立。"事物、现实、感性"即对象，是人和对象活动在一定的境遇中生成的，具有能动性，事物、现实和感性不应是单纯静观认识的、被表象的、受动的、形式的客体存在，而是人和对象共同参与的存在。在共同参与之中，人与对象在本质力量上相互设定、相互创造。其次，"概念导向"习惯于抽象化思考，"实践导向"习惯于现象化思考，即"概念导向"习惯于在认识活动中运用判断、推理等形式，对客观现实进行间接的、概括的反映。或者抛开偶然的、具体的、繁杂的、零散的事物的表象，或人们感觉到或想象到的事物，在感觉所看不到的地方去抽取事物的本质和共性。或者运用逻辑演算与公理系统等"去情境化""去过程化"地抽取事物的本质和共性为思考方式，研究出充满形式化的结果。"实践导向"以"事物总是历史具体的"为理念，特别强调思想、观念应回到现实的人和现实世界的真实生成之中，回到实践本身，认为思想、观念应"从现实的前提出发，它一刻也不离开这种前提"。强调思想、观念应回到实践本身，"就其自身显示自身"、存在的"澄明""被遮蔽状态的敞开"。再次，"概念导向"偏重于静态化理解对象,"实践导向"偏重于动态化地理解对象。由于偏重静态论的理解,所以"概念导向"容易机械地、标签式框定研究对象,僵化地评判对象,将本来运动变化着的客体对象静止化,将丰富多彩的对象客体简单化,从而得出悲观性的结论。"实践导向"在研究中偏重于"存在者的本质规定不能靠列举关乎实事的'是什么'来进行"的理解方式,把对象置于历史性的生成过程之中动态化地去认识,认为问题是一种可能性的筹划,是向未来的展开,它的本质总是体现为动态性质的"有待去是",而不是现成的存在者。

我非常强调实践导向的研究,主张研究的一切问题要来自于实践,要由实践出真知,而且知道"概念导向"存在着诸多不足。但是,在旅游学研究中,我一直在苦苦探索着几个核心问题,这些问题的解决却有赖于概念的突破。

旅游学研究中,我苦恼的问题如下所述:

第一个问题:旅游学能否成为一门独立的学科?

从哲学高度看,特别是以科学哲学的评判标准看,旅游学具备成为一门独立学科的条件。其标准有三:其一,旅游学要有自己独立的研究对象;其二,旅游学与心理学、经济学、社会学、管理学、人类学和地理学等紧密相关的学科边界要清晰,不能简单地采用拿来主义,而是要有明确的联系与区别;其三,旅游学要有自己独立的方法论。

在旅游学要有自己独立的研究对象这一根本问题上,我还是有着自己独到的见解。经过对已有各种观点的回顾、提炼与研讨,目前我的旅游学观点确定为:旅游学是关于现实的旅游者出于某种需求所进行的短暂的旅行、游憩或休闲度假等不同形式所表征的各种旅游活动"相"及由此所产生的与旅游相关的各种社会经济相互关系及其运动发展的科学。这里的旅游学研究的出发点是"现实的旅游者",是活生生的现实的旅游者,不是抽象化的旅游者;这里的旅游学研究包括三个层次的要素研究:①旅游活动要素;②与旅游相关的各种社会、经济关系(结构)要素;③由旅游活动所产生的各种相关社会、经济关系所形成的旅游发展的(问题)要素。旅游学研究的核心是旅游活动要素与旅游相关的社会、经济关系要素,研究的最终目的是发展。之所以把旅游学研究对象界定为"现实的旅游者",是因为强调"现实的旅游者"不是他们自己或别人想象中的那种虚拟的、抽象的旅游者,不是实验中的旅游者,不是网络调查中的旅游者,而是活生生的有生命个体的现实的旅游者。这一理念来源于恩格斯。恩格斯说:历史学是关于现实的人及其历史发展的科学。恩格斯的这一著名论断同样适合于旅游学研究对象的确定。旅游学研究中,这些个人的现实的旅游者的行为主体是处于旅游过程中的,是在一定的前提和条件下可以能动地表现自己的现实的旅游者。倘若在实验研究中,为研究对象设定一个模拟旅游过程中的场景,问他们如果进行旅游,会选择何种价位的酒店?哪种交通工具?出游几天等?虚拟的旅游者或许容易根据自己的偏好直接选择,但没有考虑到时间、金钱和环境条件的约束,因此,选择这类型的被试作为研究对象,其有效性远不如选择现实的正在旅游过程中的旅游者来得科学且真实有效。

在旅游学与心理学、经济学、社会学、管理学、人类学和地理学等紧密相关的学科边界问题上,学界普遍倾向于强调综合研究或交叉研究,大多是拿来主义,只有心理学、经济学、社会学、管理学、人类学和地理学等学科对旅游学研究有贡献,旅游学还没有反哺能力,这也是为什么旅游学不被人们认可为独立学科的主要原因。这方面需要做的工作还很多。

在旅游学要有自己独立的研究方法论这一问题上,旅游学目前基本没有，大多采用哲学和一般社会科学的研究方法论，不过这里需要多啰唆一句，我这里所说的方法论是指研究方法的方法，而不是由于语境差异在英文中的 Methodology 所表达的方法、方法论之区分不清晰。

第二个问题：旅游学的学科属性？

这是讨论最多、疑问最多，也是最难以确定的一个核心问题。在这里，我权且把它确定为自然科学、社会科学和人文科学的交叉学科。

之所以说权且，是由于我目前给不了准确的说法。这里权且采用国际顶尖的旅游学期刊《旅游研究纪事》的前任主编贾法尔·贾法里和约翰·特赖布的观点。影响比较大的理论观点有贾法里的"旅游学科之轮"模型和特赖布的"旅游知识体系"模型。其中，"旅游知识体系"模型提出于2015年，模型比较新且较为全面，因此我对有关旅游学学科属性的理解基于该模型。在"旅游知识体系"模型中，整个旅游知识的核心分为四大类，即社会科学、商业研究、人文艺术和自然科学。其中，社会科学包括经济学、地理学、社会学、人类学、心理学、政治科学、法学等；商业研究包括市场营销、财务管理、人力资源管理、服务管理、目的地规划等；人文与艺术包括哲学、历史学、语言学、文学、传播学、设计以及音乐、舞蹈、绘画、建筑等艺术门类；自然科学包括医学、生物学、工程学、物理学、化学等。在我看来，按照国内常用的学科三分法的方法可以将上述四大类归纳为三类，即社会科学、人文科学和自然科学，其中社会科学包含上面的社会科学与商业研究（商业研究其实就是国内的管理学），人文科学包含人文与艺术。旅游学学科属性界定之难就难在于其复杂，具有交叉学科的性质，但处于核心地位的是社会科学，自然科学和人文科学领域的旅游研究也方兴未艾。

第三个问题：旅游学的研究路径？

国内外学界普遍倾向于定性研究与定量研究，我觉得旅游学还有一个很大的问题没有解决，那就是概念研究，这也是我为什么一直强调要进行概念导向的研究。有人把概念导向的研究并入定性研究，在旅游学领域，我认为必须要有单独的概念研究。因为旅游学迄今为止还缺乏专门指向旅游现象的专有名词，现有的旅游概念大多是指向某种实物或特定现象的指向性的对象物名词，例如，旅游现象、旅游需要、旅游地、旅游体验、旅游愉悦、旅游期望、旅游流、旅游效应、旅游容量……，无须一一列举，目前的所有名词中，只要删掉"旅游"两字，就没有人知道这个名词与旅游学有何相关，不如经济学中的"垄断""竞争"等名词。因此，我一直强调需要有概念导向的研究，以期获得旅游学研究"专有名词"的新突破。

在研究路径上，毫无疑问，旅游学的研究路径必定不是单一的而是多元的，这其中主要的三条路径为定性研究、定量研究，以及通过概念导向的研究以期获得新概念的概念研究。

旅游学中的定性研究是指对旅游现象的质的分析和研究，通过对旅游现象发展过程及其特征的深入分析，对旅游现象进行历史的、详细的考察，解释旅游现象的本质和变化发展的规律。旅游学中的定量研究是指在数学方法的基础上，研究旅游现象的数量特征、数量关系和数量变化，预测旅游现象的发展趋势。

概念研究是一条虽然非常传统、但在旅游学确是新研究的路径，旅游学中的概念研究是指一种对旅游现象的某些特征的抽象化的研究，它是对概念本身进行研究，研究内容包含两个部分，即重新解释现有概念和形成新的概念。这里要注意区分概念和概念研究，任何研究路径都是有概念的，概念是任何研究的起始阶段，但概念研究的不同之处就在于它的研究对象是概念本身，且对概念的分析主要是基于研究者的抽象化研究。概念的分析、研究与创新是哲学研究的主要手段，社会科学领域相对较少。旅游学要想形成自己独立的研究体系，拥有属于旅游学自身的独特概念必不可少，旅游学中的概念研究应当得到学界的重视。概念研究路径可以依赖于诠释学的理论范式，也可以如马克斯·韦伯的"理想类型"方法。

第四个问题：旅游学研究的理论范式？

旅游学的交叉学科属性以及研究路径的多样性使得研究者们会有这样的困惑——到底哪种方法论或范式才是旅游学研究应该遵循的？旅游学研究有统一的方法吗？要想回答这些问题，有必要从科学哲学和理论范式这两个角度进行探讨。

研究的两种基本出发点——自然主义与反自然主义。

任何研究都是建立在某种基本观念之上的，这种基本观念表达了研究者对研究及研究对象的某种信念。在对知识与研究的总体性的看法上，存在两种相互对立的哲学——自然主义与反自然主义。

对于自然主义，可以从本体论、认识论和方法论这三个方面进行说明。在本体论上，自然主义认为凡是存在的都是自然的，不存在超自然的实体，实在的事物都是由自然的存在所组成的，事物或人的性质是由自然存在体的性质所决定的；在认识论上自然主义坚持经验主义取向，人们只能通过经验来认识所要认识的对象，无论这一对象是自然的还是社会的，经验是人们获取知识的唯一渠道；在方法论上自然主义主张世界可以用自然科学的方法加以解释，社会科学方法与自然科学方法具有连续性，两者没有本质差别。

自然主义的合理性在于：第一，自然主义没有抛弃形而上学使其超越了实在论与反实在论之争，在本体论层面满足了各门学科特别是人文社会科学对本体论的要求;第二,自然主义肯定了研究的基本诉求是追求科学性和客观性;第三,自然主义为知识的基本诉求提供了方法论支持。自然主义的局限性在于:对于人文社会科学,自然主义忽视了作为研究对象的人的行为以及社会的复杂性,要求人文社会科学像自然科学那样发展也使人文社会科学失去了独立性。人文社会科学如果一味地采用自然主义观,那么人类世界的丰富性与多样性将消失殆尽,对人类世界的研究也将难以深入。

对于自然科学来说,持自然主义的世界观是天经地义的,但对于人文社会科学,自然主义就并不具有这种天生的合理性,因此反自然主义主要源于人们对人文社会科学特殊性的探讨。反自然主义作为自然主义的对立面有以下观点:其一,在本体论上,否认社会具有普遍和客观的本质,严格区分自然现象和社会现象,认为两者具有根本上的不同;其二,在认识论和方法论上一般主张以意义对抗规律、以人文理解对抗科学解释,形成反自然主义的理解的认识论和方法论。反自然主义的合理性在于它植根于人文社会科学相对于自然科学的特殊性,其关于人文社会科学的一些主张具有合理性。这些主张突破了自然主义对社会现象的简单化处理,体现了人文社会科学的独立性与独特性。具体来说就是阐释了社会科学研究对象的复杂性,突破了自然主义对社会现象的简单化处理,揭示了社会科学的一条特别路径,即社会科学的目的不是寻找规律而是追求不同个体之间的可理解性。

如果仅仅从自然主义与反自然主义的角度看,旅游学研究是应该既包含自然主义又包含反自然主义的。在如何解决旅游学研究这一复杂问题时,我坚持马克思主义的实践观,坚持实践导向研究,关于这一点在下文中阐述。

旅游研究的三大理论范式——实证主义、诠释学、批判理论。

旅游学中实证主义理论范式的观点为：其一，对象上的自然主义；其二，科学知识和方法论上的科学主义；其三，科学基础上的经验主义和价值中立。

历史主义—诠释学理论范式的主要观点为：其一，社会世界与自然世界完全不同，社会的研究对象不能脱离个人的主观意识而独立存在；其二，与实证主义理论范式的社会唯实论和方法论整体主义倾向相比，诠释学理论范式一般都倡导社会唯名论和方法论个体主义原则；其三，与实证主义理论范式强调价值中立相比较，诠释学理论范式认同价值介入的观点。

批判理论的主要观点为：其一，批判理论高举批判的旗帜，把批判视为社会理论的宗旨，认为社会理论的主要任务就是否定，而否定的主要手段就是批判；其二，反对实证主义，认为知识不只是对于"外在"于那里的世界的被动反映，而更需要一种积极的建构，强调知识的介入性；其三，常常通过采取把日常生活与更大的社会结构相联系的方法来分析社会现象与社会行为，十分注重理论与实践的统一。

实质上，以上三大理论范式源于两种哲学观，实证主义主要源于自然主义的哲学观，而诠释学和批判理论更多的是反自然主义的。两大哲学观各有其合理性和缺陷。因此，在旅游学研究中，既需要将两者结合起来，也需要三大理论范式的综合运用。

在具体的旅游学研究中，我的基本观点是以"实践导向"为主，尽可能地去梳理"概念导向"的问题，特别强调要以马克思主义实践观为指导，解决旅游学研究的复杂问题。

问题来自于实践。马克思指出，人与世界的关系首先就是实践关系，人只有在实践中才会发生对世界的具体的历史性关系。首先，人只有在实践中才能发现问题。人类实践到哪里，问题就到哪里。自然界的问题，人类社会的问题以及人的认识中的问题，无不建立在人的实践基础之上，都是人在认识世界、改造世界特别是人在处理自己与外在环境关系的实践中发生的，在实践中发现的。人们在物质资料的生产活动中，作用于自然对象，具体感受和发觉各种自然现象之间的因果关系，形成对自然界问题的系统认识，逐步形成自然科学的理论。人们在管理社会，处理人与人之间各种关系的实践中，逐步发现社会生产力的真实作用，进而以此为基础形成各种善恶价值评价和是非真理性理论，不断积累不断思考，逐步建立起关于社会发展的系统思想和观点的理论。人们在各个时代进行的各种科学研究、科学实验，使人们不断地发现问题，探索问题，认识问题，解决问题，推进人类社会科学技术的进步和知识体系的发展。其次，只有在实践中才能认识问题，只有在实践中才能解决问题。弄清问题来龙去脉，了解问题的产生发展，认识问题的变化规律，理解问题的具体特征，形成关于问题的因果联系，需要通过实践来把握。只有通过实践，才能找到问题解决的妥当办法和途径。在实践中，事物之间各种真实的联系，人与对象之间各种可能的选择及其不同结果才能真实呈现，进而对人们解决问题提供最有利、最为恰当的办法与途径。

"实践导向"不能简单地等同于"问题导向"，但却是始于"问题导向"。所谓"问题导向"，就是以已有的经验为基础，在主动求知过程中发现问题。对于旅游学研究而言，不是没有问题，而是问题一箩筐。正是问题一箩筐，旅游学研究者们从各自的学科背景出发，对旅游问题进行了纷繁复杂的解释、论证与纷争。目前的国内学界总体上停留于"公说公有理，婆说婆有理"的阶段。对于这种论争，我在研究历史认识论时，提出了可以运用马克思主义的交往实践理论来解决，这一方法论同样适用于旅游学研究。

马克思指出:"人们在生产中不仅仅同自然界发生关系。他们如果不以一定的方式结合起来共同活动和互相交换其活动,便不能进行生产。为了进行生产,人们便发生一定的联系和关系;只有在这些社会联系和社会关系的范围内,才会有他们对自然界的关系,才会有生产。"(《马克思恩格斯全集》第6卷,第486页)生产实践中除了人与自然的关系,还有人与人的关系,这人与人的关系便是指人与人之间的社会交往活动。毫无疑问,现实的旅游者的任何形式的旅游活动都脱离不了这人与人之间的关系,也就是现实的旅游者与旅游服务提供者之间的人与人之间的关系,也包括现实的旅游者之间的相互关系,正所谓去哪儿玩不重要,和谁玩最重要。在实践过程中,实践主体不是抽象的、单一的、同质的,而是"有生命的个体",存在着社会主体的异质性。主体在实践中的异质性,决定了他们在认识过程中的异质性,决定了他们在观察、理解和评价事物时所具有的不同视角和价值取向,主体带入认识过程中的主观成见便源于此。认识主体的异质性和主观成见,在存在社会分工的前提下,是不可能消弭的,主体只能背负着这种成见进入认识过程,旅游学研究主体也不可能从这一认识过程的厄运中超脱。所以,在社会交往过程中形成的异质主体的主观成见只能在交往实践中得以克服,在交往实践的基础上,主体才能超出其主观片面性进而达到客观性认识。解铃还须系铃人,异质主体的主观成见正是实现认识与对象同一过程的切入口。实现认识与对象的同一过程就是在于异质主体交往的规范性和客体指向性。人们的交往实践要遵循一定的交往规范。交往实践本身造就的交往规范系统约束着主体的交往实践。这些规范对于一定历史条件下的个人来说是既定的、不得不服从的,这种交往实践的规范性保证了认识过程的收敛性。认识的收敛性、有序性是认识超出主观片面性达到客观性的必要前提。在具体的认识过程中,诸异质主体间的交往实践同时是指向主体之外的客体的对象化活动,即使用语言、调研资料而进行的旅游学研究主体间的交往归根到底仍然是指向旅游学的认识客体,是就某一旅游学问题而展开的。在认识活动过程中,主体总是从各自未自觉的主观成见出发并以为自己认识到的旅游学问题与对方认识到的旅游学问题是相同的,从而推断对方会根据自己的行为针对同一旅游认识客体采取某种相应行为。然而,交往开始时双方行为的不协调迫使主体发现了他人(一个无论在行为上还是观念上抑或是认识结果上都不同于自己的他人),发现他人同时就是发现自我。因为此时主体才能够从他人的角度来看自己及其认识活动,即自我对象化。这样一来,通过发现他人与自我的差异而暴露出自己的先入之见的局限性。如果仅仅停留在暴露偏见还不足以克服偏见,如果交往双方不是为了指向共同的客体而继续交往下去,交往就会在双方各执己见的情境中中止,他们的对象化活动也就中止了。因此,交往实践的客体指向性是保证主体超出自身的主观片面性,从而达到客观性认识的关键。正是交往实践的客体指向性使得交往主体在继续交往中努力从对方的角度去理解客体,并把自己看问题的角度暴露给对方,以求得彼此理解。在理解过程中,个别主体不一定要放弃自己的视界,而在经历了不同的视界后,在一个更大的视界中重新把握那个对象,即所谓"视界融合",从而达成共识。在此共识中,双方各自原有的成见被抛弃了,它们分别作为对客体认识的片面环节被包容在新的视界之中,此时,个别主体通过交往各自超出了原有的主观片面性而获得了客观性认识。从认识论机制看,交往实践为实现旅游学认识的客观性、真理性提供了途径。但在实际的旅游学研究中,的确有许多课题已进行过多次的大讨论,却未能取得一致的认识,人们由此会怀疑交往实践的功用。实质上,只要认识主体不自我封闭，能放下架子，能扬弃原有的看法与认识，能走出书房的象牙塔，能遵循认识规范，能就某一课题深入交往与交流，即使是针锋相对的认识，亦能在求同存异的过程中相互理解取得较一致的认识。的确无法取得较一致认识的，亦能在交往与交流的论争中获得新的认识。舍弃旧见解，在交往的过程中加深认识，最终在历经证实或证伪的过程中获得真理性认识。

在旅游学研究中，我们应当大力提倡各种论争，在实践中不断地通过证实与证伪来获得新的认识。

通过科学与哲学梳理，理论与方法论辩，概念与实践的不同研究导向分析，我们发现，旅游学作为一门学科门类才刚刚起步。目前所能确定的交叉学科属性、三大理论范式的互补性，使得要想全面研究旅游学就应该综合应用各种方法进行研究。于是，本丛书的分析框架确定为："问题——概念、解释、实证"的研究逻辑。换言之，本丛书之中的任何一本书都是从问题出发，力图通过概念、解释和实证来解决旅游学研究实践中所发现的问题。

解决问题是所有旅游科学研究的核心和主要目的，概念研究、定性研究和定量研究是解决问题的三条基本路径。其中，"概念"对应概念研究，其理论范式为诠释学和批判理论；"解释"主要对应定性研究，其理论范式为历史主义—诠释学；"实证"则对应实证研究，其理论范式为实证主义。而超越这一切的研究路径，则是马克思主义的实践观，尤其是交往实践理论，本丛书正是力图在实践研究中出真知。

林璧属

前　言

随着智能手机和移动互联技术的成熟和普及,人们日常的学习、工作与生活正在发生翻天覆地的变化。很多新兴信息产业在这股浪潮中迅速地发展起来,同时传统产业也在积极寻求转型来适应这一全新的竞争环境。旅游行业作为我国国民经济的支柱型产业,如何借助这一轮科技革命提升旅游服务体验并持续拉动经济增长是一个重要的现实问题。国家旅游局在2015年正式发布"互联网+旅游"行动计划,积极鼓励旅游企业充分结合旅游行业的优势和特点,运用互联网、大数据和云计算等技术促进发展模型的创新、服务体验的升级以及产业生态的改革,从而保证旅游产业的顺利转型。在这一大背景下,旅游企业也纷纷拿出看家本领,推出多样化的服务来吸引更多的旅游者。但是由于用户习惯尚未形成、服务质量没有跟上以及配套设施受限等原因,移动旅游服务的普及率在现阶段还不是很理想。作为移动旅游服务传递过程中的关键一环,探索移动旅游APP的用户行为可能会成为旅游行业成功转型的"胜利钥匙"。

2013年是移动互联网在中国爆发的元年,各行各业都在"互联网+"时代背景下探索转型之路,旅游行业亦是如此。在2014

年，各大旅游企业纷纷推出自己的移动旅游APP，并且为了抢夺移动端市场推出了很多优惠政策，包括"一元景区门票""半价出境游""九元住酒店"和"111元买机票"，但结果却不尽如人意。很多旅游企业不仅深陷价格战的泥潭，而且被曝光出欺骗消费者等负面信息。在学术领域，移动旅游APP从2014年开始逐渐成为一个热门话题，国内外学者纷纷开始探索不同类型的旅游者在使用多样化的移动旅游APP过程中产生的心理、态度和行为。因此，我选择了移动旅游APP作为自己研究的重点，并致力于分析其中的用户行为。现在回头看来，学术研究虽然艰难但也充满乐趣，特别是在筹备博士论文阶段，大量的文献搜集、阅读和整理耗费了很多的时间和精力，最终通过专家评审并答辩成功算是对自己努力的回报。在博士论文准备阶段最让我影响深刻的就是关于实验法的部分。虽然实验法是一种在市场营销、组织行为以及社会学等领域较为成熟的研究方法，但是在旅游学领域研究中却还是很少被运用的，因此我在开始准备用实验法进行研究之前下了很大的决心。在开始第一次实验之前虽然做了充足的准备，但是最后数据显示的结果却非常不好，理想与现实的差距差点让我选择放弃实验。在导师和同门的鼓励下，我反复修改和完善实验设计，寻找可能存在的漏洞和不足，终于顺利做出令人满意的结果。此书即是以本人博士就读期间的研究为基础进行撰写，主要从"拉新""留存"和"促活"三个方面着手，分别分析了旅游者对移动旅游APP的初次采纳意愿、持续使用意愿以及活跃使用行为的影响因素，并通过结构方程模型、实验法等实证研究方法进行了探索和检验。这些研究不仅在一定程度上填补了学术研究的空白，而且对于企业在实践中管理和运营一款移动旅游APP有着重要的启示意义。另外，对于我个人来说，通过这些研究，我不仅充实了自己对于消费者行为领域的理论知识，而且熟悉和掌握了新的研究方法；这些对我未来的研究之路都有着重要的帮助。当然由于能力和时间的限制，研究中仍然存在着一定的不足，比如：未能获取企业的客观数据，从而不能进一步分析移动旅游APP在企业层面的作用；只针对移动旅游APP系统界面设计进行了较为浅层次的分析，分析不够深入；实验对象以学生群体为主，没有更为真实地反映整个市场情况。这些遗憾也是我未来继续深入研究的方向。

过去这三年，不论是在学术领域，还是在实践领域，移动旅游APP都已经成为热点并逐渐改变了人们的旅游模式。在未来，特别是随着人工智能的发展，移动旅游APP也可能面临升级和改造，更加智能化、个性化和精准化的旅游助手可能会进入大众的日常生活，那么未来移动旅游APP是会继续称霸市场，还是成为辅助工具，又或是被其他新技术所取代？企业如何预测未来旅游行业新的发展方向？政府部门需要如何进行有效的管理？这些问题虽然遥远，但也未尝不值得讨论。期望读者们在阅读本书之后，不仅可以建立起关于移动旅游APP的完整知识建构，而且可以深入思考上述问题，为未来新的研究方向和产业热点提供新的思路。

潘澜

潘澜，浙江旅游职业学院副教授。在《旅游学刊》《经济问题探索》等刊物发表多篇文章，主持或参与文化和旅游部、浙江省级课题多项，拥有国家专利技术一项，为杭州西溪湿地旅游规划第一期项目主要参与人。研究方向集中于旅游者行为、旅游APP、旅游信息化。

摘　要

随着移动互联网络技术的成熟和智能手机的普及，人们已经进入到移动信息时代。伴随着"智慧旅游"这一概念的提出，旅游行业与移动互联技术产生了紧密的联系，可以说旅游行业与移动 APP 随时随地获取信息和服务的特征有着天然的契合。各大旅游运营商纷纷涉足该领域抢夺市场份额。但是高额的 APP 开发成本和运营成本让运营商举步维艰。挖掘出真正影响用户使用移动旅游 APP 意愿的因素，并通过系统设计的改善来丰富旅游者体验，从而让用户持续使用是非常重要的问题。

在已有研究的基础上，本研究从三个不同的角度来分析旅游者对于移动旅游 APP 的采纳意愿。首先是使用前阶段的初次使用意愿，即没有相关移动旅游 APP 使用经验的旅游者是受到哪些因素影响而采纳了移动旅游 APP；其次是使用后阶段的持续性使用意愿，即已经有了实际移动旅游 APP 使用经验的旅游者为何会继续使用移动旅游 APP；最后是移动旅游 APP 本身的系统设计对于旅游者的使用意愿会产生何种影响。

对于初次使用意愿，本研究从外部环境因素和个人内在特质两方面出发，在现有研究基础上，结合中国旅游情景，将文化要素中的不确定性规避和个人主义作为调节变量加入整体模型之中，使研究情景更加贴合于中国旅游业。

对于持续性使用意愿，本研究分别从满意度、信任、服务质量和便利条件四个维度去解释用户对于移动旅游 APP 的持续性使用意愿，同时选取了转换成本作为调节变量加入整体模型之中。

最后，在系统设计方面，本文以信息系统成功模型为研究基础，从信息质量和系统质量两个维度去衡量移动旅游 APP 的系统设计，加入了感知有用性、感知易用性和感知趣味性三个变量来丰富整体模型。

在研究方法上本研究采用了问卷调查法和实验法两种定量分析方法，在数据分析上则是结合了结构方差模型等多种统计手段。本研究最终得出的结论如下：首先，对于初次使用意愿来说，社会影响、个体创新性、感知有用性和感知风险均有着显著作用，而感知易用性的作用则不是显著的，同时不确定性规避和个人主义两个文化维度均有着显著的调节作用；其次，对于持续性使用意愿来说，满意度、信任、服务质量和便利条件均有着显著的影响，同时转换成本在其中起到了调节作用；最后，系统设计中的信息质量和系统质量也显著影响了用户的感知有用性、感知趣味性和满意度，而感知有用性和满意度会进一步影响用户的使用意愿。

本研究的主要创新体现在以下几个方面：以中国旅游情景为研究背景，探讨了影响用户对于移动旅游 APP 使用意愿的因素；将采纳行为划分使用前和使用后两个阶段，并在此基础上针对使用后阶段做出了详细的探讨；以信息系统成功模型为理论基础，分析了移动旅游 APP 系统设计对于用户使用意愿的影响，扩展了该理论的应用范围；将实验法和问卷调查法相结合，扩展了移动旅游 APP 研究领域在研究方法上的使用。

在实践创新层面，本研究分别从"拉新""留存"和"促活"三个方面来分析游客对于移动旅游 APP 的使用意愿，以帮助旅游运营商更好地解决实际运营过程中所面对的问题，并最终为相关旅游市场健康有序的发展提出了具体的指导和建议。

关键字：移动旅游 APP；采纳意愿；中国文化情景；实验法

Abstract

Along with the rapid development of mobile internet technology as well as the increasing number of people who use smart phone, we had entered the "Information Era". Since the proposition of "Smart Tourism", tourism industries have been closely connected with mobile internet technology. Mobile tourism applications can provide services for users at any time and anywhere, which is the main character of this service, and are naturally fit for tourists. Attracted by this huge market, tourism service providers have already launched a variety of similar products, which also makes them a huge cost for creating and maintaining APPs. Therefore, it is of vital importance for tourism service providers to find the real factors influencing the adoption intention on the mobile tourism application, which can be concluded as attracting new users and retaining old users.

Based on the prior research in this filed, this research examines the adoption intention on the mobile tourism application from three perspectives. The first one is about the initial adoption phase, which focuses on the individuals who have no past experience in using the mobile tourism application. The second one concerns the post adoption phase, concentrating on the individuals who have already used the mobile tourism application. The third one is about the system design of the mobile tourism application, and in this part of research, the author attempts to figure out how system designs influence the adoption intention.

For the initial adoption, this paper establishes the model from two perspectives, respectively, external environment factor and individual intrinsic character. Then, this paper chooses social influence and individual innovativeness as the antecedent variable of individual perception. Besides, perceived usefulness, perceived ease of use and perceived risk are used as the form of individual perception. At last, uncertainty avoidance and individualism coming from the Culture Theory of Hofsted are chosen as the moderator in the whole research model, which makes the results properer to the context of China.

As to the continuance intention, based on the prior research, this paper tries to answer the research question via four variables including satisfaction, trust, service quality and facility condition. Meanwhile, the switch cost is considered as an important moderator in the model.

Finally, in the research about mobile tourism application system designs, based on the Information System Success Model, this paper builds a model on the information quality and system quality. In addition to the satisfaction, perceived usefulness, perceived ease of use and perceived enjoyment are also taken into consideration, so as to enrich the whole model.

This paper uses both questionnaire and experimental method for different research question. The final results are shown as the follow: as to the initial adoption, social influence, individual innovativeness, perceived usefulness and perceived risk have significant impacts on the users' initial adoption on mobile tourism application, while the effect of perceived ease of use is not supported. The moderate roles of uncertainty avoidance and individualism are empirically confirmed by resorting to samples. As to the continuance intention, satisfaction, trust, service quality and facility condition have significantly positive effect on the continuance intention on mobile tourism application. In addition, switch cost is examined as the moderator of these relationships. At last, as to the system designs, information quality and system quality have significantly positive effect on perceived usefulness, satisfaction and perceived enjoyment. Further, perceived usefulness and satisfaction have imposed significant influence on the users' adoption intention.

The main innovation points of this research are as follows. First, this paper selects factors that affect the users' adoption intention for mobile tourism in the context of China. Second, this paper extracts two different phases, initial and post adoption, from users' adoption behavior and analyzed factors influenced users' adoption intention to tourism APPs. Third, based on the information system success model, the paper also analyzes the influence of the design of mobile tourism APPs, and extends the application scope of the theory. Last, combining the experimental method with the questionnaire survey, the paper diversifies the research methods in the field of mobile tourism.

This paper examines the tourists' adoption intention for mobile tourism APPs from three perspectives: attracting new users, retaining old users and promoting user activities. The results of this paper are critical important for travel operators to solve practical issues in the daily mobile tourism APPs operation. Some specific recommendations on the sustained development of mobile tourism market are also given in the paper.

Keywords: Mobile Tourism Application; Adoption Intention; Chinese Culture; Experimental Method

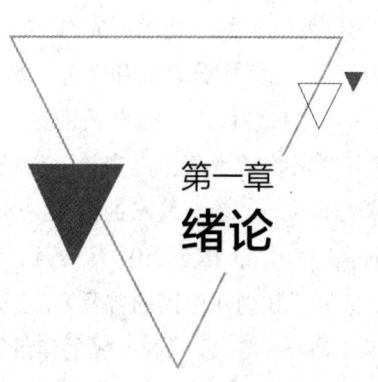

第一章
绪论

第一节　研究背景

一、移动互联时代

随着社会经济的发展和网络技术的成熟，智能手机和移动互联网技术在日常生活中已经十分普及和完善，尤其是在政府大力推动"无线城市"与"智慧城市"的发展建设之下，使得个人通过移动终端访问互联网络的现象已经变得"稀松平常"。中国互联网络信息中心（CNNIC）最新发布的第42次《中国互联网络发展状况统计报告》显示[①]，截至2018年6月，我国网民总体规模已经达到8.02亿，互联网在中国的普及率已经达到57.7%，较2017年底提升了4.7%。现阶段我国网民的年龄结构以青少年群体为主，10～29岁群体占比达到46.1%，职业结构中以学生群体为主，占比达24.8%。这部分群体已经慢慢成为新增网民的主力军，娱乐、沟通和社交成为他们使用互联网络的主要目的。在互联设备使用方面，智能手机已经成为主要的媒介方式。截至2018年6月，我国手机网民规模达7.88亿，上半年新增手机网民3509万人，较2017年末增加4.7%。网民中使用手机上网人群的占比由2017年的97.5%提升至2018年的98.3%，网民手机上网比例继续攀升。移动端已经成为首要选择，传统台式电脑的吸引力已经逐渐减弱。随着网络环境的日益完善、移动互联网技术的发展，各类移动APP（互联网应用）的需求逐渐被激发。从基础的娱乐沟通、信息查询，到商务交易、网络金融、网络娱乐，再

[①] CNNIC. 第42次中国互联网络发展状况统计报告［R］. 北京：中国互联网络信息中心，2018.

到教育、医疗、交通等公共服务，移动互联网塑造了全新的社会生活形态，潜移默化地改变着人们的日常生活、行为习惯和消费态度。

目前业界和学术界对于移动互联网的定义并不统一。认可度较高的主要是2011年中国工业和信息化部电信研究院发布的《移动互联网白皮书》中的定义，认为移动互联网是以移动网络作为接入网络的互联网及服务，并包含三个关键要素：移动网络（包括2G、3G、4G等）、移动终端（包括手机、数据卡方式的便携电脑和专用移动互联网终端）和应用服务（包括Wap、Web等）。另外艾瑞咨询也曾对移动互联网做出定义，即移动互联网是互联网与移动通信相互融合，用户使用智能手机、笔记本电脑、平板电脑等移动终端设备通过移动网络来获取互联网服务和移动通信服务。

上述定义虽在内容上有所差异，但都反映了移动互联网的内涵与本质：首先，用户使用移动终端接入移动网络，移动互联网是移动通信与互联网的融合；其次，移动互联网衍生了丰富广泛的新型应用，为用户带来了个性化便捷的服务体验。

自1994年起始的Web1.0时代是精英文化，用户主要借助于浏览互联网界面来单向获取或发布信息，而Web2.0则起源于2003年，是用户交互式体验，信息进行双向流动的社会网。此时用户生产内容逐渐成为时代趋势，然而随之而产生的大量冗余、未经证实的信息也造成了互联网环境的不断恶化，人们对于良好信息环境的需求不断增加，用户始终无法成为信息的主宰者。

Web3.0时代正是为了回应用户这样的需求，它是在Web1.0时代和Web2.0时代基础上出现的个性文化。Web3.0时代的互联网能够根据用户的自我兴趣需求、行为特征、搜索习惯提供更加综合、更具特征的信息服务，实现用户需求个性化定制，更加注重用户个性化体验。通过信息筛选过滤的方式，按照用户个人需求，信息的传递不再无序无章，用户能够不再受冗余信息烦扰，同时满足自身需求。定制与整合，个性化体验，是Web3.0时代的关键特征。无论是个体用户还是企业用户与互联网的关系都发生了重大的改变，这不仅在于个性化模式的更加注重，也在于聚合化平台向用户的贴近。用户不再被动接受聚合化平台提供的信息，而是可以创建自身的聚合化平台，人们可以通过网络来满足个体化需求甚至进行个人的智力成果营销，企业也能够更加了解消费者需求，以更加有效的商业模式营利。

Web3.0时代不仅是能够帮助企业实现更多盈利的一种机遇，同样也是一种挑战。Web3.0时代的聚合化及个性化都为企业带来了清晰的营利模式。广撒网式的传统营销模式早已不再适用，互联网信息个性化聚合化的特征使得精准营销成为可能。对于企业来说，只有借助这种个性化聚合化的互联网特征，针对消费者信息搜寻与接受渠道的选择性做出可衡量的精准营销模式，才能在竞争日益激烈的企业之林屹立不倒。

二、智慧旅游时代

智慧旅游最早是从"智慧地球"及"智慧城市"引申而来。所谓"智慧地球"是由国际商用机器公司（International Business Machine，IBM）在2008年提出的，其最初的概念是指政府、企业和人们之间的沟通交流方式在全新的信息技术的帮助下会发生彻底的变革，在准确性、有效性、灵活性和响应速度等方面获得大幅的提升。而"智慧城市"则是"智慧地球"从理论概念到实际落地的举措。随着国家经济发展和人民生活水平的提高，旅游景点基础设施的完善和交通条件的改善，我国旅游行业获得了迅猛的发展，同时旅游者的旅游观念也在发生着改变，从传统的景点观光开始向休闲旅游度假转变，对于旅游质量的要求也是越来越高，旅游需求也变得更加多元化。在信息技术的帮助下，人们出游的方式也从之前的"跟团游"慢慢地转变成自助游、自驾游、背包客等更加自由的旅游方式，旅游信息查询、交通住宿预订、景点票务购买这些流程都可以通过信息化设备由旅游者独立完成。2009年国务院颁布的《关于加快发展旅游业的意见》中明确指出要把旅游业培育成国民经济的战略性支柱产业和人民群众更加满意的现代服务业，并且要以信息化为主要途径，提高旅游服务效率，强调了信息化在旅游行业中的重要作用。2010年为了响应国家号召，镇江市政府率先提出了"智慧旅游"的概念，次年，国家旅游局也提出要在未来十年的时间里真正实现旅游行业的智慧化发展。各地政府也纷纷推出了具体建设智慧旅游的方针政策。

所谓"智慧旅游"，即利用云计算、物联网等新技术，通过互联网/移动互联网，借助便携的终端上网设备，以全面满足游客"吃、住、行、游、购、娱"的服务需要为基本出发点，以为游客、旅行社、景区、酒店、政府主管部门以及其他旅游参与者创造出更大的价值为根本任务的一种旅游运行新模式。智慧旅游中的智慧主要体现在"服务智慧""管理智慧"和"营销智慧"三个方面。所谓服务智慧是指智慧旅游从游客出发，通过信息技术提升旅游体验和旅游品质。游客在旅游信息获取、旅游计划决策、旅游产品预订支付、享受旅游和回顾评价旅游的整个过程中，都能感受到智慧旅游带来的全新服务体验。管理智慧是指智慧旅游将通过与公安、交通、工商、卫生、质检等部门形成信息共享和协作联动，结合旅游信息数据形成旅游预测预警机制，提高应急管理能力，保障旅游安全；实现对旅游投诉以及旅游质量问题的有效处理，维护旅游市场秩序；同时主动获取游客信息，形成游客数据积累和分析体系，全面了解游客的需求变化、意见建议以及旅游企业的相关信息，实现科学决策和科学管理。营销智慧是指通过旅游舆情监控和数据分析，挖掘旅游热点和游客兴趣点，引导旅游企业策划对应的旅游产品，制订对应的营销主题，从而推动旅游行业的产品创新和营销创新。智慧旅游的实施对于旅游行业发展有着非常重要的意义，第一，其可以有效地解决旅游过程中存在的信息不对称问题，提升旅游服务品质。第二，提升了旅游行业的整体形象，为旅游企业提供了一种新的创新发展模式。第三，改变了旅游相关行业的经营与竞争方式，使整个旅游市场向着更加健康的方向发展。第四，智慧旅游为探索旅游管理新方式提供了一个新平台。第五，宏观上促进了与智慧城市相互发展的趋势。

最后，从旅游者层面来说，智慧旅游主要包括导航、导游、导览和导购四个基本功能。导航功能是指智慧旅游将导航和互联网整合在一个界面上，地图来源于互联网，而不是存储在终端上，无须经常对地图进行更新。当 GPS 确定位置后，最新信息将通过互联网主动地弹出，如交通拥堵状况、交通管制、交通事故、限行、停车场及车位状况等，并可查找其他相关信息。导游功能是指智慧旅游支持在非导航状态下查找任意位置的周边信息（包括景点、酒店、餐馆、娱乐和车站等），拖动地图即可在地图上看到这些信息。周边的范围大小可以随地图窗口的大小自动调节，也可以根据自己的兴趣点（如景点、某个朋友的位置）规划行走路线。导览功能是指通过在移动设备上的地图信息点击（触摸）感兴趣的对象（景点、酒店、餐馆、娱乐、车站、活动等），可以获得关于兴趣点的位置、文字、图片、视频、使用者的评价等信息，从而深入了解兴趣点的详细情况，供旅游者进行决策。导购功能是指利用移动互联网，游客可以随时随地进行产品或者服务的预订，并且通过支付平台完成一系列的交易，大大减少了旅游过程中在此方面所消耗的时间和精力，提升了旅游质量。而这四个功能对于旅游者来说，都是可以通过相关的移动旅游APP来完成。所以说在完成智慧旅游的道路上，移动旅游APP扮演着至关重要的作用。

三、在线与移动旅游的发展

改革开放以来，高速发展的通信技术与旅游业的深度融合等多方面因素使得中国旅游业有了飞速的发展。根据国家旅游局官方统计数据显示，2017年国内旅游市场平稳发展，全年国内旅游人数50.01亿人次，较2016年同期增长12.8%；出入境游2.7亿人次，同比增长3.7亿人次；全年实现旅游总收入5.4万亿元，同比增长15.1%。中国国内旅游、出境旅游人次和国内旅游消费、境外旅游消费均列世界第一。同时，根据国家旅游数据中心测算数据显示，旅游直接就业2825万人，旅游直接和间接就业7990万人，占全国就业总人口的10.28%。全年全国旅游业对GDP的综合贡献为9.13万亿元，占GDP总量的11.04%。旅游产业对全国GDP的综合贡献达到了10.1%，超过了教育、银行等传统产业。

在短短的几十年间，特别是在互联网高速发展的这十多年间，旅游行业有着如此迅速的发展，主要得益于以下几方面因素。第一，政府出台多项利好政策，旅游业已经被定位为国民经济的战略性支柱产业。政府大力支持和鼓励发展游学游、乡村旅游以及康养旅游等旅游业的新业态，积极发展"互联网+旅游"，强调线上线下有机结合，鼓励金融机构加大对旅游企业的信贷支持，拓展了融资渠道，推动了在线旅游企业的不断发展壮大；第二，整体的居民收入水平有所提高，2015年1～9月全国居民人均可支配收入增速超过GDP增速，达到16 367元。80后、90后人群已经成为消费人群的主要构成部分，他们的消费观念具有代际差异，旅游消费升级愈加趋势明显，旅游者在选购旅游度假产品的过程中，希望能够掌握更多的主动权，更加注重旅游过程中的旅游体验和服务品质，尤其是旅游体验的趣味性和自主性；第三，新兴通信技术发展迅速，也为在线旅游服务提供了技术上的支撑。移动支付日渐普及，为在线旅游预订的便携性和即时性提供了可能，数字地图、智能穿戴设备、虚拟现实等先进技术在旅游领域也已经开始初步结合。可以说互联网在给旅游行业带来前所未有机遇的同时，也在潜移默化地改变着旅游者和旅游行业。首先，对于旅游者来说，越来越多的旅游者倾向于自由行，他们希望获得一站式的解决方案和完整的旅游产品购买、消费体验，从而缩短旅游决策时间。除了优质的旅游点评、旅游问答、旅游攻略、游记等供决策参考，旅游者希望能够同时购买酒店、机票、签证、邮轮、租车、保险、当地游等全网高性价比的自由行产品和服务，并进行旅游结伴社交。人们已经从传统的跟团游转向更加自主的自由行，即旅游的行为习惯发生了转变。其次，对于旅游行业来说，随着携程旅行网、去哪儿网、途牛旅游网和阿里旅行等一系列在线旅游产品网站的推出和成熟，整个旅游行业可以说发生了一次前所未有的变革，对旅行社等传统旅游商来说，造成了巨大的冲击。线下和线上旅游信息的整合使得旅游市场变得更加透明和有序，正在朝着一个健康良好的方向持续发展。

在此新环境下，在旅游需求与信息技术的共同推动中，在线旅游的出现可以说是水到渠成,并且从根本上改变了旅游行业的运营以及发展。根据中商产业研究院发布的数据,2017年中国在线旅游行业市场交易规模达8286亿元,同比增长了34.9%。这些变化都与目前"互联网+旅游"的这种在线旅游服务的发展壮大息息相关。

对于在线旅游产业来说,主要的运营流程是与旅游目的地、酒店、航空公司、铁路、餐饮等旅游服务的上游取得联系、建立良好的合作流程,再将这类信息通过在线网站、搜索平台以及社交媒体等形式传递给对于在线旅游产品具有预订需求的用户。

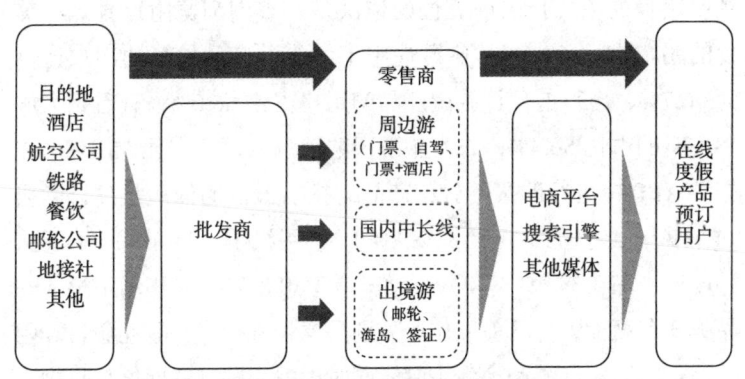

图1-1 中国在线旅游市场产业链图

早期,消费者主要使用台式电脑、笔记本电脑查询搜索旅游产品相关信息,随着移动互联网和智能手机的普及,旅游市场中很多旅游运营商已经推出了相关的移动旅游服务,消费者逐渐开始从移动端获取相关的旅游信息化服务。移动互联网的独特特点,为旅游者行前查询资料、预订出游产品,行中及时获取信息、行后分享旅游提供了很大的便利。根据艾瑞咨询数据显示,2015年,中国移动在线旅游平均月度访次占比达64.6%,旅游用户在移动端的访问次数高于 PC 端，移动端相较于 PC 端具有明显优势。用户对于旅游产品便利性和个性化的要求以及移动时代的到来，为在线旅游注入了新的发展活力，可以说移动互联网与旅游服务具有天然的契合性，相比于传统的电脑在线方式，移动互联网更能够随时随地满足用户需求，因而能够快速获得用户的接受及认可。艾瑞网 2015 年推出的《中国在线旅游移动端行业研究报告》一文中的数据显示[①]，在线旅游用户选择使用智能手机查询、购买旅游产品的比例为 90.4%，远高于使用电脑与平板电脑的比例。而用户之所以使用智能手机上的旅游 APP 的主要原因是携带方便（88.4%）、流程快速简单（62.2%）、广告少（50.4%）。在使用目的中，排名前五位的依次是：查询浏览附近景点、美食的用户占比 69.6%，旅游途中了解旅游产品信息的用户比例为 66.7%，出行前预订旅游产品的用户占比 66.0%，查看别人旅游攻略的占比 56.4%，查看旅游团购信息的用户占比 55.1%。在旅游 APP 中进行购买的旅游产品，排前五位的依次是预订酒店（42.8%）、购买景区门票（38.8%）、购买机票（35.5%）、购买旅游度假产品（34.4%）和购买火车票（30.8%）。在移动旅游 APP 品牌知名度上，排名前五位的分别是携程旅行、去哪儿旅行、阿里旅行、同城旅游和途牛旅游。同时根据中国互联网络信息中心的报告，截至 2018 年 6 月，在线旅游预订用户规模达到 3.93 亿人次，较 2017 年末增长 1707 万人次，增长率为 4.5%；网上预订机票、酒店、火车票和旅游度假产品的网民比例分别为 23.8%、25.7%、40.1% 和 12.1%。总体来说，我国网民使用手机移动端进行在线旅行预订的比例由 2017 年的 45.1% 提升到了 2018 年的 45.5%。

---

① 艾瑞网. 2015 年中国在线旅游移动端行业研究报告［R］. 上海：艾瑞市场咨询有限公司，2015.

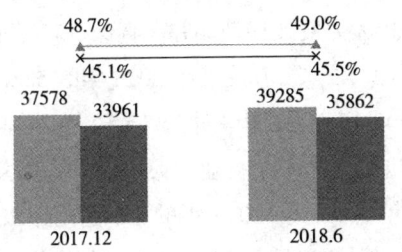

图 1-2 2017—2018 年在线旅游预订 / 手机在线旅行预订用户规模及使用率

为了抢占移动旅游的巨大市场，传统旅游商和新型纯线上旅游服务商均推出了各种类型的移动旅游 APP。下面将简单介绍三类具有鲜明特点的移动旅游 APP。

第一类是航班管家。2009 年航班管家塞班系统版正式上线，这是国内首款移动商旅类应用。在 2010 年年初用户数量即达到 100 万，在 2011 年陆续获得红杉资本、经纬创投等知名风险投资公司的融资，在 2012 年正式上线了酒店预订频道，并推出一系列配套服务，同年年底开始涉足机票在线销售及预订服务，在 2013 年酒店预订产业也正式与携程合并达成合资公司，截至 2013 年 12 月，航班管家激活用户数已经达到 5000 万，月活跃数达到 500 万。航班管家移动端系列着眼于用户场景服务，在机票、酒店与高铁等在线旅游垂直细分领域发力，在用户与商户之间发挥桥梁作用，帮助旅游者更方便更准确地做出出行决策。目前其旗下拥有航班管家、快捷酒店管家和高铁管家等著名出行类旅游 APP。

第二类是去哪儿网。去哪儿网成立于 2005 年 5 月，定位于国内外机票、酒店、度假、旅游团购及旅行信息的深度搜索，从2010年开始正式大力发展移动端并一直保持着高速增长，移动端用户数量从2010年的29万发展到2013年的5380万，移动端下载量截至2014年12月31日总计为7.5亿次，增速高于行业平均水平，用户量也是高居整个行业的第一位。同时去哪儿网移动端的收入也是逐年增长，从2013年的1.3亿元到2014年的7.1亿元，可以说完成了突破性提升，在总营业额收入中的占比也从14.9%上升至42.5%，未来这个比例将会进一步提升。为了进一步布局移动端旅游市场，去哪儿网继续加大投资，已经在移动端形成了完整的生态闭环，围绕旅游者的旅游行程衍生出一系列应用。从旅游前旅游产品预订类的"去哪儿旅游""去哪儿酒店"和"Qua"（国际用户订票专用），以及旅游攻略类的"去哪儿攻略"，再到旅游中出行建议、旅游地当地指南类的"去哪儿当地"，最后到旅游后行程分享类的"去哪儿旅图"，覆盖了旅游者整个旅游过程。

第三类是携程旅行网。携程旅行网作为我国最早一批的旅游类型网站成立于1999年，于2010年开始涉入移动手机端，移动端交易额增长迅猛并迅速成为其业务的重要贡献力量。在2013年年底约50%的酒店与30%的机票交易来自手机预订，并且这个数值仍然保持着较高的增长速度。移动端下载量截至2014年12月31日总计超过6亿多次，位居国内旅游APP第二位。同去哪儿网一样，携程旅行网作为国内老牌线上旅游网站，对于移动端的布局也完成了生态闭环，种类多样的移动应用涉及了产品预订、分享记录、旅游攻略等多个领域，和去哪儿网的移动应用形成分庭抗礼之势。

旅游移动端市场具有巨大的潜力，有着十分美好的发展前景。总结性来看，未来旅游移动端市场主要有三个趋势：第一，移动端市场急速扩展，未来竞争更趋差异化。现阶段中国在线旅游市场结构与美国在线旅游市场10年前情况类似，而现阶段PC端/移动端市场占比与美国在线旅游市场2012年水平相一致，移动端的扩张速度不容小觑。另外，未来2年内移动端将成为在线旅游的主要战场，主要竞争指标可能包括移动端下载使用量、活跃用户数量、重复购买率、PC端/移动端产品差异化等。第二，移动端更多承担旅游全流程服务功能。现阶段各在线旅游移动端的使用，首先集中在旅行行前信息搜索、产品预订方面，其次是旅行行中的信息追踪、核对等，未来的移动端在旅行行中与行后的服务功能比重将会有所提升，包括社交分享的属性会更为加强，服务覆盖更为全面。第三，移动端细分领域机会涌现，新兴企业发展存在机遇。在线旅游移动端现阶段数家企业独大的状况在未来可能会出现转变，其中在线旅游移动端中细分产品功能的移动端会更多地涌现，并分割更多的细分领域市场份额，新兴创业型在线旅游公司大有可为。

第二节 研究问题与意义

一、研究问题

从上述一系列的背景介绍可以看出，旅游的移动端市场有着非常大的市场潜力，各大旅游商也开始逐步推出相应的产品及服务来争夺市场份额，而旅游APP作为其中的关键环节有着十分重要的作用。从目前市场环境来看，各大旅游运营商纷纷以低廉的价格作为诱饵来吸引人们使用它们的产品和服务，但是这并不是长久之计。数据显示过去的5年是在线旅游大爆发的时代，为了抢夺用户应对市场的残酷竞争，各大在线旅游运营商纷纷在移动端做出大优惠。从最早的联合线下酒店共同促销，到后来自己贴钱进行促销，"一元景区门票""半价出境游""九元住酒店"和"111元买机票"等产品确实为运营商吸引了大量的流量和用户，但是这些也成为运营商沉重的负担。老牌在线旅游商携程旅游一年投入到"价格战"的资金逾10亿元，而新崛起的驴妈妈、途牛等在融资后也是维持一年数亿元的价格补贴，高额的成本使得这些在线旅游商虽然营业收入持续增长，但是利润额却也继续处于亏损状态。同时这样的市场也不利于新生力量的崛起，数据显示中国在线旅游商平均的寿命只有2~4年，大多数并没有特别大的知名度，都是在默默无闻中死去。在线旅游市场的"价格战"在近两年有渐渐平稳之势，特别是在携程和去哪儿网合并之后，原来激烈的竞争已经慢慢平淡下来，那么在剔除低廉的价格之后，作为移动旅游市场主要载体的移动旅游APP将用什么来吸引用户就是非常重要且值得探讨的问题。

笔者在结合文献研究和现实实践后提出了关于移动旅游APP三个方面的研究问题。第一，哪些因素影响了潜在用户初次使用移动旅游APP的意愿，即旅游运营商如何解决"拉新"的问题。在"价格战"逐步平息的现在，吸引潜在用户的加入是非常重要的，那么想要解决这个问题就必须要弄清楚潜在用户关注旅游APP的哪些特征，并且这些特征受到哪些因素的影响。在文本中笔者认为旅游APP的感知有用性和感知风险会显著影响个人的初次使用意愿，而外部环境的社会影响以及个人内在特征的个体创新性会对这些个体感知造成影响。第二，哪些因素影响了实际用户持续性使用移动旅游APP的意愿，即旅游运营商如何解决"存活"问题。在吸引了新用户加入之后，怎么样才能提升他们的活跃度，让他们一直持续使用自己的产品和服务是非常重要的问题。有数据显示，拉入一个新用户的成本是维持一个老用户的成本的5倍，可见"存活"对于企业的重要性。同时在学术界，对于使用后阶段的行为探索也是重要的研究领域，具有很强的研究意义。第三，旅游 APP 系统设计是如何影响用户的使用意愿的。现阶段移动旅游市场上各种 APP 层出不穷，产品同质化现象严重，同时由于移动端先天的设备尺寸限制，以及大量从PC 端转移到移动端用户的使用习惯等问题，如何设计出一款既具有差异性同时又可以满足用户需求的旅游 APP 就是非常重要的问题。

二、研究意义

随着智能手机的普及和移动互联技术的成熟，人们的生活在慢慢发生变化。旅游行业作为服务行业中的支柱产业，其信息动态变化、追求服务质量和强调综合体验（吃、住、行、游、购、娱）等方面的特点与移动互联具有天然的契合性。越来越多的旅游者通过移动终端来满足其在旅游前、旅游中和旅游后多样化的需求，本研究对于未来更好地发展移动旅游 APP 具有一定的学术意义和实践意义。

（1）学术意义

从学术研究方面来讲，首先，国内外以移动旅游 APP 为背景的研究还不是特别普遍，本研究以消费者采纳行为为研究视角，分析影响旅游者在采纳前和采纳后两个阶段对于移动旅游 APP 使用意愿的因素，具有一定的创新性，并且扩展了采纳行为相关理论在移动旅游 APP 背景下的应用。其次，在充分的文献阅读和总结基础上，在模型中加入了文化因素的影响，使得本研究更加贴近中国旅游情景，同时也扩展了文化相关理论在中国情景下的应用。最后，本研究将信息系统方面的研究引入旅游领域中来，通过实验的方法对移动旅游 APP 在系统设计方面存在的问题进行了深入的分析和探讨，在丰富了信息系统相关理论应用场景的同时，也对移动旅游 APP 相关研究做出了一定的贡献。

（2）实践意义

从旅游实践方面来讲，本研究也具有很强的实际意义。对于旅游运营商来说，以低廉的价格来吸引用户会让企业背上沉重的负担，并不是企业运营的长久之计。那么想要持续不断地吸引新用户的加入，就必须要分析出到底是哪些因素影响到新用户的使用意愿，同时还需要了解用户需求，设计出能够满足用户实际使用需求的移动旅游 APP，才是解决如何"拉新"的本质所在。在吸引新用户的同时，如何留住老用户即"存活"，也是困扰旅游运营商的问题之一，提高用户使用黏性不仅能够节省运营成本，还可以稳步扩张市场份额。本文的研究结论可以在一定程度上帮助旅游运营商解决上述问题，为他们在制定企业战略、产品推广等方面政策时提供一定的指导。

第三节 研究方法、框架与内容

一、研究方法

在本文的研究中，为了能够较为彻底地分析用户在使用前和使用后两个阶段不同的采纳意愿，以及旅游 APP 系统设计的重要作用，笔者采用了定性与定量相结合的研究方法。本文在阅读大量的国内外文献基础上，对该领域的相关研究结论进行了较为细致的总结，并对其中使用的理论模型做了深入的探讨。在此基础上针对不同的具体研究问题，分别提出了相应的研究假设和理论模型，接下来分别通过问卷调查法和实验法对样本数据进行了收集，最后通过相应的统计分析方法，例如结构方程模型、方差分析等对提出的各项假设一一进行了验证，最终得出相应的结论并对其进行深入讨论。本文具体使用的研究方法如下所列：

第一，文献综述。通过对前人大量相关研究的整理和阅读，总结出现有旅游 APP 相关研究的现状以及可能存在的不足。同时为了体现本文的研究创新和研究意义，结合逻辑推导提出了本研究中三个研究问题的具体研究假设，从而建立起相关的研究模型。

第二，问卷调查法。在本文的实证研究方面，问卷调查法是其中非常重要的收集数据手段之一。在本文中问卷调查的开展方式，主要包括面对面的问卷填写和访谈两方面。首先，面对面的问卷发放可以保证问卷的回收率，同时在问卷填写完成后当面赠送的小礼物也可以适当提升问卷填写的质量，这些都对接下来的实证分析起到了保证作用。其次，访谈包括两个方面，其一是在问卷开始之前对填写者基本信息的了解，例如在初次使用意愿的研究中就必须保证填写者没有过旅游 APP 的使用经验，而在持续性使用意愿中则正好相反，填写者必须要有相关使用经验；其二则是记录了一些旅游者对于旅游 APP 的观点和看法，作为对研究结果可能的解释和讨论。

第三，实验法。针对本文的第三个研究问题，即移动旅游 APP 系统设计对于用户使用意愿的影响，笔者采用了实验的研究方法。在文献回顾的基础上，以信息系统成功模型为基础，设计出了四种不同类型的移动旅游APP，并以此为原型供实验者真实地进行体验。实验法的好处在于可以更加贴切地以研究模型为基础设计出实验场景，得到的结论更加可靠。

第四，结构方程模型。对于研究中通过问卷收集的数据，笔者采用了结构方程模型（Structural Equation Modeling，SEM）的分析方法来实证验证。相比于传统的多元线性回归模型，结构方程模型有着独特的优势，现阶段国内外研究已经基本上采用这种新的分析方式。

二、研究框架与内容

全文的主要研究框架和结构如图1-3所示，其包含的主要研究如下：

第一章为绪论。主要是首先对本文的研究背景进行具体的介绍，包括移动互联时代、智慧旅游时代以及二者相结合的实例——移动旅游的发展情况。其次是对本文的三个研究问题以及相应的研究意义进行阐述。最后，则是对本研究的创新之处进行探讨。

第二章和第三章均为相关文献综述。其中第二章的内容主要集中于移动旅游APP相关领域，首先对移动旅游APP进行了定义，随后对于目前移动旅游APP的发展情况进行了简要介绍，之后则是整理了目前国内外关于移动旅游APP采纳行为的相关研究，并对研究现状进行了简要的总结。第三章的内容则是主要集中于对用户技术采纳领域相关理论的综述，包括理性行为理论、计划行为理论、技术接受模型、整合科技接受模型、信息系统成功模型以及霍夫斯塔德文化理论等，并总结了运用上述相关理论的实证研究。

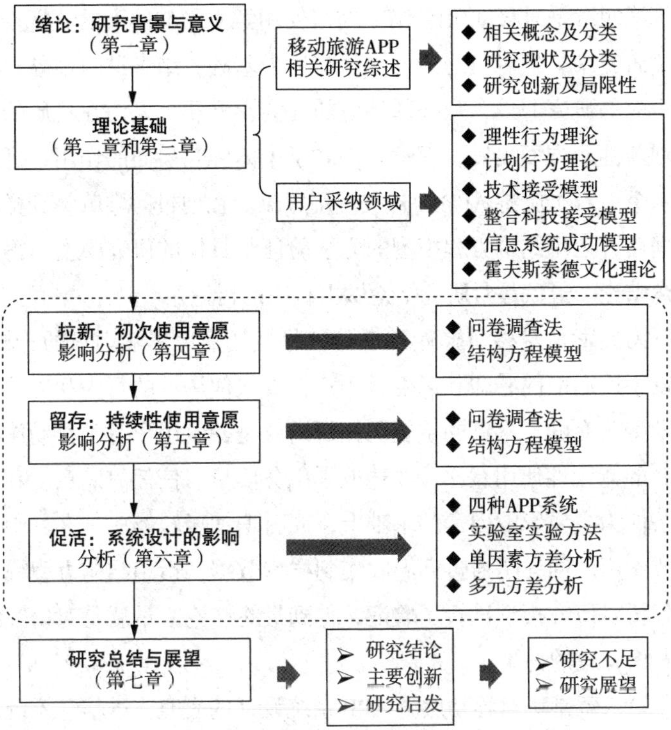

图 1-3　全文研究框架

图 1-4　不同阶段下旅游 APP 用户的采纳行为分析

第四章是对移动旅游 APP 初次使用意愿影响因素的分析。在这章研究中，笔者以之前的文献综述为基础，结合逻辑推导提出了相应的研究假设，从外部环境的社会影响和个人内在特质的个体创新性两方面出发，探索它们对于个体感知层面的作用，进而影响个人对于旅游 APP 的初次使用意愿。在通过问卷收集到样本数据后，运用结构方程模型的方法验证了具体的研究模型，得到最终结论。最后是对研究结论做出相应的讨论。

第五章是对移动旅游 APP 持续性使用意愿影响因素的分析。相较于使用前的感知和态度，用户在真实使用后的行为和需求是会发生改变的。本章的主要研究目的就是探索用户对于移动旅游 APP 的持续性使用意愿，在选取了服务质量、信任、满意度和便利条件为主要影响因素的基础上，同时增加了转换成本在其中的调节作用。同样是通过问卷收集到样本数据，运用结构方程模型的分析对研究模型进行了验证，得到最终结论。最后是对研究结论做出相应的讨论。

第六章是针对移动旅游 APP 系统设计的研究。以信息系统成功模型为基础，笔者实际设计了四种不同类型的以杭州西溪湿地国家公园为背景的移动旅游 APP，通过实验的方法对该研究模型进行了验证。在运用方差分析以及结构方程模型分析之后得到了最终结论。最后是对研究结论做出相应的讨论。

表 1-1 第四章至第六章具体研究内容

研究内容	研究目的	研究方法	主要理论基础	主要研究变量
拉新：吸引更多的旅游 APP 用户	探索影响旅游者初次采纳旅游 APP 意愿的因素	问卷调查法	技术接受模型及其扩展、霍夫斯泰德文化理论	社会影响、个体创新性、感知有用性、感知易用性、感知风险、不确定性规避和个人主义

续表

研究内容	研究目的	研究方法	主要理论基础	主要研究变量
留存：保留旅游APP的老用户	探索影响旅游者持续性使用旅游APP意愿的因素	问卷调查法	整合科技接受理论	满意度、信任、服务质量、便利条件和转换成本
促活：提高用户对于旅游APP的使用频率	从系统设计的角度去分析如何提升用户的使用感知和用户体验	实验法	信息系统成功理论	信息质量和系统质量

第七章是对全文的总结，并提出了本文存在的研究局限以及未来可能研究的方向。

第四节　研究创新

本文具有以下创新点：

第一，以中国旅游情景为研究背景，探讨了影响用户初次使用移动旅游APP的因素。在文献综述的基础上，笔者发现目前国内相关领域的研究数量还相对较少，此研究问题具有一定的创新性。同时在综合过去多种关于用户采纳行为的经典理论基础上，笔者从外部环境和个人内在特质两个维度出发，分析个体层面关于移动旅游APP的感知是如何形成的，以及如何进而影响到用户的初次使用意愿。在研究过程中还加入了文化因素在其中的调节作用，使得整体研究模型更加完善，突出了中国本土研究的特点。相比于之前的研究背景大多集中于西方国家的研究，本文的结论更加具有普适性，对于中国旅游运营商的指导意义也更大。

第二，将采纳行为划分为使用前和使用后两个阶段，并在此基础上针对使用后阶段做出了详细的探讨。相对于初次使用，旅游者在有了实际体验之后，影响其对产品服务的评价和态度的因素会发生改变，那么探索影响旅游者持续性使用意愿的因素就有着重要意义。本文在文献综述的基础上提出了相关理论模型，笔者认为服务质量、信任、满意度和便利条件会对个人持续性使用移动旅游APP有显著的影响，并且转换成本在其中起到了正向调节的作用。此研究模型不仅扩展了用户采纳相关理论的应用场景，同时也强调了使用后阶段在移动旅游APP相关研究中的重要意义，具有一定的创新性。

第三，以信息系统成功模型为理论基础，分析了移动旅游APP系统设计对于用户使用意愿的影响。在文献综述的基础上，笔者以信息系统成功模型为框架并结合移动旅游APP的具体特点，加入了个人感知层面的三个变量感知——有用性、感知易用性和感知趣味性，以此来丰富整体研究模型，从而扩展了该理论的应用范围。同时为了能够准确地测试出不同的系统设计对于用户感知的影响，本研究进展过程中实际设计出了四种不同的移动旅游APP系统，并采用了实验法来收集样本数据，具有一定的创新性。

第四，使用实验法对"促活"这一研究问题进行了分析，扩展了相关研究领域在研究方法上的使用。针对如何提升用户对于旅游APP的使用感知和体验，本研究选择了实验法作为主要的研究方法。这种研究方法的好处在于可以模拟出实际环境下用户对于旅游APP的操作和使用，从而让研究结论更加具有普适性和外延性。

第二章
移动旅游APP研究评述

第一节　移动旅游APP概述

一、移动旅游APP概念及分类

移动旅游APP是移动互联网和移动APP与旅游相结合所诞生的产物。所谓移动互联网是指以移动网络作为接入网络的互联网及服务，并包含三个关键要素：移动网络（包括2G、3G、4G等）、移动终端（包括手机、数据卡方式的便携电脑和专用移动互联网终端）和应用服务（包括wap、web等），而移动APP则是指搭载在移动终端设备上通过移动网络来享受某种具体服务的应用。所以移动旅游APP是指那些用来帮助用户完成与旅游相关事项的移动APP。

目前市场上存在的移动旅游APP大致可以分为四种。第一种是预订型。如："航班管家"，主要提供航班机票预订及实时信息；"蚂蚁短租"用于搜索特色短租房；"滴滴出行"为用户提供出租车、快车和顺风车等交通出行的预订；"艺龙旅行"则是用于酒店预订方面。相比于传统的电脑预订，移动旅游APP可以让旅游者随时随地预订各种旅游服务，充分满足了多样化的需求。第二种是工具型。工具型旅游APP主要体现出多种功能的叠加，如地图、导航和行程规划等。如"旅游翻译官"为出境旅游者提供实时语言翻译的功能；国外虚拟现实型旅游APP也是工具型的应用，用户可以将手机的摄像头瞄准身处位置的四周环境，手机屏幕上就会显示出附近的旅游景点、商店、餐厅、地铁等相关信息，再点选这些图标就可以获取其详尽资料。第三种是分享型。这类旅游APP主要是旅游者在旅游结束后在旅游社区上分享自己的旅游经历，国内有"蚂蜂窝""面包旅行"和"途客圈"等旅游APP。第四种则是攻略类。这类旅游APP是在旅游前或者旅游中为旅游者提供旅游地的相关信息，例如国内的"旅游攻略"和"大拇指旅行"等。

二、移动旅游APP发展现状

2015年携程旅行网发布了一份《中国游客旅游度假意愿报告》，该次调查的样本回收来自国内30多个城市的网民和在线旅游者，共计回收有效问卷4200多份，调查报告主要从旅游需求及出游频次、出游方式偏好、预算及目的地选择等多方面对被试者进行了全面调查，并通过了专业分析，在一定程度上反映了目前国内在线旅游方面消费者们新的旅游消费特征。

报告显示，2015年中国居民在旅游方面的消费意愿以及预算都持续上升，尤其是在高端旅游、出境游、度假旅游、在线与移动旅游以及老年旅游等领域。超过50%的消费群体更倾向于使用移动旅游APP来预订旅游产品。

首先，在出游意愿方面，旅游已经成为消费者的一种刚性需求。在有关出游意愿的调查中，高达93%的被调查者都表示在今年年内有旅游意向，只有7%的被调查者表示完全没有旅游意向。不同的年龄段也存在着明显差异，伴随着年龄的增长，被调查者的旅游意愿也随之增强，尤其是45岁以上年龄段的消费人群，他们的出游意愿几乎达到100%。这一点也反映了目前国内的真实现状，随着居民可自由支配收入和时间的增加，旅游已经开始逐渐成为人们生活消费的"必需品"之一，尤其是中老年群体的旅游需求和意愿十分强烈。

其次，调查报告显示，消费者在旅游消费方面的支出费用额度相较于以前也正在逐渐扩大，34%的消费者全年的人均旅游花费支出在五千到一万元之间，花费过万的消费人群占比也达到了34%，旅游消费的增长和升级已经成为主旋律。而这其中，年龄也成为叠加因素之一，中老年群体的人均旅游消费预算伴随着年龄的增长也随之增加。此外，旅游产品的价格已经不再是消费者选择旅游产品的唯一标准，旅游者开始更加注重旅游产品所带来的消费体验是否优质，旅游者从旅游线路设计、旅游品质等多方面考虑是否预订。更具有自主性质的半自助、私家团等跟团游以及自由行产品更受旅游者青睐。

最后，该次调查也显示，旅游者在选择和比较旅游产品的方式上，旅游网站因信息展示方面的便捷和全面性，目前依然是最受旅游者欢迎的旅游产品选择渠道，选择人数达到近九成（86%），39%的消费者表示会受亲友建议的影响，而选择旅行社门店的消费者仅占18%。超过一半（52%）的消费者更加倾向于使用移动旅游APP，这也说明互联网与手机移动端旅游已经超越了门店，移动旅游APP作为未来旅游业营销的方向已经开始快速

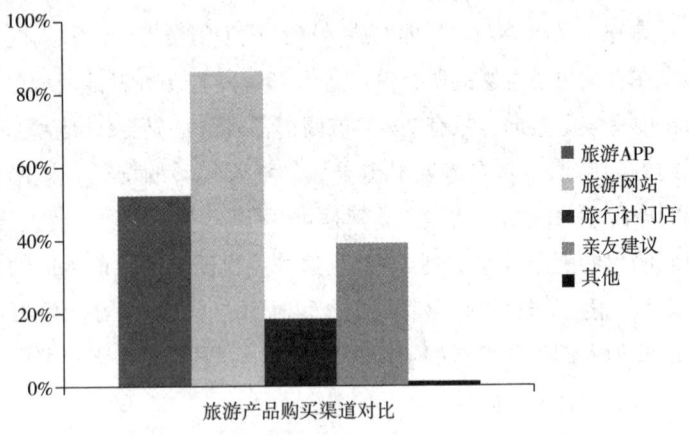

图2-1　2015年旅游产品购买渠道对比

崛起。人们选择移动旅游APP的主要原因就在于随时随地可查看，以及一站式的旅游产品浏览，而且优惠活动多，吸引力更强。有专家预计，未来来自移动端的旅游APP的预订有望超过PC端。

综合调查报告结果，无论是需求层面还是宏观层面，旅游业这一朝阳行业都有望在未来保持持续性的快速增长。消费者正逐渐注重生活品质，将资金转向休闲类消费，尤其是旅游消费。尤其是伴随着自助游以及跟团游等方式的旅游消费正快速向互联网与手机端转移，线上和移动端的旅游必然会成为我国旅游业中增长最快的部分之一。

移动互联网的飞速发展是当代中国社会进入"互联网+"时代的标志之一，移动端作为在线旅游市场未来发展的趋势，潜在商业价值巨大。各家洞悉这一点的在线旅游企业也早已纷纷开始在该领域不断深化布局。领头的几家主要在线旅游网站的APP移动端规模均已破亿，移动旅游市场的竞争已经逐步由早期的"百家争鸣"之势慢慢向"巨头之战"转变，最初的许多涌入该市场的创业型旅游APP已经逐渐退出市场，或被售卖或已转型。

为了"俘获"消费者，电商企业已经付出巨额代价，竞争成本也将越来越高，移动旅游APP的市场格局与竞争形势已越来越与在线旅游市场趋同，这一现象在旅游移动APP的推广方面更加明显。众多电商企业推出返利、补贴等花样繁多的营销手段吸引消费者使用更加敏捷的移动端以期获得更多的忠诚用户。但是，移动APP如何才能真正持续性的吸引用户，提高用户忠诚度？具备不同习惯及偏好的用户其使用行为是否存在差异？移动互联网时代的分享价值如何才能被充分利用？这些问题都值得业界和学界充分思考，只有紧跟信息技术快速发展的脚步、最大化地利用移动互联网的价值，才能真正在竞争激烈的当今时代立于不败之地。

第二节 移动旅游APP文献综述

近年来各国学者对于移动 APP 的研究逐渐增多，这类研究主要可以分为六大类，分别是针对移动 APP 在不同场景下的盈利模式、发展趋势、广告设计、客户端设计、营销模式和实际运用。笔者在文献查找过程中发现以旅游为背景的移动 APP 研究不是很多见，特别是在针对移动旅游 APP 的采纳行为方面。为了能够充分了解当前相关领域的研究现状，笔者在 Elsevier（爱思唯尔数据库）、ProQuest（专业搜索）、Wiley（威力数据库）、Google Scholar（谷歌学术）和中国知网等国内外知名数据库中对移动旅游技术相关文献进行了搜索，接下来将从运营商视角和旅游者视角来对这些文献进行总结和分析。

一、运营商视角

移动技术的出现对于旅游行业产生了深远的影响。例如，搭载近距离无线通信技术（Near Field Communication，NFC）的智能手机可以读取具有 NFC 标签的旅游景点信息，从而使得旅游者只需轻松地"刷过"标签，就可以随时获取不同景点的介绍信息，不仅有利于景点信息的更新维护，提升了景点的信息化水平，而且为旅游者带来全新的旅游体验（Egger，2013；Pesonen & Horster，2012）。移动技术对于运营商自身的发展也产生了重要的影响，接下来本文将从企业组织管理和移动技术的评估两个方面来分析移动技术的作用。

(一)企业组织管理

1. 战略管理

移动技术作为一种全新的信息技术,可以帮助企业与外部消费者建立起有效的连接,从而更好地了解他们的需求。因此,移动技术可以被视作为企业获得竞争优势的重要资源。依据资源基础理论,企业具有不同的有形和无形的资源,这些资源是企业获取竞争优势的源泉,但并不是所有的资源都具有这样的能力。当资源具有以下四方面特征时才可能会帮助企业获取竞争优势,即:价值(Valuable),稀缺(Rare),无法模仿(Imperfectly Imitable),难以替代(Non-Substitutable)。所谓有价值的资源是指该资源是公司设想、计划和执行企业战略、提高效率和效能的基础。稀缺的资源是指该资源没有被企业的同行竞争对手所拥有,即便一个资源再有价值,一旦被大部分公司所拥有,其也不能带来竞争优势。无法模仿的资源是该资源很难被市场中的其他公司进行模仿和学习。资源难以替代是指,现有的市场中不存在一种既可复制又不稀缺的资源可以达到相同的目标,从而替代该资源。资源基础理论认为当资源具有价值和稀缺的特征时,可以帮助企业在短期内获取竞争优势,而当资源具有无法模仿和难以替代的特征时,可以帮助企业在长期内获取竞争优势。基于此,贝尔坦等(Bertan et al.,2016)分析了企业如何利用移动技术来获取竞争优势。该文认为企业可以通过实施移动技术来提升自身企业的IT能力和IT可供性进而获取竞争优势,同时这种优势可以帮助企业降低服务成本,提升反应速度,改善客户关系,增加创新能力以及提高企业迅速回应顾客的能力。作者面向土耳其旅游酒店的高管发放了问卷,利用结构方程模型验证了提出的各项假设,证实了旅游企业可以通过采纳移动技术来获取一定程度的竞争优势，从而提升企业绩效。

王等（Wang et al., 2016）基于技术—组织—环境框架分析了哪些因素影响酒店采纳移动酒店预订系统。该框架认为企业采纳信息技术主要受到技术因素、组织因素和环境因素三方面的影响。所谓技术因素是指该信息技术的特点以及其与组织现有的技术之间的优劣。组织因素是指组织自身的规模、管理结构特性以及内部可利用的相关资源与该技术的匹配程度。环境因素则是指该组织所处的外部环境，包括市场环境、政治环境和文化环境等。在本文中，笔者认为技术的复杂度、相对优势以及兼容性，组织的高管支持、企业规模以及技术竞争力和外部环境的竞争压力、舆论压力以及信息强度会影响酒店采纳移动酒店预订系统的意愿。通过面向台湾酒店高管发放问卷并结合酒店客观数据，利用逻辑回归模型分析了假设模型，结论显示技术的兼容性、企业规模、技术竞争力和舆论压力会正向影响酒店采纳移动酒店预订系统的意愿，而企业规模则会负向影响酒店采纳移动酒店预订系统的意愿。林（Lin, 2017）同样基于该框架检验了影响企业成功使用移动技术获取竞争优势的因素。作者通过其与66名旅游企业高管的访谈数据，分别针对未采纳企业和已采纳企业，解析出18个会影响企业成功使用移动技术的因素。作者利用混合多准则决策方法对这些因素进行分析并得出结论，顾客需求是影响已采纳企业成功使用移动技术获取竞争优势的最重要因素，而高管支持则是影响未采纳企业成功使用移动技术获取竞争优势的最重要因素。

2. 人力资源管理

移动技术不仅可以帮助旅游企业获取外部竞争优势，而且对内部人力资源的管理也有着至关重要的影响。作为重视顾客体验的服务产业，人员培训一直是旅游行业所面临的重要问题之一。

通过移动技术对旅游服务人员进行专业培训已经成为旅游企业提高服务质量和完善顾客体验的重要手段之一。相比于传统线下学习培训，移动技术可以使得培训过程不再受限于时间和地点，服务人员可以随时随地通过移动设备获取专业的知识、能力和技能培训。同时，利用大数据和人工智能，服务人员可以根据自身现有水平和具体工作内容享受定制化的培训学习，这不仅激发了服务人员的兴趣，而且提升了培训的效率。对于企业来说，通过对学员的学习资料下载、经验分享、登录次数等关键数据进行统计，可以了解学员的学习习惯及学习主动性，企业的管理层可以借此对学员学习效果进行有效跟进和掌握。另外，采用移动学习方式，企业无须为员工配备电脑，员工自行下载移动学习软件就可以随时加入企业培训，为企业节省了培训设备的成本。因此，移动技术的引入不仅可以提升服务人员的培训效率，而且可以减少企业培训成本并提升顾客体验。金和基齐尔达格（Kim & Kizildag, 2011）分别针对家政服务、酒店前台、客房服务和餐厅四个旅游服务过程进行了深入访谈和问卷调查，结果发现酒店通过移动技术进行服务人员培训不仅可以提升培训的效率和服务人员的工作满意度，而且改善了顾客的服务体验。同时该文基于创新扩散理论分析了影响服务人员使用移动技术进行在线培训的因素，认为感知易用性、感知有用性、感知趣味性、兼容性、可试用性和感知行为控制会影响服务人员对于移动培训的采纳意愿。

除此之外，移动技术对于内部员工的团队合作也会产生一定的影响。对于旅游企业来说，经常会需要在不同旅游热门地点设立分公司，甚至是跨国分公司，因此如何协调内部员工的工作，改善沟通效率是非常重要的问题。移动技术使得部门内以及跨部门的协作不再受限于时间和地点，提升了团队工作的绩效。金等

（Kim et al.，2014）通过对酒店员工的问卷调查发现，使用移动技术不仅可以提升员工的工作效率，而且对于内部的知识共享和团队绩效均有着显著的帮助。同时，该文还分析了移动技术对于酒店内不同部门的不同作用，结果发现移动技术对于工程部门内部的团队绩效提升作用最为显著。

最后，移动技术对于员工的绩效管理也有着显著的作用。由于旅游行业的特殊性，员工的服务质量很难主观判断，从而影响了绩效薪酬的评定，打击了员工的工作积极性。员工可以通过移动技术来随时随地记录自己的服务过程，从而给企业评定服务质量提供依据。但由于不同员工的受教育水平以及服务内容的差异性，移动技术对于员工工作满意度的影响仍然存在不确定性。基于此，贞等（Jeong et al.，2016）以社会认知理论为基础，分析了员工在使用移动技术过程中的自我效能和工作相关性对于其工作满意度的影响，同时检验了外部环境的促进因素对这两条路径的调节作用。通过面向旅游景点和酒店服务人员的问卷调查，利用结构方程模型对 113 份数据进行分析，结论显示自我效能和工作相关性均正向显著影响员工的工作满意度，同时外部环境的促进因素对自我效能和工作满意度之间的关系有着正向调节作用，而对工作相关性和工作满意度之间的关系没有调节作用。除此之外，作者还发现相比于那些不使用移动技术的员工，在日常工作中使用移动技术的员工具有更高的留职意愿，这也侧面证明了移动技术可以帮助企业对员工进行绩效管理，从而使员工获得更加公正和准确的待遇。

3. 绩效管理

移动技术是企业进行顾客关系管理的重要手段之一。所谓顾客关系管理是指企业为提升竞争优势，通过相应的信息技术处理企业与顾客之间的关系，包括销售、营销和服务等环节，从而改善企业管理顾客的方式，最终达到吸引新顾客、保留老顾客并提升其忠诚度，增加企业市场份额的目标。对于旅游行业来说，顾客体验是企业最为重视的目标之一，良好的顾客体验不仅可以提升旅游者的满意度和忠诚度，而且可以促进口碑传播，吸引到更多的新用户。因此，如何管理好企业与旅游者之间的关系就是非常重要的问题。移动技术的发展使得企业可以利用移动旅游 APP 在旅游的不同阶段，包括旅游前、旅游中和旅游后，充分保持与旅游者之间的联系，迅速准确地了解旅游者的需求，从而提升旅游者的体验。但同时企业也会面临管理成本的上升以及旅游者多样化需求的挑战等问题，所以旅游企业采纳移动技术是否可以真正地帮助其提升公司绩效是亟待探索的问题。基于此，荣格等（Jung et al.，2014）通过面向美国酒店与住宿管理协会旗下的旅游企业的 206 名高管发放调查问卷，探究移动技术是否可以帮助改善旅游者的体验并最终提升企业绩效。经过统计和实证分析，结论显示只有当酒店免费为旅游者提供移动技术时，该技术才可能会正向影响旅游者的体验，同时采纳移动技术的企业相对于没有采纳移动技术的企业可以获得更多的利润。李等（Lee et al.，2010）针对不同群体的旅游者以及提供的服务内容对移动技术的影响机制进行了更加深入的分析，结果发现相比于中老年旅游者，青少年旅游者更加偏爱在旅游过程中使用移动技术，同时获得的旅游体验也更高。在提供的服务内容方面，潜在的旅游者更希望旅游企业可以通过移动技术向他们发放优惠券、促销以及折扣信息，并且更加倾向于文字，而不是图片和视频的信息呈现方式。因此，当企业希望通过移动技术提升公司绩效，改善旅游者体验时，需要注意信息传递的方式和对象。

另外也有研究通过二手数据实证分析了旅游企业采纳移动技术对于其公司绩效的影响。马基等（Makki et al., 2016）检验了酒店是如何通过移动预订 APP 提升公司绩效的。由于行业特殊性，酒店需要随时通过入住率来动态修改房间价格。基于移动预订 APP，酒店可以及时更新顾客的预订状态、入住时间以及退房时间等信息，从而实时调整房间价格来获取更高的利润。作者抓取了美国一款移动预订 APP 上 80 家酒店的数据，通过多元跨层模型进行了分析，结果证实使用移动预订 APP 可以提升酒店的市场份额并帮助酒店获取更高的利润，同时日均浏览人数越多的酒店其市场份额和利润也越高。秦等（Qin et al., 2017）则分析了机票预订 APP 对于航空公司绩效的影响。同样由于航空业的特殊性，实时获取顾客的订单状态可以降低飞机空载率，提升航空公司的运营效率，同时为制定和削减航空路线提供重要的依据。因此机票预订 APP 可以改善航空公司的业务流程，从而提升公司的绩效水平。作者通过美国 2009—2011 年美国 27 家航空公司采纳机票预订 APP 的实际数据以及这些公司在股票市场的二手数据，利用线性回归的方法进行实证分析，结果证实航空公司通过采纳机票预订 APP 可以显著地提升公司市值，并且这种效果在长期内也是存在的。

4. 市场管理

移动技术的加入使得旅游企业拥有更多的渠道去宣传自己的产品和服务。例如，传统环境下旅行社只能通过线下门店来推广旅游线路，但随着互联网的发展，在线旅行社（OTA）即旅游消费者通过网络向旅游服务提供商预订旅游产品或服务，并通过网上支付或者线下付费来享受旅游服务，已经成为旅游消费的主要渠道之一。随着移动设备的普及和移动互联网的成熟，旅游者的消费习惯开始发生转变，在线旅行社也开始逐步从电脑端过渡到移动端。由于移动定位、移动支付和移动信息等服务的发展，在线旅行社通过移动APP涵盖了酒店预订、旅游攻略和旅游分享等不同环节，极大改善了用户的消费体验。对于旅游行业来说，移动技术扩展了旅游产品的分发渠道，节省了市场推广成本，使得企业内部的供应链管理更加高效（Car et al.，2014）。劳等（Law et al.，2015）在和21位香港旅游公司高管进行深入的半结构化访谈后认为，移动技术的成熟使得传统线下旅行社逐步被移动旅游APP所取代，并且在未来会完全替代线下旅行社，从而成为旅游公司主要的旅游产品分发渠道。这种趋势不仅改善了旅游产品的市场推广效率，降低了成本，而且也会吸引更多的新游客。

但是移动技术作为一种全新的信息技术，并不是所有的潜在旅游者都会采纳。埃里克森（Eriksson，2014）面向芬兰882名旅游者发放问卷，利用聚类分析得出旅游者使用移动技术的四种不同目的，分别是信息搜寻（通过移动旅游APP搜集旅游信息）、服务预订（通过移动旅游APP预订各类景点门票和住宿酒店）、行程更改（通过移动旅游APP更改和取消旅游行程）以及全能（通过移动旅游APP完成整个旅游过程）。在使用这四种不同功能的过程中会产生相应的问题，例如旅游者在信息搜寻过程中最关心的问题是使用成本（例如网络连接的稳定和费用），而在行程更改过程中则担心隐私安全问题。冈崎等（Okazaki et al.，2015）分析了西班牙旅游者在旅游不同阶段会倾向于使用何种移动技术，聚类分析的结果显示，在旅游开始前，旅游者会利用移动旅游APP进行目的地信息搜寻以及酒店、行程和景点门票预订。在旅游过程中，旅游者会使用线路导航、餐馆推荐以及行程更改等移动旅游APP。在旅游结束后，旅游者会通过社交媒体和旅游攻略等APP分享旅游经历。通过这些研究，旅游企业可以根据不同特征的消费者，结合具体的旅游阶段，在移动旅游 APP 中更加高效地推广不同类型的旅游产品。

（二）移动技术的评估

旅游企业对于移动技术的评估也是过往研究中的重要分支之一。由于移动旅游 APP 是一项全新的信息技术，因此对于企业来说，如何设计并评估它们对于旅游消费者的作用是非常重要的问题。陈等（Chen et al., 2016）以移动酒店 APP 为例，从旅游者的视角探讨了企业应该如何设计从而提升移动酒店 APP 的使用率以及提升酒店绩效。在对 20 种不同的移动酒店 APP 进行分析后，作者得出了四种移动酒店 APP 需要提供的四方面信息，分别是：预订信息，包括如何预订酒店、客房种类及价格等；酒店信息，包括酒店照片、设施以及位置等；酒店服务信息，包括客房清洁服务，早餐服务、叫醒服务等，以及社交媒体链接，包括如何将酒店分享到不同的社交媒体上；其他功能信息，包括 APP 的设置和界面等。基于重要—表现程度分析框架，通过问卷调查的方法得出结论，预订信息和酒店信息对于移动酒店 APP 来说是最基本的信息。酒店服务信息在大多数移动酒店 APP 中虽然没有被提及，但也是非常重要的信息，可以帮助旅游者更加了解酒店，从而提升预订率。社交媒体链接虽然无法直接提升旅游者的预订率，但可以促进网络口碑的形成。同时，如何将预订信息、酒店信息以及酒店服务信息通过一个美观和简洁的界面设计整合在一起也会对预订率产生一定的影响。王等（Wang et al., 2016）同样基于重要—表现程度分析框架，从网络评论的角度分析了旅游者是如何评价移动旅游 APP 的设计。作者对比了在线旅行社设计的 APP 和酒店设计的

APP，并分析二者之间的差异以及可能存在的差异。通过对从苹果应用商店上抓取的 20 种 APP（在线旅行社和酒店 APP 各 10 种）的 6110 条评论数据进行分析，作者得出结论，在线旅行社的 APP 更加注重预订信息和酒店信息，而酒店 APP 则在服务信息和社交分享上更突出。另外，在线旅行社的 APP 虽然在稳定性和整合性方面有较好的表现，但是在易用性方面却不如酒店 APP。

考虑到不同特征的旅游者在旅游过程中可能面临不同的问题，里维拉等（Rivera et al.，2016）基于技术—任务匹配模型分析了移动旅游 APP 在旅游过程中不同功能对于旅游者的重要性。利用案例研究的方法，作者选取了美国 5 个不同的旅游景点分别进行分析，结论显示旅游者非常关心移动旅游 APP 在旅游过程中能否提供准确的酒店服务信息、景点信息以及个性化旅游产品信息，但是对于地理位置信息则较为忽视。米汉等（Meehan et al.，2016）探讨了旅游者在不同阶段希望通过移动旅游 APP 获得何种信息。作者利用社交媒体上的旅游评论文本进行分析，结论显示在旅游开始前，旅游者倾向于获取地点类信息，在旅游过程中，旅游者则更倾向于获取环境类信息。

二、旅游者视角

基于旅游者视角，现有移动技术的研究主要可以划分为两类。第一类是分析研究影响旅游者采纳移动旅游 APP 的因素。在这类研究中，学者们主要探讨了四类可能会影响采纳行为的因素，分别是实用因素、享乐因素、个体特征因素和环境型因素。第二类是关于移动技术对于不同旅游行为的影响研究。学者们从旅游前、旅游中以及旅游后三个阶段去探讨移动技术对于旅游体验的影响，同时结合不同类型的旅游APP去具体分析旅游者对于移动旅游APP的采纳行为。

（一）影响旅游者采纳行为的因素研究

1. 实用因素

所谓实用因素是指旅游者主要通过移动技术对旅游的重要性来评估是否采纳移动技术。在这个类型中，最常被分析的要素是感知有用性（Perceived Usefulness）和感知易用性（Perceived Ease of Use），其中感知有用性是指个体使用某项信息技术对于其学习和工作绩效的提升程度，感知易用性是指个体熟练掌握某项信息技术的难易程度。这两个因素来自技术接受模型，被认为是影响个体采纳新信息技术的重要因素。因此，在分析旅游者对于移动旅游APP的采纳行为时，这两个因素也被广泛地实证检验。大量研究证实了感知有用性对于个体通过移动旅游APP进行信息搜寻（Kim et al., 2013；No & Kim, 2014）、服务预订及支付（Fong et al., 2017；Morosan, 2013；Ozturk et al., 2016）、饭店点餐（Okumus & Bilgihan, 2014）和旅游目的地导航（Lu et al., 2015）均有着显著的影响。在实践过程中，虽然移动技术可以显著地提升旅游者的体验，但是由于个体之间的差异，对于很多旅游者来说熟练掌握并依据任务选择适当的技术是需要投入一定时间和学习成本的，因此感知易用性对于个体采纳移动旅游APP也是很重要的因素（Kwon et al., 2013；O'Regan & Chang, 2015）。相比于感知有用性，感知易用性对于个体采纳意愿的结果在过往研究中是不一致的，部分研究发现这条路径是不显著的（Morosan & DeFranco, 2016）。这个不一致的结论可能是由以下两个原因所导致的。第一，个体特征对于需要投入的时间和学习成本是有影响的，例如受教育水平，移动设备使用经验，年龄等。第二，旅游者更加关注移动旅游APP可以带来的绩效提升（Okumus & Bilgihan，2016）。

除了感知有用性和感知易用性之外，感知个性化、感知风险以及感知行为控制也被作为实用因素来分析个体对于移动旅游APP的采纳意愿。由于不同个体的特征以及面临的任务和目标不同，因此移动旅游APP需要满足个体的个性化需求。例如，荣格等（Jung et al., 2015）以韩国主题游乐场中移动增强技术为研究对象，分析了移动增强服务的个性化对于旅游者采纳意愿的影响。尼海姆（Nyheim et al., 2015）发现虽然个性化的移动旅游APP会提升个体的采纳意愿，但是这条路径受到个体隐私安全的调节影响。当个体重视个人隐私安全时，个性化的移动旅游APP可能会使得个体产生隐私被企业窥探的担忧，从而降低采纳意愿。感知风险是指个体感知到的采纳行为可能会带来的多种风险，包括绩效风险、经济风险和心理风险（Fong et al., 2017）。绩效风险是指使用移动技术可能无法正常使用，导致旅游过程中出现无法预料和解决的问题。经济风险是指可能由于操作失误、线上价格歧视等原因造成的经济方面损失。心理风险是指由于线上消费存在的不确定性所产生的担忧。厄兹图尔克（Ozturk et al., 2016）分析了旅游者对于移动预订酒店APP的持续性使用意愿，通过结构方程模型验证了感知风险对于持续性使用意愿的负向影响。感知行为控制是指个体对于进行某种行为的困难程度的感知，当个体所拥有的机会和资源越多，并且预期这种行为会遇到的阻碍越少的时候，那么个体对行为的个体感知控制就会越强。帕克和黄（Park & Huang, 2017）认为感知行为控制是激励个体去使用移动旅游APP的一个重要促进因素，并利用问卷调查的方法验证了这个关系。

2. 享乐因素

享乐型因素是指个体感知到的在使用移动旅游 APP 过程中可能会享受到的乐趣。过往研究发现个体感受到的乐趣主要来源于三个方面。第一是个体使用其他移动 APP 的愉悦体验会影响其对于移动旅游 APP 的感知。奥库穆斯和比尔吉汉（Okumus & Bilgihan，2014）在检验影响旅游者采纳移动点餐 APP 的过程中发现，个人过往使用其他类型移动 APP 所感知到的愉悦体验会积极影响其对于移动点餐 APP 的使用意愿。同时，研究发现个体对于移动技术的偏好以及旅游方式的选择会通过感知趣味性促进个体在旅游过程使用移动旅游 APP 进行信息搜寻和行程预订的意愿（Ozturk et al.，2017；Lu et al.，2015）。第二是使用移动旅游 APP 过程中，其自身的界面、交互以及功能等方面所激发出的趣味性。此类研究主要集中分析移动旅游 APP 中的设计元素是如何提升用户使用过程中的快乐体验，例如游戏元素的添加，卡通风格的界面以及多元的交互方式等（Kim et al.，2016）。第三是个人使用移动旅游 APP 过程中社交需求被满足所带来的愉悦体验。作为移动旅游 APP 的重要功能，旅游者不仅可以记录自己的旅游经历并分享到社交媒体，而且可以查看和点评自己好友的旅游信息。这种通过移动 APP 产生的旅游交互行为使得旅游者获取了更多的社会支持和群体认同，从而产生愉悦的体验。赖（Lai，2015）基于整合技术接受模型分析了感知愉悦性如何通过影响绩效期望、努力期望、社群影响以及便利条件进而提升个体对于移动导航类 APP 的采纳意愿。利用结构方程模型，作者证实了感知愉悦性的重要作用。

3. 个体特征因素

在旅游者层面，过往研究中分析了自我效能、个体创新性和信任等个体特征因素对于其采纳移动旅游 APP 的影响。所谓自我效能是指个人对自己是否能够胜任某方面工作的能力的主观评估。移动旅游 APP 作为一项新的信息技术，旅游者在使用过程中可能会遇到一些问题。对于自我效能感知较低的个体来说这些问题可能会阻碍他们的正常使用，而对于自我效能感知较高的个体来说他们有足够的自信和能力去解决这些问题，因此个体的自我效能会对其采纳意愿产生一定的影响。帕克和黄（Park & Huang, 2016）认为自我效能不仅能够提升激励因素（感知行为控制和感知收益），而且可以减少阻碍因素（感知成本和感知焦虑）对于个体使用移动酒店预订类 APP 意愿的影响。面向 294 名英国旅游者发放问卷调查，利用结构方程模型进行实证分析，结论证实了自我效能对感知行为控制有着显著正向的作用，同时也可以显著减少旅游者的感知焦虑。鲁等（Lu et al., 2015）基于社会认知理论分析了自我效能是如何通过绩效产出和个人产出进而对旅游者在乡村旅游过程使用移动旅游 APP 的意愿产生影响。实证结果显示，自我效能对于旅游者的绩效产出和个人产出均有着显著正向作用。

个体创新性来源于创新扩散理论，是指个体在面对全新的科学技术时会依据自身内在的创新特质对其进行判断和评估，从而决定是否要进行采纳和使用。个体创新性是个体的一种内在特质，它主要依赖于个体对于类似技术的偏好、习惯和使用经验。对于个体创新性较高的个人来说，他们会在创新产品产生的初期就进行尝试，从而成为先驱者。而对于个体创新性较低的个人来说，他们更倾向于在创新产品逐步成熟并被大众广泛接受的时期进行尝试。过往研究认为，相比于个体创新性较低的个体，个体创新性较高的个体对于新生事物的采纳意愿更高。这主要是由于两个原因，首先是个体创新性较高的个体愿意承担更多的风险和成本，其次是当创新产品出现问题时他们拥有更多的经验和资源去解决问题并寻找合适的替代品。在关于移动旅游 APP 的研究中，个体创新性也被证实会正向影响旅游者对于移动旅游 APP 的使用意愿（Meng et al.，2015；Morosan & DeFranco，2016）。除此之外，个体创新性被认为也会调节个体对于移动旅游 APP 的使用意愿。圣马丁和赫雷罗（San Martin & Herrero，2012）基于整合科技接受模型，分析了个体创新性在绩效期望、努力期望、社会影响和便利条件对于旅游者通过移动旅游 APP 进行旅游纪念品购买意愿关系中的调节作用。作者利用结构方程模型对 1083 份问卷调查进行实证分析，结果显示个体创新性在绩效期望和努力期望对于购买意愿的关系中起到正向调节作用，而在社会影响和便利条件对于购买意愿的关系中起到负向调节作用。

线上环境中存在的信息不对称问题导致旅游者在通过移动旅游 APP 进行预订、购买和信息搜寻过程中可能会产生一定担忧，包括商家是否有能力完成服务、是否存在价格歧视以及服务本身的质量等。信任被认为是可以缓解这种担忧、激励旅游者采纳移动旅游 APP 的重要因素之一（Ponte et al.，2015）。莫罗桑（Morosan，2013）基于技术接受模型分析了旅游者通过移动旅游 APP 在航空公司购买辅助服务的意愿。作者将信任加入研究模型之中，并认为旅游者的感知隐私保障和感知安全保障会影响其信任的形成并进而影响其购买意愿。实证结果显示相比于感知易用性和感知有用性，信任对于购买意愿有着更强的解释力度。

4. 外部环境因素

旅游者在决定是否采纳移动旅游 APP 的过程中，不仅受个人层面的因素影响，而且会受到他人以及周围环境的影响。在过往研究中，最常被分析的外部环境因素就是社会影响。所谓社会影响是指对个体感受到的来自对自己有重要影响的人认为其应该使用该信息技术的程度。在生活中，个体可能会观察到他人在使用移动旅游 APP 过程中获得的收益以及遭受的损失，从而形成和巩固自身对于移动旅游 APP 的感知和态度，进而影响其采纳行为。社会影响被证实会显著影响旅游者对于移动导航和预订类 APP 的采纳意愿（Morosan & DeFranco，2014；Lai，2015）。另外，文化特征也被认为是外部环境因素的一个重要组成部分。李等（Lee et al.，2015）基于霍夫斯泰德文化理论，分析了旅游者对于移动增强现实技术的采纳意愿。作者认为社会影响对于采纳意愿的影响受到男性主义、个人主义、权利距离和不确定性规避四个文化因素的调节作用，并比较了在韩国和爱尔兰两个不同文化情景下这种调节作用的差异性。作者通过问卷调查的方法对理论模型进行了实证分析，结果显示，在韩国和爱尔兰样本中社会影响均对采纳意愿有着显著正向影响，但是在韩国样本中男性主义和不确定规避对于这条路径有着显著的调节影响，而在爱尔兰样本中只有个人主义产生调节作用。

由于设备、能力和环境等方面的限制，移动技术在很多旅游地区无法正常使用，因此过往研究中认为便利条件是一个制约旅游者使用移动旅游 APP 的外部环境因素。所谓便利条件是指个体感受到的使用该科技所获得的技术和设备方面的支持程度。崇和恩盖（Chong & Ngai，2013）在研究旅游者在旅游过程使用移动定位信息服务的意愿时发现便利条件是一个重要的影响因素，实证结果表明其影响力度甚至超过感知有用性和感知易用性。赖（Lai，2015）在分析移动导航类 APP 时同样证实便利条件对于旅游者采纳意愿的正向影响，并且解释力度仅次于绩效期望。

表 2-1 影响旅游者采纳意愿的因素

类别	具体因素	参考文献
实用因素	感知有用性、感知易用性、感知个性化、感知风险和感知行为控制	Kim et al., 2013; No & Kim, 2014; Fong et al., 2017; Morosan, 2014; Ozturk et al., 2016; Okumus & Bilgihan, 2014; Lu et al., 2015; Jung et al., 2015; Nyheim et al., 2015; Park & Huang, 2017
享乐因素	感知趣味性	Ozturk et al., 2017; Lu et al., 2015; Okumus & Bilgihan, 2014; Kim et al., 2016
个体特征因素	自我效能、个体创新性和信任	Park & Huang, 2016; Lu et al., 2015; Meng et al., 2015; Morosan & DeFranco, 2016; San Martin & Herrero, 2012; Ponte et al., 2015; Morosan, 2013
外部环境因素	社会影响、便利条件以及文化特征	Morosan & DeFranco, 2014; Lai, 2015; Lee et al., 2015; Chong & Ngai, 2013; Lai, 2015

（二）移动技术对旅游行为的影响研究

在旅游过程中，旅游者会选择不同的移动旅游 APP 来完成具体的旅游行为，例如信息搜寻、酒店预订、路线导航和旅游产品购买等（Wang et al., 2014）。因此，过往研究深入分析了影响旅游者使用不同类型的移动旅游 APP 的因素，具体结果如表 2-2 所示。

表2-2 有关不同旅游行为研究的文献综述

不同旅游任务	研究论文	研究问题	理论基础	数据来源	研究方法	模型变量	研究结论
一般旅游行为	Kim et al.（2008）	游客对于使用移动旅游APP的意愿	技术接受模型	问卷调查	结构方程模型	旅游经验、技术经验、感知有用性和感知易用性	（1）感知有用性和感知易用性对于使用意愿有着显著影响。（2）旅游经验和技术经验是感知有用性和感知易用性的前因变量
	Tsai（2010）	游客对于移动旅游信息系统的使用意愿	技术接受模型和计划行为理论	问卷调查	结构方程模型	感知有用性、感知易用性、感知有用性和感知行为控制	感知有用性、感知易用性、感知娱乐性对于使用态度有着显著的正向影响
	Young & Hancer（2014）	游客对于移动旅游APP的使用意愿	技术接受模型	问卷调查	结构方程模型	感知有用性、感知易用性、自我认同和感知娱乐	（1）感知有用性、感知易用性和自我认同对于使用意愿有着显著的正向影响。（2）使用移动应用的年限在其中起到了正向调节作用

续表

不同旅游任务	研究论文	研究问题	理论基础	数据来源	研究方法	模型变量	研究结论
一般旅游行为	Dieck & Jung (2015)	游客在城市文化遗产旅游过程中对于增强现实技术的使用意愿	技术接受模型	问卷调查	主题分析	感知易用性、感知有用性、系统质量、信息质量、使用成本、风险、个体创新性、评论系统和便利性	九个因素对于使用意愿均有着显著影响
	Lee et al. (2015)	不同文化背景下（韩国和爱尔兰）的游客对于移动增强现实技术在旅游过程中的使用意愿	霍夫斯泰德文化理论、技术接受模型	问卷调查	结构方程模型	自变量：感知有用性、感知易用性、感知娱乐和社会影响。调节变量：个人主义、权利距离、不确定性规避和男性化社会	(1)在韩国文化背景下，感知有用性、感知趣味性和社会影响对于使用意愿有着显著的正向影响。(2)在爱尔兰，感知易用性、感知趣味性和社会影响对于使用意愿有着显著的正向影响
	Huang et al. (2016)	游客对于虚拟现实技术的使用意愿	技术接受模型、自我决定理论	问卷调查	结构方程模型	感知有用性、感知易用性、自我管理、能力胜任和相关联性	感知有用性、自我管理和相关联性三个变量有着显著的正向影响

续表

不同旅游任务	研究论文	研究问题	理论基础	数据来源	研究方法	模型变量	研究结论
旅游规划	Chong & Ngai (2013)	游客使用基于地理位置信息的社交媒体去规划旅游行程的意愿	整合科技接受模型Ⅱ	问卷调查	结构方程模型	绩效期望、努力期望、社会影响、便利条件、快乐驱动、价格价值和习惯	七个因素对于使用意愿均有着显著影响
旅游导航	Lai (2015)	游客对于移动旅游导航应用的使用意愿	整合科技接受模型	问卷调查	结构方程模型	期望绩效、努力期望、社会影响、便利条件、信息有效性和娱乐性	（1）绩效期望、努力期望、社会影响和便利条件对于使用意愿都有着显著的正向影响。（2）信息有效性和娱乐性分别对努力期望和绩效期望有着正向的显著影响
旅游导航	Lu et al. (2015)	游客在旅游过程中对于地图类APP的使用意愿	创新扩散理论、技术接受模型和社会认知理论	问卷调查	结构方程模型	自我效能、期望产出、个人产出、社会规范和创新特征（兼容性和复杂性）	（1）兼容性、期望产出和个人产出对于使用意愿有着显著影响。（2）期望产出在自我效能和使用意愿之间起到中介变量的作用

续表

不同旅游任务	研究论文	研究问题	理论基础	数据来源	研究方法	模型变量	研究结论
旅游导航	Trakulmaykee & Benrit (2015)	游客对于移动旅游导航类APP的使用意愿	技术接受模型、整合科学技术接受模型和创新扩散理论	问卷调查	结构方程模型	相对优越性、兼容性、复杂性、可试验性和交互质量	(1) 相对优越性、兼容性和可试验性对使用意愿有显著的正向影响。(2) 交互质量在复杂性和使用意愿之间有显著的调节作用
旅游产品购买	Ponte et al. (2015)	游客在旅游类电子商务APP上的购买意愿	信任理论	问卷调查	结构方程模型	信任、感知隐私、信息质量和感知安全性	(1) 信任对于游客购买意愿有着显著影响。(2) 信息质量和安全感知是信任的前因变量
旅游产品购买	Kim et al. (2015)	游客通过移动旅游电子商务平台购买旅游产品的意愿	权变理论和任务技术适配理论	问卷调查	结构方程模型	用户使用场景、价值、娱乐性、时间节约和移动性	(1) 价值和娱乐性对于使用意愿有着显著的正向影响。(2) 用户场景在时间节约和使用意愿中起到了完全中介的影响和移动性的中介作用

续表

不同旅游任务	研究论文	研究问题	理论基础	数据来源	研究方法	模型变量	研究结论
旅游体验分享	Yang（2013）	游客对于餐馆预订应用进行网络口碑分享的意愿	技术接受模型、体验和知识分享视角	问卷调查	结构方程模型	满意度、利他主义、利己主义、感知有用性和感知易用性	（1）利他主义和感知有用性对分享意愿有显著影响。（2）感知到有用性在满意度和利己主义对分享意愿的影响中起到正向调节作用

1. 一般旅游行为研究

金等（Kim et al., 2008）认为随着移动通信设备的普及和移动网络的成熟，传统行业获得了新的活力注入，旅游业就是其中的代表之一。移动通信和移动商业给旅游业的传统运作方式带来了巨大变革，旅游运营商可以通过移动端进一步优化旅游供应链，减少运营成本，同时也加强了和旅游者的沟通交流和忠诚度。那么探索旅游者对于移动技术的采纳意愿就显得特别重要。该文在技术接受模型的基础上，结合旅游行业特点和个体特征，将旅游经验和技术使用经验作为前因变量来分析消费者对于移动技术的态度和使用意愿。该文试图在旅游行业的背景下，对技术接受模型进行适度的扩展，主要探索影响感知有用性和感知易用性的前因因素。由于在面对一项新的陌生的科学技术时，消费者产生的各种感知都是依赖于以前相关使用经验的累积，那么结合移动旅游行业的特色，这种相关经验包括旅游经验和技术使用经验两种。旅游经验是指消费者在使用移动技术之前的旅游次数，论文通过询问被调查者的商务旅游和观光旅游的次数来衡量该变量。技术使用经验是指用户使用相关技术的经验积累，该文是通过消费者的移动技术使用经验、互联网使用经验以及网络浏览程度来衡量。该文共收集了283份有效问卷，通过结构方程模型的方法来检验假设和模型。实证结果有：（1）感知有用性和感知易用性对于用户态度有着显著的正向影响，其中感知有用性的影响力度更大。同时，用户态度对于使用意愿也有着显著的正向影响。（2）旅游经验对于感知有用性和感知易用性有着显著的影响，其中对于感知有用性的影响力度更大。而技术使用经验对于感知有用性和感知易用性也有着显著的影响，但是对于感知易用性的影响力度更大。

蔡（Tsai, 2010）认为移动产业的蓬勃发展给其他行业也带来了重大机遇和挑战。该文聚焦移动互联技术在旅游行业的一项实用技术——移动旅游导航系统，探索旅游者对其使用意愿。该文的理论基础是技术接受模型和计划行为理论。除此之外，作者还考虑了娱乐性在采纳过程中的作用，已经有实证研究证明，个体感知的娱乐性越强，那么其采纳意愿就越强。该文共收集了175份有效问卷，通过 PLS（偏最小二乘法）进行了结构方程模型的数据和模型检验。实证结果有：（1）感知有用性、感知易用性和娱乐性对于使用态度有着显著的正向影响。其中感知有用性的影响力度更大，娱乐性次之，感知易用性最小。而感知有用性和感知易用性对于使用意愿的影响则是不显著的。（2）感知行为控制和娱乐性对于使用意愿有着显著的正向影响。其中感知行为控制的影响力度更大。（3）感知易用性对于感知有用性有着显著的正向影响。

杨和汉瑟（Young, Hancer, 2014）在技术接受模型的基础上，从功利动机、享乐动机和自我认同三个方面去解释消费者使用移动旅游 APP 的意愿影响。在对之前文献的整理分析基础上，作者在该文中将消费者对于移动旅游 APP 采纳的动机分为功利动机和享乐动机两种。功利动机是指以获取某种实际利益为目的而去使用的心理倾向。在旅游情景下，这个动机是指旅游者在使用某个旅游 APP 后能够获得的实际利益和好处。在该文中，通过感知有用性和感知易用性去衡量功利动机。享乐动机是指在某项活动过程中获得的享乐性需求，包括愉悦、刺激和激动等心理过程，对于初次使用移动旅游 APP 的消费者来说，这种使用经验是非常新鲜的，所以感知愉悦性对于使用意愿会存在显著的正向影响。该文共收集了 201 份有效问卷，通过 AMOS（矩阵结构分析软件）进行结构方程的分析，得出结论：（1）感知有用性、感知易用性和自我认同对于使用意愿有着显著的正向影响，其中感知有用性的影响最大，接下来是自我认同和感知易用性。（2）感知易用性对于自我认同、感知愉悦性和感知有用性有显著的正向影响。自我认同对于感知愉悦性有显著的正向影响。感知愉悦性对于感知有用性有显著的正向影响。（3）使用移动应用年限的调节作用被证明是存在的，并且是正向调节作用。

迪克和荣格（Dieck and Jung，2015）关注了基于 GPS 定位系统的移动增强现实技术在城市遗产旅游过程中的应用。根据文献回顾，增强现实技术可以显著地增强人们旅游过程中的体验感，但是关于探索人们，特别是旅游消费者，对于增强现实技术在移动端的采纳意愿的研究还不是很充分。该文通过对 5 组来自英国旅游团的旅游者在爱尔兰首都都柏林的城市遗产旅游过程中的跟踪分析来收集数据，所有旅游者都会在旅游过程被给予安装了移动增强现实技术的设备，以供他们在旅游过程中使用和体验，整个旅游过程持续两天，最后向旅游者发放调查问卷，最终共收集了 44 个人的有效数据。该篇论文通过对人们回答内容的编码，使用主题分析的方法得到最终结论。主要结论有：（1）在技术接受模型中的两个主要变量，感知有用性和感知易用性之外，确认存在其他因素影响到人们对于新的科学技术的采纳意愿。（2）通过对副主题的分析得出 7 个因素，分别是信息质量（包括信息的收集速度、准确性、及时性和趣味性）、系统质量（包括多语言的支持、系统的准确性、导航系统、设计界面和个性化推荐）、使用成本（包括操作成本、网络成本和设备成本）、评论系统（口碑维护和打分评价系统）、个体创新性（趣味性和刺激程度）、风险（隐私风险和财务风险）和便利性（系统的便利性和设备的便利性），这 7 个因素和感知有用性、感知易用性一起影响着人们对于移动增强现实技术的使用态度。（3）人们的使用态度显著地正向影响采纳意愿。

李等（Lee et al., 2015）主要研究了文化因素对于移动增强现实技术接受意愿的影响，并且比较了韩国和爱尔兰不同文化情景下的不同之处。根据霍夫斯泰德的文化理论，文化被划分为四个维度，包括男性主义、个人主义、权利距离和不确定性规避。作者认为这四个维度的文化会作为调节变量影响感知有用性、感知易用性、感知趣味性和社会影响对于采纳意愿的作用。作者分别在韩国和爱尔兰的旅游景点面向使用移动增强现实技术的旅游者发放问卷，最终在韩国收集到145份有效问卷，在爱尔兰收集到119份有效问卷。在PLS软件中通过结构方程模型进行了数据的分析，结果发现在不同文化情景下，不同维度会起到不同的调节作用。

黄等（Huang et al., 2016）认为对于旅游市场来说，3D虚拟技术可以打破传统的地理位置的限制，让旅游者可以更加直观地接触到旅游地的各个景点，并且向他们宣传旅游地独特的旅游文化和旅游体验，最终促使旅游者购买旅游地的特色产品。该文首先在技术接受理论的基础上，将感知有用性和感知易用性运用到3D虚拟技术这个场景之中，作为影响消费者态度和采纳意愿的因素。其次，基于自我决定理论作者提出了自我管理、能力胜任和关联性三个变量。自我管理是指旅游者可以自主地选择自己喜欢的功能，能力胜任是指旅游者有充分的能力和知识去驾驭这个软件，关联性则是指旅游者在使用该项技术的过程中与其他旅游者的关系处理。除此之外，作者还认为感知有用性、感知易用性、自我管理、能力胜任和关联性这5个变量会通过影响感知趣味性进而再影响到使用意愿。该文最终收集到186份有效问卷数据，这些问卷都是旅游者在充分体验过3D虚拟技术之后才填写的。作者采用了探索性因子分析和验证性因子分析对数据的信度和效度进行了检验，接下来，作者通过结构方程模型验证了理论模型和假设，结论表明：（1）感知有用性、自我管理和关联性三个变量对于使用意愿有着显著的正向影响。其中自我管理的影响力最大，接下来是感知有用性，关联性的影响力最小。（2）感知有用性、自我管理和关联性三个变量对于感知趣味性有着显著的正向影响。其中自我管理的影响力最大，接下来是感知有用性，关联性的影响力最小。这也表明了感知趣味性在感知有用性、自我管理和关联性这三个变量和使用意愿之间起到了中介变量的作用。

2. 旅游规划研究

对于大多数旅游者来说，旅游目的地通常都是陌生的地点，旅游者并不是十分了解周围的环境和情况，那么在使用这类社交媒体软件的过程中，不仅可以通过基于位置的服务（LBS）技术获得位置的确定以及周围的酒店餐馆和其他休闲娱乐场所的位置，而且可以通过社交媒体自身的优势以辨别各场所的消费水平、服务质量以及评分水平等，这些功能可以帮助旅游者做出更好的决策。崇和恩盖（Chong and Ngai，2013）探索了在旅游背景下，旅游者对于基于LBS技术的社交媒体软件的使用意愿。在文献回顾的基础上，该文从整合科技接受模型（UTAUT1）及其修正版（UTAUT2）、用户相关使用经验和网上评论三个方面分析影响消费者使用基于LBS技术的社交媒体软件的意愿。第一，整合科技接受模型是文卡泰什等（Venkatesh et al.，2003）在对历年TAM（技术接受模型）相关研究总结的基础上，针对探讨"影响使用者认知因素"的问题，提出的全新理论模型。它包含四个核心维度：绩效期望、付出期望、社会影响和便利条件。在这之后，文卡泰什等（Venkatesh et al.，2012）对该模型进行了重新修正，除了之前的四个维度外，又加入了快乐驱动、价格价值和习惯三个变量。快乐驱动指个体在使用过程中感知愉悦和快乐的程度；价格价值指个体采纳某项技术需要付出的成本；习惯指消费者对于新技术的沉浸程度。在此基础上，作者认为这七个维度对于使用意愿有显著的正向影响。第二，用户相关使用经验是指在使用基于 LBS 技术的社交媒体软件之前，消费者使用移动应用的经验累积。相关经验越多，在使用这项新技术时感知的技术壁垒和使用难度也越低，那么采纳意愿就会相应提升。第三，网上评论包括证据质量和来源确实性两方面。首先证据质量包括评分水平、证据力度和及时更新三方面。评分水平是指其他消费者在消费过后对于其的打分高低，这种由实际使用者提供的证据，可以促进消费者的使用意愿。证据力度是指消费者在网上评论中提供依据的影响力，例如消费者在评论中提到餐馆内部装潢的漂亮并且上传了一张餐馆照片，这种评论的可信度就很高，这种证据力度越强，消费者使用意愿就越强。及时更新则是指这种评论会被快速地展示到网上，消费者看到评论的时间越近，使用的意愿就会越强。该文共收集了 200 份调查问卷，通过 PLS 运用结构方程模型来检验和分析假设模型。最终结论表明：（1）整合科技接受模型的七个维度对于使用意愿的影响全部显著，其中影响力最大的是快乐驱动。（2）用户相关经验对于使用意愿的影响则不是显著的。（3）网上评论对于使用意愿的影响不显著，但是对实际使用行为有着显著的影响。

3. 旅游导航研究

赖（Lai，2015）提出信息通信技术的出现使全球的旅游行业发生了变革，而移动通信技术则使得旅游业的发展更上一层楼。移动旅游导航系统作为移动端的一项应用，对于旅游者来说是非常简单实用的。该文共收集了 205 份有效数据，通过结构方程模型进行数据和模型的检验，数据的信度和效度都达到标准，通过了验证性因子分析的检验并且各项拟合指数也达到了学术要求。实证结果表明：（1）绩效期望、努力期望、社会影响和便利条件对于使用意愿都有着显著的正向影响，其中绩效期望的影响力度最大，接下来是便利条件、努力期望和社会影响。（2）信息有效性和娱乐性分别对努力期望和绩效期望有着正向的显著影响。（3）信息有效性对于使用意愿有着显著的影响，而娱乐性对于使用意愿的影响则不是显著的。

鲁等（Lu et al., 2015）将技术接受模型、创新扩散理论和社会认知理论三个理论进行了整合，来分析影响消费者使用移动导航APP意愿的因素。该文从2014年3月开始，在中国7大旅游地面向旅游者发放问卷，用时1个月，共收集613份有效问卷。通过探索性因子分析和验证性因子分析检验了数据的信度和效度，并用结构方程模型进行了模型和假设检验。结果表明：（1）期望产出和兼容性对于使用意愿有着显著的正向影响。（2）自我效能通过期望产出对使用意愿产生影响，期望产出在自我效能和使用意愿之间起到中介变量的作用。（3）社会规范对于使用意愿没有显著的影响。

特拉库尔马基和贝里特（Trakulmaykee and Benrit, 2015）认为移动应用的普及为旅游行业带来了更多的发展机遇。由于行业特殊性，绝大多数的旅游者是在陌生的环境中完成旅游消费过程的，对于周围的事物他们不是特别清楚、了解，旅游过程中可能遭遇到由于这种信息不对称而造成的各种问题。在该文中作者关注了导航类的旅游APP，探索在此情景下旅游者对于此类APP的使用意愿。在文献回顾的基础上，作者选取了技术接受模型、整合科学技术接受模型和创新扩散理论作为该文的理论基础，将相对优越性、兼容性、复杂性和可实验性作为影响因素放入到整体模型之中。除了这4个自变量，作者还考虑了旅游APP应用的运营商这个消费者自身以外的角色的作用，与运营商的交流和沟通的质量可能会调节这些自变量和因变量之间的作用，所以交互质量被选为调节变量放入到整体模型之中。作者共收集了708份有效数据，通过PLS分析数据和检验模型，结果表明：（1）相对优越性、兼容性和可试验性对使用意愿有显著的正向影响。其中兼容性的影响力度最大，接下来是可试验性、相对优越性。复杂性对于使用意愿有显著的负向作用。（2）交互质量在复杂性和使用意愿之间有显著的调节作用，当用户与运营商的交互质量越高，那么复杂性对于使用意愿的影响就越小。可见充分的沟通和交流可以降低由于应用本身的操作难度对于用户使用造成的壁垒。

4. 旅游产品购买研究

庞特等（Ponte et al., 2015）的研究中指出电子商务的出现使得旅游产业进入了一个新的阶段，探究影响消费者通过移动端在线购买旅游产品的影响因素就显得十分重要，该文在文献回顾的基础上，认为感知价值和感知信任这两个维度是影响消费者购买意愿的主要因素。基于此作者提出假设，感知信任越强，消费者的购买意愿就会越强，并且这种感知信任还会正向地影响到感知价值。除此之外，如何消除这种不信任，增强对卖家的信任是非常重要的问题，也就是关于信任的前因因素。作者从三个角度去分析影响消费者对于在线购买的信任问题，即将感知隐私、感知安全性和信息质量作为影响信任的前因。该文共收集了451份有效问卷，通过PLS进行模型和假设的检验，得出最终结论：（1）感知信任和感知价值对于购买意愿有着显著的正向作用，其中感知价值的作用更大。（2）感知信任对于感知价值也有着显著的正向作用，进一步分析得出感知价值在信任和购买意愿之中充当了中介变量的作用。（3）信息质量和感知安全性对于信任有着显著的正向作用，其中信息质量的作用更大，而感知隐私对于信任不存在显著的影响。

金等（Kim et al., 2015）认为随着移动技术发展的越发成熟，在旅游过程中通过移动端进行旅游产品的购买行为也变得越来越普遍。该文从权变理论和任务技术适配理论出发，去解释消费者在移动场景下进行旅游商品购买时的满意度。基于这两个理论，该文提出了用价值、娱乐性、时间节约和移动性四个方面的特征去解释消费者对于移动旅游购买的满意度。在旅游场景下，价值包含金钱价值、情感价值和新奇价值三方面，实证研究已经证明在在线购物的情景下，价值对于满意度有着显著的正向影响。移动性和娱乐性则是突出了移动技术的最大特征移动性，以及作为一项新技术可以带给旅游者的快乐感。时间节约也是移动旅游购买的一大特点，旅游者可以快速地在移动端完成一个商品的全部购买流程，大大缩短了购物的时间成本。除了这四个变量外，作者认为时间节约和移动性会通过用户场景进而影响满意度，即用户场景在时间节约和移动性对于满意度的关系中扮演了中介变量的作用。该文共收集了502份有效问卷，通过AMOS进行了结构方程模型的数据和模型检验。实证结果表明：（1）价值和娱乐性对于满意度有着显著的正向影响，其中价值的作用力度更大。（2）时间节约和移动性通过用户场景对满意度有着影响，用户场景在其中是完全中介的作用。

5. 旅游体验分享研究

杨（Yang，2013）的研究关注了人们对于餐馆预订应用的网络口碑分享意愿。对于餐馆预订服务来说，在社交媒体出现之前，餐馆本身的品牌树立例如食物口味、食材质量、服务质量和装潢设计等，都是靠人们之间传统的口口相传来建立。然而随着社交媒体的出现，传统的口口相传变成了网络形式下的口口相传，线下口碑也变成了线上的网络口碑，对于旅游者来说，这种网络口碑可以说更加容易获取。更具体来说，对于在外旅游的消费者来说，有了网络口碑可以更好地帮助他们对餐馆进行辨识和选择，让他们对餐馆的具体情况有了提前的认知，从而更加方便地进行餐馆的预订。那么探究哪些因素影响了旅游者对于这种网络形式的口口相传的分享意愿就有着重要的学术和实践意义。该文认为影响消费者进行网络口碑分享意愿的因素有两个主要维度，即体验维度和知识共享维度。同时，该文将科技接受模型中的感知有用性和感知易用性作为调节变量放入整个模型之中，并且也考虑到这两个变量对于口口相传的直接作用。作者面向餐馆预订服务应用 OpenRice 的消费者进行了问卷的收集，最终收集到 244 份有效问卷，通过探索性因子分析和验证性因子分析，检验了数据的信度和效度。接下来运用结构方程模型对模型和假设进行了验证，结果发现：（1）利他主义和感知有用性会显著地正向影响人们对于网络口口相传的意愿，其中感知有用性的作用更大，而满意度、利己主义和感知易用性对于网络口口相传的意愿没有显著的影响。（2）关于调节作用，感知有用性会显著地正向调节满意度和利己主义对于网络口口相传的影响，这表明，当感知有用性越强时，满意度和利己主义对于网络口口相传的作用就越大。

第三节　文献评述

上文对关于移动旅游 APP 使用意愿方面的文献进行了详细的总结和阐述，下面是笔者针对该领域研究中目前可能存在的问题的探究：

第一，之前的研究大多以单一理论作为研究框架，缺乏不同理论之间的融合。计划行为理论、理性行为理论、技术接受模型和整合科技接受模型都在前人的研究中被使用，但大多数都是作为文章的唯一理论框架。这样的做法虽然使得文章具有很强的理论背景，但是导致研究模型过于单一，并且没有较为突出的创新之处。同时虽然对于个人层面的感知有着较为详细的讨论，但是对于个人感知是如何形成的，即它们的前因变量没有做详细且深入的讨论。

第二，对于移动旅游APP使用意愿的研究基本集中于使用前阶段。从用户行为角度来分析，使用前和使用后是两个不同的阶段，在用户有了实际体验之后，影响其对产品和服务的评价以及态度的因素也会随之发生改变。同时旅游运营商也非常关注如何留住老用户这个问题，具有很强的实践意义。

第三，在研究中没有考虑到文化因素的影响。该领域的大部分研究都是以西方国家的移动旅游APP为研究情景，为数不多的国内研究也没有将中国文化作为影响因素加入到具体模型之中。为了使研究结论更贴近中国旅游实际情况，需要考虑到文化在其中的作用。

第四，缺乏对移动旅游APP系统特征方面的讨论。之前文献在探索影响使用意愿的因素时，大多集中于个人感知的层面，忽略了移动旅游APP本身作为一个移动端的信息系统所具有的特征的影响。特别是在旅游者越发注重旅游体验，旅游需求更加多样化的今天，移动旅游APP系统本身的特征对于旅游者的使用意愿可能会存在一定的影响。

第五，研究方法的使用过于单一。通过文献综述，我们可以发现目前移动旅游APP相关文献中基本是采用问卷调查法进行数据的收集，并且在数据分析中也都是运用结构方程模型的实证方法得出研究结论，在研究方法的创新上存在一定的不足。

第三章
用户采纳的相关理论

第一节 理性行为理论

一、理性行为的基础理论

理性行为理论（Theory of Reasoned Action，TRA），是由美国学者菲什贝因（Fishbein）和阿杰曾（Ajzen）在1975年提出的，该理论从社会学和心理学的角度去解释和预测人们的行为。理性行为理论认为人们做出某种行为（Behavior）的主要原因是其行为意向（Behavior Intention），而这种行为意向又是由其行为态度（Attitude toward Behavior）和主观规范（Subject Norm）决定的。这种理论成立的前提假设是个体在面对选择和判断时总是理性的并且能够充分有效地处理信息，同时个体能够完全自主地决定采纳或者放弃某种行为。在学术领域中，理性行为理论作为探索个人行为意向的基础，已经被成功地运用到许多场景，例如社会学、心理学和教育学等。而在这其中，市场营销学是运用理性行为理论最为广泛的学科之一，这主要是因为其可以有效地解释人们在面对某种商业行为时的态度和使用意愿。具体理论模型如图3-1所示。

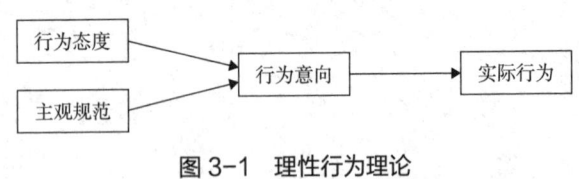

图3-1 理性行为理论

行为态度是指人们基于现有的价值观和道德观对某种行为的正面或者负面的判断和评价。社会心理学学者认为态度并不是先天形成的，而是人们长久以来在社会中逐渐培养和形成的，它是个体对于社会中其他群体或者个人的认知累积，并且会影响到个体的生活、学习和工作等一系列社会行为。由此可见，态度对于预测和解释人们的行为有着非常重要的作用。学者对于态度包含的维度进行了深入的探索和讨论，从目前的研究观点来说，一类是根据社会心理学方面的理论将态度划分为认知和情感两个维度，另一类则是根据态度结果的影响范围分为个人态度和社会态度。

按照传统的社会心理学观点，态度主要由两个主要要素组成：认知和情感。态度的认知要素是指个人对于态度的对象或者客体的一种认识、理解、判断和评价。可以说，认知要素是态度形成的基础，它包含了个体对于态度客体或者对象从认识到了解再到熟知的一个过程，并且形成最终评价。这种态度认知也是建立于个人在社会行为中逐步积累起来的价值观和社会观之上，所以说，个人态度是过去阅历经验的一种具体反映。同时，这也说明了即使面对同一个对象或者客体，不同的人会形成不同的行为态度。正如同样的一张图片，在不同分辨率的屏幕下会有不同的显示。

相比于认知要素，态度的情感要素则是更倾向于个体的主观情感，这种情感是指个人对客观的人或者事物的情绪体现。这种情绪则是由多方面要素决定的，包括个人的价值观、偏好和过往经验等。对于不同的个人来说，在面对同一个态度对象时，可能会产生不同甚至两极化的情感体验。比如对于电脑游戏，有的人是非常喜欢，而有的人则是深恶痛绝，这种两极化情感的表达是因为他们有着不同的偏好和过往经验。

总的来说，态度的两个要素是相互关联、相互影响的。当二者的感知方向一致时，即对态度对象或者客体有着很差的评价和厌恶抵触情绪时，那么对于其态度通常来说都是负面的。当二者的感知方向不一致时，例如个人对于某个品牌有着很高的忠诚度，即对其有着正面的评价和认知，但是该品牌推出的某一项新产品在社会上有着很差的口碑，这种负面的社会影响会使个人产生复杂的情感态度，即情感上对于该品牌有着较高的归属感和忠诚度，但是又怕买到的产品正如报道的一样不尽如人意，这种模棱两可的情感会使得个人对其态度产生一定的偏移。当认知和情感出现这种不一致时，从之前的实证研究结果来看，态度的情感维度相比于认识维度来说，对于态度的最终影响要更大。

二、理性行为的扩展理论

帕克（Park，2000）认为个人在态度抉择时不仅会考虑到对自己的影响（个人态度），而且会对周围人的影响进行评估（社会态度）。这是因为个人处于社会之中，个人的行为也会对他人产生一定的影响，例如，个人在公共场所随地吐痰，虽然个人态度对于这一行为没有负面的认知和情感，但是这个行为会产生一定的社会影响，从而导致个人的社会态度产生偏移。行为的个人态度是由个体对其行为结果的判断和评价所决定的，而行为的社会态度则是个体预期社会对于其行为结果的评判所决定的。对于不同的个人来说，个人态度和社会态度对其最终态度形成的重要性和影响力度是不同的。当个人更看重个人态度时，其行为决策更偏向于个人利益，而当个人更看重社会态度时，则最终态度会偏向于社会结果。

关于态度和行为之间是否存在一致性的关系，社会心理学家并没有给出一个定论，因为二者之间的关系受到很多因素的干扰。首先是态度的强度，一般来说，当态度的强度非常强烈时，即个人对态度对象或者客体有着明确坚定的信念，态度与行为的一致性就很高；反之，当个人的态度出现犹豫不决或无所谓的状态时，态度与行为的一致性就可能出现偏差，即个人态度对行为的影响可能降低。其次，社会情景也对态度和行为之间的关系有着影响，例如当个人在面临巨大的外部压力或者社会舆论时，可能会做出一些违背个人态度的行为，因为要屈从于社会压力，即通常我们会说的"识时务者为俊杰"，这时态度和行为的一致性就很低。最后，态度与行为决策的时间间隔也会影响二者的一致性。通常来说，这个时间间隔越小，二者的一致性就越强，例如市场营销学中的"冲动消费"就是有力的证据，所谓的冲动消费就是指消费者在外界因素的影响下进行了无意识、无计划的购买行为，即消费者的态度和行为是一致的，但是一般来说在冲动消费之后，即有了充裕的时间进行思考和评判时，消费者会改变其原有的态度，进而对购买行为产生后悔。

主观规范是一个来自社会心理学的变量，它是指个体感受到的来自社会群体中的他人对其行为的影响程度。个人是无法脱离社会群体而存在的，既然存在于一个群体，那么必然就需要考虑群体中的其他成员的影响。一般来说，一个群体中的大多数成员会有着相似的文化、价值观和世界观，这些要素组成了一种无形的"制度"，群体中的个人在行为决策时会感受到来自这种"制度"的压力。同时，个人在做出决策时，特别是对那些存在信息不对称的决策，会倾向于依靠来自外部的建议和信息来帮助自己做出决策。例如，当我们不知道做出某项选择是否正确时，我们会向周围的亲人朋友寻求帮助，而他们给出的建议可能会影响到我们最后的决定。

主观规范对于个人行为的影响可以分为三种形式：从众、服从和模仿。所谓的从众是指个人感受到来自外界的压力从而放弃自己原有的态度和主张，按照他们的意愿做出行为决策。这种从众现象在生活中比较常见，例如入乡随俗、因地制宜等。从众心理是个人为了迎合社会群体的要求而形成的。从个人角度来说，要想在社会中持续生存而不被抛弃，就必须去努力适应社会规范，当个人的价值观和行为导向与社会群体保持一致，就越有可能被社会所接纳。从社会角度来说，当一个群体拥有一致的文化价值观，可以让社会中的个体有效地互动交流，从而保证了社会的秩序和更有效率的运转。

服从是指个体按照社会群体或群体中的个人意愿而做出行为决策。服从与从众的最大区别在于个体原有的态度是否发生转变，服从是在外界压力下而产生的态度，而从众则是由于压力而发生了态度的转变。按照压力的来源可以将服从分为两种：第一种是来自于社会群体的压力规范了个人的行为，例如法律、道德和纪律等。这类服从压力对于个人行为的影响是非常大的，因为如果个人不遵守这类准则，那么造成的结果可能会非常严重，所以个人对于这类压力的处理是非常谨慎的。第二种则是来自于群体中拥有较高威望和权力的个体的压力，例如领导、父母和老师等。这类压力的力度虽然不如第一种那么强烈，但是对于个人的行为还是有着指导建议的作用，个人在做行为决策时也是需要仔细斟酌的。

模仿是指个人在受到他人行为刺激后进而仿照其行为的一种表现。个人做出模仿行为可能是有意识的，也有可能是无意识的，例如"邯郸学步""鹦鹉学舌"等都是有自主意识的模仿，而小孩模仿父母的行为习惯则是无意识的模仿行为。对于无意识的模仿来说，模仿者不存在行为动机，其模仿行为是在不自觉的过程中完成的，而有意识的模仿则有多种驱动动机。首先是兴趣驱动，观察到周围某些有趣的行为会引起个人模仿的心理冲动，进而产生模仿行为。一般来说，模仿者可能并不清楚这些由兴趣驱动的模仿行为所具有的意义和内涵，单纯只是觉得好玩，因此这类模仿行为可能存在错误的导向。其次是认知驱动，在社会中具有较高威望的个体做出的行为会引起他人的模仿。这是因为模仿者对于其地位、品行和行为的认可而导致的，例如在日常生活中我们会模仿崇拜的偶像的一些行为举止。模仿者希望能够通过这种模仿行为获得和被模仿者一样的成功、尊敬和欢迎。最后是适应驱动，对于新进入群体的个人来说，最快融入并适应群体的方法就是模仿群体中其他人的行为。这种模仿可以使个人更好地适应新环境，并且不会受到来自其他成员的排挤。

综上所述，理性行为理论从态度和主观规范两方面预测和解释了人们的行为意向，进而影响到最后的行为决策。该理论已经在学术领域的很多方面被实证检验确实有效，但不可否认的是其仍然存在一定的局限性。前文也提到该理论成立的一个重要的前提假设就是个人可以完全自主地控制自己的行为和意识，正是这条假设在某方面限制了理性行为理论的应用范围。在日常生活中，人的行为其实受到很多因素的影响，包括内在的因素（人有三急）和外在的因素（人在江湖身不由己），这些因素导致了个人的某些行为不受自己意识的控制。人们有时会因为一时的情绪爆发或者不可控因素做出一些不受自己意识或者心理控制的行为，例如冲冠一怒为红颜等行为，所以这些超出前提假设范围外的行为，是无法用理性行为理论来解释的。除此之外，该理论并没有考虑到外部环境的影响，没有把一些情景变量加入模型中，例如性别、年龄和收入情况等因素。

正如上文所述，由于理性行为理论的简洁性和开放性，阿杰曾（Ajzen）在2000年对其进行了扩展，以此希望能让该理论能够适应不同情境下的研究。目前对于理性行为理论的扩展主要分为三个方向：模型扩展、情景适应和理论深化，具体如图3-2所示。

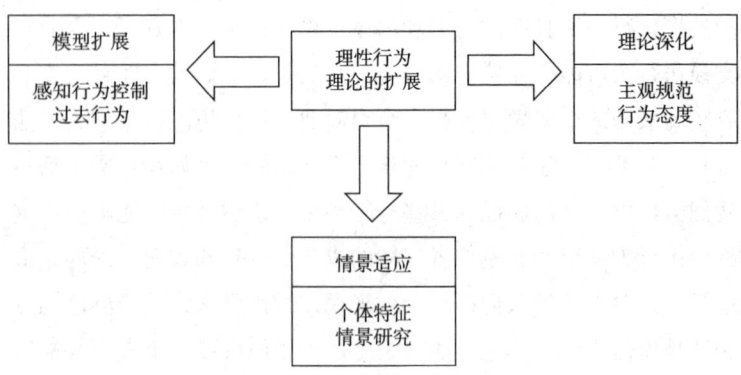

图 3-2 理性行为理论扩展模型

第二节 计划行为理论

一、基础理论

计划行为理论（Theory of Planned Behavior）是阿杰曾（Ajzen）在理性行为理论的基础上于 1991 年提出的全新理论。正如在上文理性行为理论的局限性中所提到的，当个人无法有意识地控制自己的行为时，该理论就缺乏解释力度。而计划行为理论将感知行为控制（Perceived Behavior Control）作为行为的解释变量放入模型中，就是为了弥补这方面的缺陷。可以说，计划行为理论扩展和丰富了理性行为理论的适用范围，该理论认为个人做出某种行为是在经过深思熟虑的规划和斟酌之后的结果，对于预测和解释人们的行为具有更强的解释力度。具体模型如图 3-3 所示。

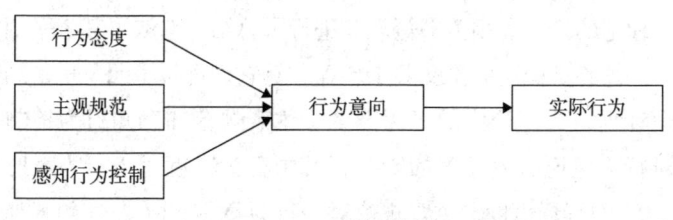

图 3-3　计划行为理论

在计划行为理论中，行为意向仍然被看作是影响实际行为的核心要素。行为意向是指个人为了做出某种行为而愿意付出的努力程度，一般来说，行为意向越强，那么实际做出行为的可能性就越高。根据计划行为理论，主要存在三种因素会影响到人的行为意向：首先是行为态度，指个人对于其行为结果的一种正面或者负面的感受和评价；其次是主观规范，是指个人感受到的来自社会环境的压力程度；最后是感知行为控制，是指个人感知到进行某种行为的难易程度。相比于之前的理性行为理论，计划行为理论的最大不同就是强调了感知行为控制对于个人行为意向的影响。

感知行为控制来自自我效能理论（Self-Efficacy Theory），所谓的自我效能是指个人有信心并且有能力去完成某个任务或者目标，而感知行为控制则是将自我效能更加细分化，强调的是完成某种具体行为时，感受到的阻碍或者困难程度。在计划行为理论中，感知行为控制被分为两个维度：控制信念和感知便利。控制信念是指个体感知到的可能促进或者阻碍做出某种行为的因素，包括资源、机会和知识等；感知便利则是指个体对于这些因素的控制强度。一般来说控制信念和感知便利对于行为意向有着显著的正向作用，即当个人拥有的资源和机会越多，并且越容易操控它们时，其对于某种行为的采纳意向就会越强。阿米塔吉和康纳（Armitage and Conner, 2001）对之前正式发表的关于计划行为理论的论文和相关书籍章节进行了总结，选取了其中采用实证方法去验证模型的论文共185篇，对它们进行了元分析，结果发现计划行为理论中的行为态度、主观规范和感知行为控制确实对行为意愿有着显著的影响，其中行为态度对于行为意愿有着24%的解释力度，主观规范对于行为意愿有着12%的解释力度，感知行为控制对于行为意愿有着18%的解释力度，而行为意愿对于真实行为有着22%的预测能力。这说明，计划行为理论确实可以很好地预测和解释人们的行为。除此之外，该文还发现当真实行为是通过个人填写问卷的方式进行测量时整体模型的解释力度达到31%，相比于通过实际观察的测量方式解释力度提升了11%。

二、理论扩展

（一）与期望失验理论的结合

徐孟祥等（Meng-Hsiang Hsu et al., 2006）等人在网上购物的情景下将计划行为理论进行了相应的扩展，通过与期望失验理论的结合使得模型对于持续性使用意愿的整体解释力度变得更强。该文从个人影响、外部影响和感知行为控制三个维度着手，按照时间跨度将其分别划分为使用前和使用后两个阶段，通过期望失验理论中的不一致性作为中介变量进而影响持续性使用意愿。这里的不一致性是指当消费者真实使用某项产品或者服务后，会和在使用前的期望进行比较，即使用后的实际绩效和使用前的期望二者可能存在不一致性。当使用后的实际绩效大于使用前期望时，则会产生正面的失验，消费者会满意自己的选择；当使用后的实际绩效小于使用前期望时，则会产生负面的失验，从而降低消费者的满意度，使其产生后悔或者抱怨的情绪和行为。

除了这三个维度以外,该文还将满意度作为影响持续性使用意愿的主要因素之一加入模型之中,而影响满意度的前因变量就是之前提到的不一致性。通过对消费者的跟踪调查共收集了201份有效问卷,在实证检验之中,发现:(1)使用前的个人影响、外部影响和感知行为控制确实会通过不一致性进而影响到使用后的个人影响、外部影响和感知行为控制。而使用后的个人影响和感知行为控制对于持续性使用意愿有着显著的正向影响,其中感知行为控制的影响力度最大。(2)满意度对于持续性使用意愿有着显著的正向影响,这种影响力度甚至大于感知行为控制,可见在实际使用后对于产品或者服务的满意度在影响消费者持续性使用的意愿中发挥着重要的作用。

（二）基于特殊情景的扩展

康纳和阿米塔吉（Conner and Armitage，1998）对计划行为理论进行了总结,在原有模型的基础对其进行了相应的扩展。他们认为传统的计划行为理论在一些特殊情景下还不具备很强的解释力度,基于此提出了过去经验、道德规范、自我认同和情感信念作为模型补充。首先是关于过去经验,当人们（特别是对于先行创新者）在面对全新的产品、技术或者服务时,他们必须依靠过去积累的经验和认知对其进行判断,所以在此情景下,过去经验应该是影响行为意向的一个重要因素。道德规范则是指人们在做出某些行为决策时,不仅会受到来自社会群体的影响,还会感受到来自个人道德底线的规范压力,这种无形的压力会潜在地影响个体的态度和行为。例如随地乱倒垃圾对于有着较高道德底线的个人来说是不会做出的行为。自我认同则是指个体对于某种特定行为的认同感,这种感觉也是来自个人经历和经验。例如一名科研成果丰富的研究员很难做出篡改实验数据的行为,因为其背景和经验会使其对这种行为感到厌恶,很难产生认同感。最后则是情感信念,加入这个变量也是考虑到个人很难完全理性地做出选择和决策,情感因素是不可忽略的,例如"冲冠一怒为红颜"等行为都是情感信念在其中发挥了重要作用。

吴武年(Shwu-Ing Wu,2006)通过计划行为理论分析了消费者在网上书店购买图书的意愿。作者按照生活方式和个性差异把消费者划分成三个不同的小组,分别为时尚独立型、友好型和保守型,从而针对不同类型的消费者进行独立分析,最后比较结果。该项研究在台湾七所大学共收集了770份有效问卷,通过结构方程模型的方法得出最后结论:(1)在时尚独立型小组中,态度和主观规范对行为意向有着显著的正向影响,其中主观规范的影响力度较大,而感知行为控制的影响是不显著的。(2)在友好型小组中,主观规范和感知行为控制对行为意向有着显著的正向影响,其中感知行为控制的影响力度较大,而态度的影响则是不显著的。(3)在保守型小组中,同样是主观规范和感知行为控制对行为意向有着显著的正向影响,但是主观规范的影响力度更大一些。(4)在三个小组中,行为意向对于真实行为都有着显著的正向影响。

(三)基于不同消费者的扩展

汉森(Hansen,2008)在网络杂货店购物情景下,以计划行为理论为基础,加入了个人价值观这个维度来解释消费者的购买意愿。作者认为个人价值观会显著地影响行为态度,这里的价值观包含了四个变量:自我追求、自我超越、改变欲望和保守程度。为了测量不同类型的消费者的购买意愿,该文根据消费者的使用经验将他们分为没有网络购物经验、有网络购物经验但没有杂货店购买经验和有杂货店购买经验三组。数据结果显示:

(1)在三组数据中,行为态度和主观规范都对行为意向有着显著的作用,而感知行为控制只在第二组和第三组中对行为意向有着显著作用。(2)在不同组别中,个人价值观发挥着不同的作用。第一组中只有保守程度对行为态度有着显著的正向影响。第二组中只有自我追求对行为态度有着显著的正向影响。而在第三组中,个人价值观对行为态度没有显著的影响。

李等(Lee et al., 2009)通过计划行为理论研究了青少年的消费忠诚度问题。为了结合此研究对象和研究情境的特殊性,作者将计划行为理论中的主观规范维度替换成了团队规范,这样替换的理由是作者认为个人不可能和周围所有人都有着沟通交流,其只能感受到和自己日常关系较为紧密的人,即一个小团体中的其他成员的影响;基于此缩小了原变量的使用范围,改为用团队规范来衡量。同时,作者还将享乐消费作为调节变量加入模型之中,将数据样本分为高享乐、中享乐和低享乐三个样本。作者通过数据分析得出结论:(1)在高享乐组中,团队规范和行为态度对消费忠诚度有着显著的正向影响,其中团队规范的影响力度更大,而感知行为控制的影响并不显著。(2)在中享乐组中,同样存在这样的路径显著性,但是行为态度的影响力度最大。(3)在低享乐组中,行为态度和感知行为控制对消费忠诚度有着显著的正向影响,其中行为态度的影响力度更大,而团队规范的影响是不显著的。

廖等(Liao et al., 2009)以计划行为理论为基础探索消费者使用盗版软件的意愿。为了适应此研究场景的特殊性,作者对计划行为理论做了适度的扩展,将感知风险加入整体模型之中。这里的感知风险包括绩效风险、社会风险、控诉风险和心理风险。绩效风险是指使用盗版软件可能无法正常使用所有功能,导致工作绩效无法达到预期;社会风险则是指使用盗版软件可能会遭受来自周围人的压力；控诉风险是指盗版软件使用者可能会遭到厂家的控告；心理风险是指个人因为使用盗版软件而产生的负罪感和愧疚感。作者认为感知风险会显著地负向影响行为态度和使用意向。在对305份有效问卷进行了模型检验后，作者得出结论：（1）行为态度和感知行为控制对行为意向有着显著的正向作用，而主观规范的作用则不是显著的。（2）感知风险的四个维度中，只有控诉风险会对行为态度和使用意向有着显著的负向影响，其余均不是显著的。

（四）小结

计划行为理论在理性行为理论的基础上进行了适当的扩展，加入感知行为控制作为影响个人行为意向的因素。虽然这一改动使得模型的解释力度和适用范围得到了加强，但是仍然存在一定的局限性。首先，计划行为理论在某些情境下不能很好地解释个人的行为意向，需要加入其他新的变量，例如行为经验、个人性格特征和感知风险等，这些变量可以很好地补充计划行为理论在不同情境下的适用性。其次，计划行为理论没有考虑到个人的情感和情绪变化，当然这也和理论的前提假设"人在做出决定时是理性的"有关。在现实生活中，人们在做出行为决策时通常会伴有情绪的释放，包括积极或者消极的情绪，例如恐惧、愤怒、兴奋和愉悦等。实证研究证明了当人们处于消极的情绪状态时，态度对于行为意向的影响力度会增加，而当处于积极的情绪状态时，主观规范对于行为意向的影响力度则会增加。在某些情境下，例如健康锻炼和网络购物等，我们需要考虑加入情绪变量来调节整体模型。

第三节 技术接受模型及其扩展

一、技术接受模型的提出

(一) 基础模型

技术接受模型(Technology Acceptance Model,TAM)是戴维斯(Davis,1989)在理性行为理论的基础上提出来的,用来解释、预测用户对信息技术或信息系统的使用意愿,该模型是信息系统研究领域中最被认可接受的理论之一,被普遍地运用到各种信息技术接受的研究中。技术接受模型创造性地把个人心理因素考虑到信息系统和计算机应用之中,它认为使用行为是由行为意向决定的,而行为意向是由使用态度和感知有用性共同决定的,态度则是由感知有用性(Perceived Usefulness)和感知易用性(Perceived Ease of Use)决定的。技术接受模型中最为重要的两个变量是感知有用性和感知易用性,其中感知有用性是反映一个人使用某种特定的科技技术对其工作效率提高的程度,感知易用性是指一个人使用某种特定的科技技术所需要付出的努力程度。另外,感知有用性和感知易用性的前因变量统称为外部变量,这里的外部变量包括个体特征、社会影响等因素。技术接受模型认为当感知有用性和感知易用性越强时,使用态度就会越强,从而导致更强的行为意向和使用行为,具体模型见图3-4所示。

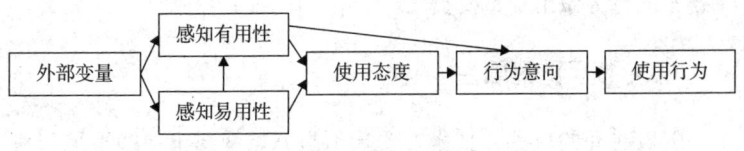

图3-4 技术接受模型

技术接受模型与之前的计划行为理论最大的不同就是加入个人感知这一心理要素，以精炼的方式体现了模型中各个要素之间的逻辑结构。戴维斯（Davis）在提出理论之后也对其进行了实证检验，他在1989年通过收集107名使用计算机用户的自我报告数据，分两个阶段对技术接受模型进行了验证。首先，第一阶段，在对被调查者培训了一个小时之后，向他们发放问卷，实证分析结果表明技术接受模型可以解释45%的用户使用行为，其中感知有用性和感知易用性对于使用意愿均有着显著的正向作用，影响系数分别为0.62和0.2。其次，第二阶段，在培训结束14周后，再次向当时的实验者发放问卷，实证分析结果显示技术接受模型对于使用行为的解释力度上升到49%，其中感知有用性对于使用意愿有着显著的正向作用并且影响系数上升到0.71，而感知易用性对于使用意愿没有显著的影响，但是感知易用性对感知有用性有着显著的正向影响，影响系数为0.23。从实验结果我们可以得出一些结论：（1）技术接受模型对于预测和解释用户采纳科学技术的行为是比较有效的。（2）相比于感知易用性，感知有用性对于使用意愿的解释力度要更大。（3）在不同使用阶段，个体感知发挥的作用不同，并且感知变量之间可能也存在相关关系。在之后的数十年间，技术接受模型被众多学者在实证研究中进行了验证，不管是在理论解释力度还是模型简洁程度上都获得了许多肯定，被认为是预测、解释用户采纳和使用信息系统中最为重要的理论之一。可以说，技术接受模型为预测和解释个人采纳信息技术的行为做出了重要贡献。

（二）模型的局限性

随着时间的推移，技术接受模型也开始暴露出一些不足和缺陷。首先，整体模型过于简单，仅仅用感知有用性和感知易用性两个变量去解释人们的使用意愿未免不够全面和具体。在不同情境下，面对不同的科学技术，用户在形成个体感知的过程中会受到各种因素的影响，例如社会影响、个人特征、任务特征等。同时用户的感知也是多元化的，除了感知有用性和感知易用性，可能还有感知风险等因素。这些都是技术接受模型中没考虑到却又非常关键的要素，因为它们也会在一定情景下影响个人使用意愿。其次，技术接受模型没有考虑任何调节变量的作用，这点受到很多学者的批评和质疑。这些学者通过实证研究证明性别、年龄和使用经验等变量对整体模型确实存在显著的调节作用，并且在加入调节变量之后整体模型的解释力度变得更高。最后，为了保持技术接受模型的简练特点，作者将影响个体感知的要素统称为外部变量。同时理论本身对于外部变量的定义也比较模糊，只是简单说明信息系统自身特征、开发过程和员工培训等因素可以影响用户的感知有用性和感知易用性，进而影响其使用意愿，但并没明确指出哪些变量会分别影响感知有用性和感知易用性，从而无法进行具体的实证分析。

二、技术接受模型 II

（一）基础模型

正是认识到技术接受模型存在的这些局限性，在 2000 年，文卡泰什（Venkatesh）和戴维斯（Davis）在技术接受模型的基础上，加入一系列的外部变量和调节变量，使得模型更丰富，也使技术接受模型可运用到更多场景中。技术接受模型 II 中新加入了社会影响过程和认知工具过程两个维度，这两个维度被认为会对感知有用性产生影响，其中社会影响过程包括主观规范、主动性和形象三个变量，其中主观规范还对形象和行为意向产生影响；

认知工具过程则包括工作关联性、输出质量和结果展示性三个变量。除此之外，还添加了经验和主动性作为主观规范对感知有用性和使用意向间的调节变量。模型如图3-5所示。

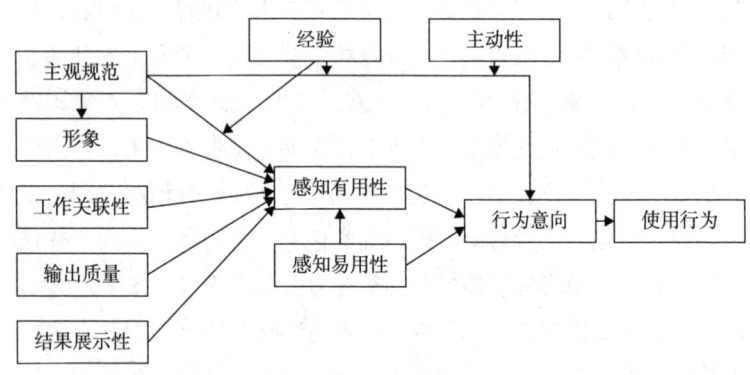

图 3-5　技术接受模型 Ⅱ

在之前的理论模型中，外部变量和感知易用性被认为会对感知有用性有影响，同时感知易用性和感知有用性会一起对行为意向产生影响。而在技术接受模型Ⅱ中，外部变量被更加细分为社会影响过程和认知工具过程两个维度，其中社会影响过程包含主观规范、主动性和形象，认知工具过程包括工作关联性、输出质量和结果展示性。主观规范是指个人对于周围重要的人对其使用某项科学技术的支持程度的感知；形象是指个人对其使用某项科学技术可以提升其社会地位和威望的程度感知；工作关联性是指个人认为某项科学技术对其工作学习的支持程度；输出质量是指个人使用某项科学技术可以提升其工作学习绩效的程度；结果展示性是指个人使用某项科学技术所带来的成果的可见性。这些外部变量被认为会和感知易用性一起对感知有用性产生影响，同时其中的主观规范还会通过内化、认同和顺从的方式，使得个人以自己周围重要的人的信念作为自己的主观信念，进而影响其对于某项科学技术的行为意愿。除此之外，个人受到主观规范影响而形成的信念还会提升其对于自身形象的感知。相对于社会影响过程，认知工具过程则是反映了个人对某项科学技术与其面临的任务相匹配的认知，即科学技术被当作个人完成某项具体任务时的工具。在这个过程中，个人会首先考虑到该项科学技术与其工作的关联性及其输出的质量，在满足这两点的前提下也会考虑到这种输出的可理解性和可见性，即结果展示性。

吸取技术接受模型在调节变量方面的缺陷，技术接受模型Ⅱ中加入了经验和主动性两个变量作为补充。其中经验是指个人对某项科学技术的使用经验，主动性则是指个人对于采纳某项科学技术的自愿程度。当个体对于某项科学技术的经验越丰富，那么周围人对其影响就会越小，即个人自身拥有足够的知识和阅历去自主判断该项科学技术的作用，此时主观规范对于感知有用性和行为意向的影响就会降低，即经验在主观规范对感知有用性和行为意向的影响中扮演着负向调节的作用。除此之外，主动性在主观规范对行为意向的影响中也有着调节作用。当个人越主动地去接触某项科学技术时，周围人对其采纳意愿的影响就会越大，相反，当个人对某项科学技术本能地抵触和反感，周围人的意见也很难改变其行为意向，即主动性在主观规范和行为意向之间起到了正向的调节作用。

同时，技术接受模型Ⅱ中舍弃了原有模型中的态度变量，即感知有用性和感知易用性不再通过态度影响行为意向，而是直接对行为意向产生作用。对于这个修订，技术接受模型的创始人戴维斯给出的解释是，态度只是个人对某项科学技术的一种情绪上的反映，不能在感知有用性和感知易用性对行为意愿之间起到中介变量的作用。比如个人在工作场所面临某种特殊的任务时必须要使用某项技术，虽然个人可能对这项技术感到反感和厌恶，但是迫于工作的压力必须使用这项技术，所以在此情景下，虽然个人使用了这项技术，但并不是因为其对于这项技术有着积极正面的态度。之后的实证研究也证明了感知易用性和感知有用性确实对行为意愿有着直接的显著影响，同时减少了行为态度这一变量可以使整体模型的解释力度变得更高。

为了验证技术接受模型Ⅱ在实际生活场景中的适用性，文卡泰什（Venkatesh）和戴维斯（Davis）选择了四个企业进行跟踪研究，其中的两个企业强制员工使用专门的办公软件，另两个企业则是不做硬性规定，员工自愿选择使用软件。研究的对象包括了各个企业内不同部门的基本员工、一般管理者和高层管理者等，数据来源具有随机性和异质性。问卷发放也分为三个阶段，包括初步培训之后，使用一个月之后和使用三个月之后，问卷填写采取自我报告的方法。数据结果显示，技术接受模型Ⅱ对不同阶段不同企业的行为意向的解释力度在37%~52%，基本证明了技术接受模型Ⅱ的有效性和可行性。作为影响行为意向的主要因素，感知有用性和感知易用性在不同模型中均是正向的显著作用，但是主观规范在自愿使用的企业中对行为意向没有显著的正向影响。同时，主观规范、形象、工作相关性、输出质量和结果展示性对于感知有用性的作用均是显著的。

（二）模型的局限

技术接受模型Ⅱ在原有模型的基础上，对外部变量进行了具体细分，加入了社会影响过程和认知工具过程作为影响感知有用性的主要因素，并且提出社会影响过程中的主观规范维度对行为意向也有着直接的作用。同时，为了解决之前模型在调节作用方面的缺失，加入经验和主动性两个变量作为补充，使得整体模型更加丰富和完整，也能更好地适应在不同场景下的运用。虽然这些补充使得技术接受模型对个人行为意愿的解释力度变得更强,适用性也变得更广,但这不代表整体模型就已经完美无缺,技术接受模型Ⅱ仍然存在着以下几点局限性。首先,虽然对感知有用性的前因变量有了足够探索,但是对于另一个影响行为意向的变量——感知易用性的前因探索还不足。通过对之前文献的回顾可以看出,相比于感知有用性,感知易用性对于行为意向的解释力度确实不是很高,但是其重要性仍然存在。特别是对于一些没有相关使用经验的个人来说,在面对一项全新的科学技术时,其操作的难易程度以及所需的知识和能力要求是阻碍个人采纳这项技术的重要原因之一,但是从技术接受模型Ⅱ中可以看出,对于影响感知易用性的变量探索还没有特别充足。其次,技术接受模型Ⅱ的前提假设仍然是个人有足够的能力控制自己的行为,并且做出理性的判断。但是在现实生活中,个人的情绪和情感变化对于其行为意向也是非常重要的,个人很难完全摆脱情绪和感情因素而做出完全理性的决定。例如,在日常生活中我们可能会因为私人的情感问题而产生一些负面情绪,进而将这种负面情绪带到了工作和生活中,对于一些事物自然而然地产生一种负面的态度,最后做出了一些不是特别理性的判断和行为,即与在正常情况下做出的判断和行为出现了偏差。

三、技术接受模型Ⅲ

正是因为这些局限性,文卡泰什(Venkatesh)和巴拉(Bala)在2008年对技术接受模型Ⅱ进行了进一步的修改和完善,并提出了技术接受模型Ⅲ。与之前的两个模型相比,技术接受模型Ⅲ更加的全面,能够适应的场景变得更加丰富,同时对于指导用户接受科学技术方面具有较强的实践价值,对于企业来说可操作性更强。具体模型如图3-6所示。

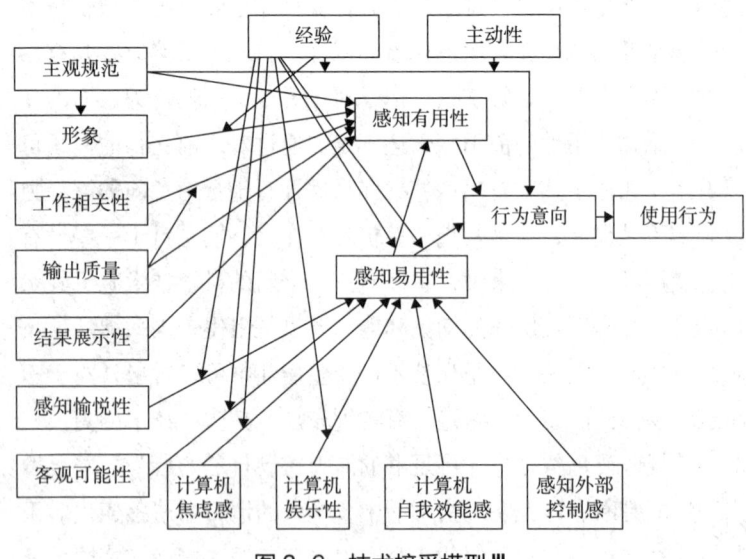

图3-6 技术接受模型Ⅲ

技术接受模型Ⅲ在技术接受模型Ⅱ的基础上更进一步地丰富了整体模型。与之前模型最大的不同点在于补充了影响感知易用性的前因变量，并且在这些变量中考虑了情感因素的作用。这些新加入的变量是文卡泰什在前人研究的基础上，根据锚定与调整法则（Anchor and Adjustment Model）进行添加的。所谓的锚定与调整法则是指个人在面对不确定的情况时，通常会选定某一个参照点和锚（Anchor）来降低其不确定性和模糊性，然后通过在尝试过程中的不断摸索和经验累积，继续调整（Adjustment）最初的想法和观念，进而得出最后的结论。锚定和调整法则在人们日常生活中有着非常普遍的运用，特别是人们需要对发生在未来的某项事物进行预测和解释时，通常都会选定一项与其接近的事物作为参考，从而做出相应的决策，然后再随着时间的推进，不断修订和完善这个决策。

在技术接受模型Ⅲ中，文卡泰什通过锚定与调整法则对感知易用性的前因进行了探索。他认为影响感知易用性的锚定（Anchor）包含四个维度，分别是计算机自我效能感、感知外部控制感、计算机焦虑感和计算机娱乐性。计算机自我效能感是指个人对于自己是否有足够的能力通过计算机完成工作要求的感知，这种计算机自我效能感反映了个人对使用计算机的自信心。如果这种自我效能感越强，那么其对于该项技术的操作难度和复杂性的感知就会越小，即感知易用性就越强。感知外部控制感是指个人感受到的来自外部（企业和技术部门）的资源对于该项科学技术的支撑程度。当这项科学技术有着充分的外部资源支撑，即个人可以轻易地获得更多关于该项科学技术的知识和资源，则个人对于该项技术的感知易用性就会越强。计算机焦虑感则是指个人在使用计算机时产生的焦虑、紧张和不知所措的感知。在当时的时代背景下，计算机仍然是一种非常罕见的办公设备，相比于使用时间较长的传统办公设备，人们对其可能会本能地产生一种焦虑感，这种焦虑感主要来源于对计算机的工作能力和认知方面。例如，对于计算机的功能不熟悉造成的焦虑，以及对于计算机是否真的能如传闻一样大幅地提升工作效率从而顺利地完成工作任务等。当人们对于计算机累积的焦虑感越多，那么对其的感知易用性会不可避免地下降，即计算机焦虑感对于感知易用性有着显著的负向作用。计算机娱乐性同计算机焦虑感一样，都是人们在面对陌生的科学技术（计算机）时产生的情绪变化，但不同于计算机焦虑感，计算机娱乐性则是指个人在使用计算机的过程中产生的愉悦感，而这种愉悦感主要来源于好奇心、满足感和成就感。人们会本能地对未知事物产生好奇心，同时在对未知事物的探索过程中若取得一定的成果，会大大地使个人产生满足感和成就感，进而产生愉悦感。通常来说个人感知到的计算机娱乐性越强，就越会促使其对计算机进行探索，然而为了做好进一步的接触和使用，个人就必须要不断地完善补充其知识储备和相关能力，这样才会使得其探索过程变得更加顺利，即计算机娱乐性对于感知易用性有着显著的正向作用。

在个人确定了对科学技术的初步认知之后，即锚（Anchor）已经固定后，随着时间的推移还会对这个认知进行进一步的调整（Adjustment）。文卡泰什认为调整主要包含两个方面，分别是客观可能性和感知愉悦性。客观可能性调整主要是针对初步认知中的计算机自我效能感和外部控制感。随着使用时间的累积，个人会对这些初始感知进行修正，即自己是否真的有能力去独自操作和使用计算机，以及外部是否真的有足够的资源供自己使用。个人感知到的调整后的客观可能性越强，那么其感知易用性就越强。感知愉悦性调整主要是针对计算机焦虑感和计算机娱乐性两个维度，同客观可能性一样，个人在使用足够的时间后，原先由于使用经验不足而产生的焦虑感，以及初次使用而产生的好奇心和满足感都会变得越来越平淡。当然这两种情绪的变化曲线可能会随着时间的推移而不同，而感知愉悦性则是测量在一段时间后的个人仍保留的正面情绪，当感知愉悦性越强，那么个人对感知易用性的感知就会越强。

技术接受模型Ⅲ不仅扩展了对于感知易用性前因变量的探索，还进一步丰富了经验这一调节变量的作用范围。在模型中，经验对计算机焦虑感、计算机娱乐性、感知愉悦性和客观可能性对于感知易用性的作用起到调节作用。首先对于锚定阶段，个人的相关使用经验可以缓解计算机焦虑感带来的对操作难度和复杂性的作用，即在计算机焦虑感和感知易用性之间起到正向的调节作用，但丰富的使用经验也会降低由于初次使用而带来的新奇感和满足感,即在计算机娱乐性和感知易用性之间起到负向的调节作用。其次在调整阶段,经验也起到了相应的调节作用。个人使用经验的积累会降低感知愉悦性对感知易用性的作用,即在感知愉悦性和感知易用性之间起到负向调节作用,同时随着相关经验的丰富,个人具有了充足的知识和能力去操作该项技术,对其的感知易用性就会越强,即在客观可能性和感知易用性之间起到正向的调节作用。

可以说,从最初的技术接受模型发展到现在的技术接受模型Ⅲ,这三十年间,技术接受模型已经发展成为最被学术界认可的关于信息技术采纳意愿探索方面的理论模型之一。当然随着时代的发展,技术接受模型的应用场景也变得更加丰富,最初的模型也随着场景的变化而变化,但是模型的根本仍然是围绕着用户的感知而产生。本文也是建立在技术接受模型的基础之上,将其运用到移动旅游 APP 这一新生事物之上,以期探索个人对于移动旅游 APP 使用意愿的影响因素。下面将具体介绍一些技术接受模型在国内外相关研究中的应用。

四、技术接受模型的应用

从 1989 年至今,技术接受模型已经日趋完善,并且已经成为信息技术采纳方面最权威和经典的理论之一。国内外众多学者对技术接受模型的研究已经很多,并且将之运用到日常生活中的很多场景。下面将按照技术接受模型在不同领域中对于消费者行为的影响做简要的回顾。

(一)旅游领域的研究

彭润华、阳震青和熊励(2009)基于技术接受模型对旅游者采纳移动旅游商务的意愿进行了实证分析。为了研究这一问题，作者基于技术接受模型，并结合移动旅游商务的特征提出了具体的研究模型。作者认为除了感知有用性和感知易用性以外，还有风险感知和自我感知会直接影响到消费者对于移动旅游商务的使用意愿。特别需要注意的是，在该文中作者对于风险感知的定义为旅游者对在使用旅游移动商务的过程中可能面临的预期损失的承担程度。当旅游者的风险感知较高时，表明其有着较高的能力去承担选择旅游移动商务造成的后果和损失，所以在该文中，风险感知对于使用意愿有着正向的影响。为了保证研究对象均为真实的游客，选择在中国知名旅游城市桂林的饭店和酒店大厅，当场向游客发放问卷调查，并且为了保证数据回收率和有效性，会提供一份礼品作为回报，最终共回收274份有效问卷。通过结构方程模型的分析方法，得到实证结果：（1）感知有用性、感知易用性、风险感知和自我感知对使用意愿有着显著的正向影响，影响力度从大到小依次为：感知有用性、感知易用性、自我感知和风险感知。（2）情景感知对感知易用性有着显著的正向影响，而对感知有用性的作用不显著。

宋之杰、石晓林和石蕊（2013）结合技术接受模型、创新扩散理论和计划行为理论，分析了旅游者在线上购买旅游产品的意愿。相比于传统的在旅游地购买旅游产品，线上购买有着一些先天优势，例如无须在旅游商店排队等待，可以提升旅游体验，也可以获得线上商店的折扣优惠等。作者正是基于此问题，将技术接受模型、创新扩散理论和计划行为理论相结合，提出了研究模型。在该文中，作者认为影响用户线上购买旅游产品的行为意向主要取决于用户态度，而这个态度分别受到感知有用性、感知易用性、感知风险、创新特征和主观规范的影响。为了验证该模型，作者面向有过线上购买旅游产品经验的用户发放了532份有效问卷。通过结构方程模型的分析方法，得出相关结论：（1）感知有用性、感知易用性、创新特征和主观规范对态度有着显著的正向影响，影响力度从大到小依次为：感知有用性、感知易用性、创新特征和主观规范。同时态度对行为意向有着较高的正向影响力度。（2）感知风险对态度和感知有用性有着显著的负向影响。表明风险感知大小会负向影响个人对在线购买旅游产品的态度和感知有用性。

刘春济和冯学钢（2013）对我国出境游客旅游前的信息搜索行为进行了探索分析，并比较了技术接受模型、计划行为理论和解构的计划行为模型在解释这种行为上的有效性。作者在机场安检口面向实际出境游客共发放375份问卷，结果回收了315份有效问卷。通过结构方程模型的分析方法得出结论：（1）在技术接受模型中，感知有用性对态度和行为意向有显著的正向影响，感知易用性对态度的直接影响不是显著的，但是对感知有用性却有着显著影响，即感知易用性会通过感知有用性进而影响态度和行为意向。（2）计划行为理论的三个主要变量态度、主观规范和感知行为控制对行为意向均有着显著的正向影响，影响力度从大到小分别是态度、感知行为控制和主观规范。（3）解构计划行为理论的结果基本和计划行为理论一致，各个信念的扩展维度也基本均为显著。（4）对比三个模型关于行为意向的解释力度，计划行为理论的解释力度最高达到45%，接下来分别是解构计划行为理论的41%和技术接受模型的38%。

（二）移动应用领域的研究

邓朝华、鲁耀斌和张金隆（2009）基于技术接受模型分析影响用户对于移动银行服务采纳意愿的因素。该文在技术接受模型的基础上，结合移动银行服务的特点，加入感知可靠性、感知使用能力和感知服务成本来衡量用户的使用意愿。感知可靠性是指用户对于使用移动银行所造成的安全或者隐私方面隐患的感知程度，移动银行业务不同于其他移动应用，其涉及用户个人的隐私信息以及账户的财产安全等方面，所以用户对于移动银行的感知可靠性对于其采纳意愿有着重要的影响。当用户认为移动银行的服务相对安全可靠，会重视安全隐私方面的问题时，才会对这项服务有正面积极的态度。另外，感知服务成本是指在使用移动银行的过程中产生的财务成本。为了保证问卷的有效性，该文向实际手机用户发放调查问卷，共回收209份有效问卷。作者通过结构方程模型分析得出最终结论：（1）感知有用性、感知可靠性对使用态度有着显著的正向影响，其中感知有用性的影响力度更高。感知易用性、感知服务成本和感知使用能力对使用态度的影响均不显著。这个模型对使用态度的解释力度达到了48.8%。（2）单独分析技术接受模型时，感知有用性和感知易用性都是正向显著，但是对使用态度的解释力度只有39.7%，可见扩展的模型可以更好地解释和预测用户对移动银行的使用意愿。

林家宝、鲁耀斌和张金隆（2009）主要分析了移动商务环境下消费者对于交易型服务的信任研究，以技术接受模型为基础，构建了理论研究模型去探索对于移动证券服务的信任以及使用意愿的影响因素。基于技术接受模型，作者认为在移动证券服务中，个人对于移动证券的信任会和感知有用性、感知易用性一起对移动证券的使用意愿产生正向影响，同时感知有用性、感知易用性也会对信任产生作用。除此之外，该文还对影响信任的其他前因变量做了具体的探讨，作者认为，感知安全、信任倾向、信息质量和便利性也会对信任产生影响。通过问卷调查，该文共收集了224份有效问卷，通过结构方程模型的分析方法，得到最终结论：（1）感知有用性、感知易用性和信任均会显著地正向影响个人对于移动证券的使用意愿，影响力度从大到小依次是：信任、感知有用性和感知易用性。（2）感知有用性、感知安全、信任倾向和信息质量对于信任有着显著的正向影响，影响力度从大到小依次是：信息质量、感知安全、信任倾向和感知有用性，感知易用性和便利性对于信任没有显著的影响。

黄浩、刘鲁和王建军（2008）对用户采纳移动内容服务的意愿进行了探索分析。所谓的移动内容服务是指用户通过移动设备订阅新闻、天气信息、财经信息、娱乐信息和基于定位系统的信息等移动服务。从信息本身的角度来说，基于技术接受模型可以得出个人对于信息的感知有用性和感知易用性均会显著地影响其采纳该项服务的意愿。除此之外，信息的创新性也会显著地影响用户对其的态度，这主要是因为用户对于新奇的、独家的消息都会产生好奇感和新鲜感。同时因为个人处在社会群体之中，周围人的态度对于个人态度的形成有着重要作用。该文假设对于最终行为除了态度有着正面的影响以外，感知财务费用还有着显著的负向影响。为了分析此模型，作者共收集了159份有效问卷，通过结构方程模型的研究方法，得出最终结论：（1）感知有用性、感知易用性、创新性和外部影响对于使用态度均有着显著的正向影响。影响力度从大到小的顺序为：感知有用性、创新性、感知易用性和外部影响。（2）态度对于最终行为有着显著的正向影响且影响力度很大，而感知财务风险对最终行为的负向影响也被证实。

鲁、刘、于（Lu，Liu，and Yu，2008）在移动数据服务的场景下，以技术接受模型为基础，探讨了影响感知有用性和感知易用性的前因变量。作者在文献回顾的基础上，选择用技术接受模型去解释用户对于移动数据服务的采纳意愿，并且尝试探索模型中的感知有用性和感知易用性的前因变量，包括便利条件、移动信任和个体创新性三个变量。便利条件是指用户感受到日常环境对于使用移动数据服务的支持程度。移动信任是指用户对于移动数据服务的信任程度。个体创新性是一个在遇到某种科技之前就存在的、固有的个体特征，不同的人所具有的创新性不同，这种创新性是依靠个体对之前使用类似科技的经验而形成的，当一个人面对一种全新的科技时，他们会因为这种内在的创新性而对其产生不同的使用意愿。作者共收集了1498份有效问卷，通过结构方程模型得到最终结论：(1)感知有用性、感知易用性和信任对于使用意愿有着显著的正向影响，影响力度从大到小依次是：感知有用性、感知易用性和信任。(2)信任和便利条件对于感知有用性有着显著的影响，其中信任的作用更大，而个体特征的影响是不显著的。个体特征和信任对于感知易用性有着显著的正向影响，其中个体特征的作用更大，而便利条件的影响是不显著的。

吴和王（Wu and Wang，2005）基于扩展的技术接受模型，分析了用户对于移动商务的接受意愿。作者在文献回顾的基础上，基于扩展的技术接受模型，同时引入了创新扩散理论中的兼容性以及感知风险和使用成本作为影响用户对于移动商务使用意愿的主要变量。通过向移动设备使用者发放调查问卷，共回收了310份有效问卷，形成数据分析样本。运用结构方程模型的分析方法，得到最终结论：(1)感知有用性、感知风险和兼容性对于使用意愿有着显著的正向影响，影响力度从大到小依次是：兼容性、感知有用性和感知风险，感知易用性对于使用意愿的影响不显著。这里必须提到的一点是感知风险对于使用意愿影响虽然显著，但是影响方向与原文假设相反。对于这种现象作者给出了一个可能的原因，就是大部分调查者都有电子商务网站的使用经验，这种经验的积累会帮助他们清楚地认知到移动商务的风险。但是由于移动商务的优点，例如价格优惠、节省时间成本和更多的产品种类等，即使存在着其他风险，消费者仍然愿意尝试使用移动商务。（2）感知成本对于使用意愿有着显著的负向影响。

周（Zhou，2011）基于技术接受模型，引入了信任作为主要影响变量去解释用户对于移动支付的采纳意愿，同时还探讨了影响信任的前因变量。基于移动支付的特征，作者在技术接受模型的基础上加入了信任作为另一个影响使用意愿的主要因素，并且感知成本也会影响到使用意愿。同时作者认为感知安全和感知适用性是影响信任的前因变量。感知安全是指用户对于移动支付的安全程度的感知。感知适用性是指用户对于移动支付可以适应的场景的感知。通过收集到的277份有效问卷形成最终的研究样本，运用结构方程模型分析得到最终结论：（1）感知有用性和信任会显著地正向影响使用意愿，感知有用性的影响力度更大。感知成本则会显著地负向影响使用意愿。（2）感知易用性、感知安全和感知适用性会显著地影响信任，影响力度从大到小依次是：感知安全、感知易用性和感知适用性。同时，感知易用性、感知适用性会显著地影响感知有用性，其中感知易用性的影响力度更大，而感知适用性的影响则不是显著的。

（三）其他领域的研究

毕继东（2009）将技术接受模型进行了扩展，用于分析网络口碑对于消费者在电子商务网站进行购买的作用。网络口碑对于消费者的购买意愿有着非常重要的影响。这是因为网络购物与传统购物最大的区别在于，消费者并不能够亲眼看见或者亲手触摸所要购买的商品。当然对于网络口碑本身来说，消费者也对其真实程度存在一个信任问题。正因此,作者通过技术接受模型构建了影响消费者对于网络口碑信任的理论模型。作者假设感知有用性和感知易用性会显著地影响消费者对网络口碑的信任,同时还引入了个人特征这一构面。这里的个人特征包括了信任倾向、网络涉入和感知风险三个维度。该文作者在文献回顾的基础上,深入分析了影响消费者对于网络口碑信任的因素,提出了理论研究模型,具有一定的学术意义和实践意义。

常静、杨建梅和欧瑞秋(2010)通过技术接受模型分析网络用户参与百度百科——大众生产模式的影响意愿。作者以技术接受模型为基础,根据百度百科的特征进行了适当的扩充,加入了求知动机、互惠动机和兴趣动机作为用户的内在动机来解释感知有用性和感知易用性。作者通过网络向百度百科用户发放问卷,共回收 273 份有效问卷,通过结构方程模型得到最终结论:(1)感知有用性和感知易用性对于参与态度有着显著的正向影响,并且感知有用性的影响力度更大。(2)求知动机对感知有用性有着显著的正向影响,而互惠动机对感知有用性的影响则不显著。同时兴趣动机对于感知易用性也有着显著的正向作用。

格芬和斯特劳布(Gefen and Straub,2000)用最初的技术接受模型分析互联网用户对电子商务网站的使用意愿。该文基于最初的技术接受模型,将面临不同任务的消费者进行分类,分别讨论他们对电子商务网站的采纳意愿。作者以一个网上书店为研究对象,针对一所商学院里的 217 名 MBA 学生进行了一项实验,通过实证研究发现:(1)当用户以查询和收集信息为任务登录电子商务网站时,感知有用性和感知易用性对于其使用意愿都有着正向影响,其中感知有用性的影响更大。(2)当用户以购买商品为任务登录电子商务网站时,感知有用性对于其使用意愿有着正向影响,而感知易用性的影响则不显著。

林和鲁（Lin and Lu，2000）基于技术接受模型，通过网站的相关特征去分析用户对于网站的接受意愿。互联网时代充斥着各种繁多的网站，对于消费者来说，为什么会选择或者拒绝使用某些网站是一个重要的研究问题，该文则是以技术接受模型为基础，引入网站特征（信息质量、反应时间和系统可访问性）作为影响用户的感知有用性和感知易用性的前因变量。作者共收集了145份有效问卷，通过实证分析得出最终结论：（1）感知有用性和感知易用性对于使用意愿有着显著的正向作用，其中感知易用性的作用更大。（2）信息质量和反应时间对于感知有用性有着显著的影响，其中信息质量的影响力度更大。系统可访问性和反应时间对于感知易用性有着显著的正向影响，其中反应时间的影响力度更大。

帕夫卢（Pavlou，2003）在信息接受模型的基础上，考虑到电子商务与传统商务的区别，认为除了传统的技术接受模型外，为了能够很好地分析出用户对于在电子商务网站进行购物的意愿，需要加入感知风险和信任两个变量。其中感知风险会显著地负向影响购买意愿，信任则会显著地正向影响感知有用性、感知易用性和购买意愿，而显著地负向影响感知风险。通过情景实验和问卷调查两个方法，作者得出了相同的结论：（1）感知有用性、感知易用性和信任会显著地正向影响购买意愿，感知风险会显著地负向影响购买意愿。（2）信任会显著地增强用户的感知有用性和感知易用性，同时显著地降低用户的感知风险。

陈和谭（Chen and Tan，2004）基于技术接受模型和创新扩散模型分析了消费者对于虚拟商店的接受意愿。虚拟商店的出现丰富了电子商务的形式，作为一种新的购买模式，分析用户对于其接受意愿具有一定的意义。作者在技术接受模型的基础上，引入了创新扩散模型来丰富整体研究模型。除此之外，作者还将信任和感知服务质量作为影响接受意愿的因素加入整体模型之中。通过对253名消费者的调查问卷分析，得到最终结论：（1）感知有用性、感知易用性、信任、感知服务质量和兼容性均会显著地正向影响接受意愿，影响力度从大到小依次是：感知有用性、感知服务质量、信任、兼容性和感知易用性。（2）兼容性和感知易用性对于感知有用性有着显著的正向影响，其中兼容性的影响力度更大。

上文简单地回顾了技术接受模型在各个领域的应用研究，我们可以从中看出其在解释用户采纳意愿和行为中的广泛应用。为了对这些研究能够有一个比较完整的认知和理解，管理信息系统研究领域的学者尝试通过元分析的方法对现有的实证研究进行归纳、总结和综合。元分析是1976年格拉斯（Glass）在研究心理疗法时首次提出的分析方法，该方法后来在心理学、社会学、教育学、经济学、管理学和医学等领域获得了充分的应用和发展。所谓的元分析法是指在众多现有实证文献的基础上，通过对相关文献中的统计指标利用相应的统计公式，进行再一次的统计分析，从而可以根据获得的统计显著性等来分析两个变量间真实的相关关系。目前在学术界中，元分析被认为是一种综合性的统计分析方法，其基本思想是对具有相似研究问题和研究假设，但研究样本相互独立的实证研究结论进行汇总之后进行的定量分析，不仅可以用于分析各个研究间的差异性，还可以从一个更高的层面去剖析理论模型和变量之间的相互关系，从而得到更为准确、可靠的结论。国内外众多的元分析证明了其在三个方面有着重要的意义。第一，元分析可以增加统计的信度与效度。受到研究能力和时间的限制，单个研究很难收集到足够多的数据样本，而在实证研究中，研究结论常常会受到研究样本的制约，因而通过整合不同研究的数据，可以显著地提升样本量，使得最终结果更加真实可靠，提升了针对某一特定研究问题的信度和效度。第二，消除不同研究之间的差异性。在同一个领域的研究中，不同研究之间得出的结论经常存在不一致，例如在消费者采纳行为分析中感知风险对于采纳意愿的影响，有的实证研究的结论是显著的负向，而有的则是显著的正向，在路径方向方面存在着分歧和争议，还有感知易用性对于采纳意愿的影响，有的实证研究的结论是显著的，而有的则是不显著，在显著性方面存在着差异。通过元分析，可以对某一主题进行全面的认识，给出更科学更可信的结论。第三，寻求新的假设。通过元分析可以回答个体研究中没有涉及或者无法回答的问题，同时，挖掘出新的变量之间的关系，可以给未来的研究指出一条新的方向。针对技术接受模型应用于不同的研究场景、研究问题以及相关理论时所得到的最终结论较为不一致的现象，下面将回顾一些学者基于元分析对技术接受模型所进行的系统性讨论。

莱格里斯、英格姆和科勒雷特（Legris, Ingham, and Collerette, 2003）对22篇与技术接受模型相关的实证研究进行了整合，尝试通过元分析的方法从中找出关键变量（感知有用性、感知易用性、行为态度以及行为意愿）之间真正的相关关系。但是可惜的是这22篇文章中只有3篇文章给出变量之间的相关系数矩阵，所以无法给出一个比较普适性的结论。通过定性为主的元分析，作者认为虽然目前各篇论文得出的结论存在着不一致，但是技术接受模型在解释个人对于科学技术的采纳意愿方面有着很强的作用，是一个非常实用的模型。同时作者认为现有的技术接受模型必须要进行相应的扩展和改变，例如加入社会影响、个人特征等变量，以及可能存在的调节变量等，才能够更好地适应更多的场景，提升模型解释力度。

李、科扎尔和拉森（Lee, Kozar, and Larsen, 2003）通过整

理技术接受模型被提出后的数十年间发表在主要期刊和重要会议上的101篇论文,运用元分析检验了技术接受模型中各个路径之间的相关关系。他们的研究发现,在不同类型的研究背景下,包括科学技术本身、用户特征和不同的时间阶段里,技术接受模型的解释力度是不同的,同时,感知有用性和感知易用性对于使用意愿的影响力度也是不同的,这个结论表明技术接受模型很难存在统一的结论,需要结合具体的研究场景进行分析。

马和刘(Ma和Liu,2004)收集了26篇关于技术接受模型的实证研究,同时为了避免当时很多研究中缺少的相关系数矩阵,而采用零价相关系数进行元分析。这26篇论文虽然采用了不同的问卷量表,但是问题的内容大体相似,可以将他们的研究进行整合和综合。作者主要验证了技术接受模型中三条比较重要的路径,分别是感知有用性对使用态度,感知易用性对使用态度以及感知易用性对感知有用性。通过计算三个关系路径的平均效应,结果发现感知有用性对使用态度和感知易用性对感知有用性的相关性比较强,而感知易用性对使用态度的相关性比较弱,但这三条路径都是显著的。作者认为需要加入更多变量,例如性别、文化、使用经验等来加强技术接受模型的解释力度。

技术接受模型是由理性行为理论发展而来,它们都认为个人的行为是由个人的态度所决定,而态度是由人的内在信念和感知所决定。与之前理性行为理论所不同的是,技术接受模型适用的场景则更为具体,并且细化了影响态度的变量,即感知有用性和感知易用性。由于技术接受模型非常简洁,适用场景广,同时对于个人采纳意愿的解释力度很高,所以技术接受模型被广泛地应用于各种信息技术接受行为的研究中。但正是为了保持模型的精炼和简洁,初期的技术接受模型也为此牺牲了一定的解释力,缺少必要的调节变量。随着技术接受模型的发展,随后提出的技接受模型Ⅱ和Ⅲ分别在前因变量和调节变量方面进行了扩展，不仅使得模型解释力度进一步提升，而且让模型适用范围更加宽泛，研究结论也更具普适性。

第四节 整合科技接受模型

一、整合科技接受模型

（一）基础模型

整合科技接受模型是在技术接受模型Ⅱ上扩展出来的产物，其英文全称为 Unified Theory of Acceptance and Use of Technology，由文卡泰什等人于2003年提出。之所以称之为整合科技接受模型，是因为该理论是在总结前人的研究和理论的基础之上而形成的，文卡泰什将信息系统采纳领域最为经典且引用频率最高的八个模型进行了整合，包括理性行为理论（Theory of Reasoned Action，TRA）、计划行为理论（Theory of Planned Behavior，TPB）、技术接受模型（Technology Acceptance Model，TAM）、创新扩散理论（Innovation Diffusion Theory，IDT）、社会认知理论（Social Cognitive Theory，SCT）、动机模型（Motivational Model，MM）、复合的TAM与TPB模型（Combined TAM and TPB，C-TAM-TPB）和PC利用模型（Model of PC Utilization，MPCU）。在整合这些理论之后，新的模型中主要保留了四个核心维度，分别是绩效期望、努力期望、社会影响和便利条件，同时还加入了性别、年龄、使用经验和自愿性。每个核心维度的自身定义以及相关来源在表3-1中已经逐一列出。

表 3-1　整合科技接受模型变量定义

变量	来源	来源定义
绩效期望：个人相信IT技术的使用可以帮助其在工作上获得更好表现的程度	外在动机	使用者认为系统的使用可以改善工作绩效的程度
	有用认知	使用者对诸如可能获得提升工作绩效、提高工资或者晋升的期望，而实施某一行为的认知
	工作适配	系统加强个人工作绩效的程度
	相对优势	使用创新的技术能够工作得更好的程度
	成果期望	与行为的结果有关，可以分为绩效期望和个人期望
努力期望：个人认为系统是否可以很容易地被使用	复杂性	使用者感觉系统易用的程度
	易用性	系统难以理解与使用的程度
	易用认知	使用者在使用创新技术时，感觉难以使用的程度
社会影响：个人意识到他人认为其是否应该使用新的信息技术的程度	主观规范	对于自己比较重要的人认为其是否应该进行某一行为的认知
	社会因素	在特定的社会语境中，个体内化群体的主观文化并形成特定的社会认同的程度
	公众形象	使用新的变革可以提升个体在社会系统中的形象与地位的程度
便利条件：个人相信现有的组织与技术结构能够支持系统使用的程度	感知行为控制	个人所感受到的内外部情景对自身行为的约束
	促成条件	让使用者认为某些情景是促成IT使用的客观因素
	兼容性	使用者所感受到的创新技术与自身的价值观、需求及经验一致性程度

（二）四个核心维度

绩效期望主要是指用户对于某项技术、产品或者服务在将来能够为其带来工作或者生活方面的绩效增长的期望。这个变量是在传统的技术接受模型中核心变量之一感知有用性的基础上融合了外在动机、工作适配、相对优势和成果期望等变量而形成的具有总结性质的全新变量。该变量主要是用于衡量用户对于某项技术、产品和服务的预期期望，当这个期望越高，那么用户的使用意愿也就会越高。

努力期望主要是指用户对于使用某项技术、产品或者服务所需要付出的时间、精力和学习成本的预期。努力期望是在技术接受模型中核心变量之一感知易用性的基础上结合了技术或者产品的复杂度。这里需要强调的是，努力期望是一个具有时效性的影响因子，对于用户来说，在接触新的技术、产品或者服务的初期，他们所需要付出的努力程度更大，在这一时段努力期望对于个人采纳意愿的影响是非常重要的；但是随着时间的推进，当产品、技术或者服务逐渐成熟和完善，此时进入的新用户获得的支持要更多，从而导致他们的努力成本下降，在这一时间段，努力期望对于个人采纳意愿的影响会相对变小。

社会影响是指个人意识到他人认为其是否应该使用新的信息技术的程度，主要包括主观规范、社会因素和公众形象三个方面。这里的社会影响主要是用来衡量个人感受到的来自周围群体的影响程度。当用户观察到周围多数人或者对自己有重要影响力的群体对于某种技术、产品或者服务有着正向的评价，那么其采纳意愿也会增强。

便利条件是指个人相信现有的组织与技术结构能够支持系统使用的程度。相比于前面的三个维度会对使用意愿产生直接影响，便利条件则是直接对实际使用行为产生印象。该维度是融合了感知行为控制、促成条件和兼容性三个方面的变量而形成的，主要用来衡量的是个人感受到周围环境对于其使用某项技术、产品或者服务的支持程度。用户越是能够便利快捷地使用同时不断获得更新支持，那么其使用行为也就越容易发生。

（三）四个调节变量

在这四个核心维度之外，整合科技接受模型还加入了年龄、性别、使用经验和自愿性四个调节变量。首先，作为人口统计特征变量，年龄和性别对于个人感知层面的作用都有着调节影响，例如对于年龄较大的用户来说，本身的精力和时间就有限，如果采纳某项技术、产品或者服务需要付出很多的学习和时间成本即努力期望较高，那么其使用意愿就会显著降低；相比于男性来说，女性更容易受到周围群体的影响，即社会影响对于使用意愿的正向影响更强；同时相比于女性，男性更注重自己的职业生涯从而希望通过使用某项技术、产品和服务提升更多的工作绩效，即绩效期望对于使用意愿的正向影响更强。其次，使用经验也存在着一定的调节作用，例如用户相关使用经验累积得越多，那么努力期望对于使用意愿的作用就越弱，这是因为这类用户已经有了充足的练习从而对于掌握这项技术、产品或者服务有了较好的心理准备。最后，自愿性则是突出用户采纳某项技术、产品或者服务是否有积极的主动性，若用户是主动接触某项技术、产品或者服务，那么周围人对于其意愿的影响就会越大；若是被迫使用，那么社会影响的作用就不会很强，因为必须要采纳该项技术、产品或者服务。综上，具体调节关系为性别在绩效期望、努力期望和社会影响对行为意向的关系中起到调节作用；年龄在绩效期望、努力期望、社会影响对行为意向的关系中起到调节作用，同时也在便利条件对实际行为的关系中起到调节作用；经验在努力期望和社会影响对行为意向的关系中起到调节作用，同时也在便利条件对实际行为的关系中起到调节作用；自愿性在社会影响对于行为意向的关系中起到调节作用。

综合以上论述，整合科技接受模型可以说是在之前关于用户采纳领域绝大多数研究结论的基础上进行了统一和归纳，克服了许多单一理论存在的不足和局限性，是一个相当完备的关于新技术、产品或者服务用户采纳意愿的检验理论。文卡泰什在提出该模型之后也进行了实证检验，研究结论显示该模型对于用户的采纳行为解释力度达到了 70%，要远远大于其他理论模型的解释力度。

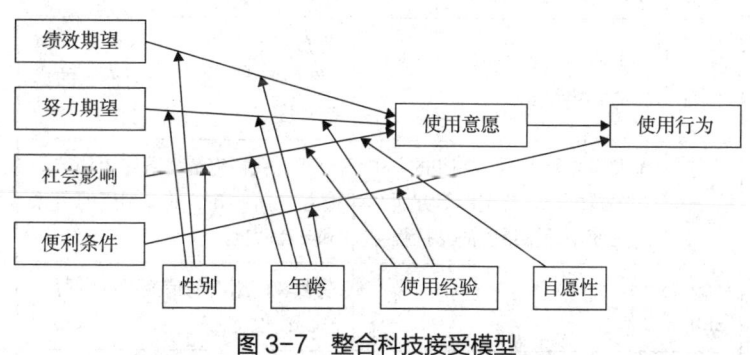

图 3-7　整合科技接受模型

二、整合科技接受模型 II

在整合科技接受模型提出之后，学术界很多学者在研究具体问题时都对于此模型进行了相应的扩展，例如新的情景变量或者调节变量。为了能够进一步完善该模型，文卡泰什等在 2012 年对整合科技接受模型又进行了修正，在原有模型的基础上加入了享乐动机、价格权衡和习惯三个变量，变量的具体定义如表3-2所示。在影响路径上，享乐动机、价格权衡和习惯均会对使用意愿有着显著的正向影响，同时习惯则和便利条件也会一同指向使用行为且影响路径为正向。

表3-2　整合科技接受模型Ⅱ变量定义

核心变量	原始整合科技接受模型变量定义	修正后整合科技接受模型变量定义
绩效期望	个人感知的使用某信息系统对工作生活学习所帮助的程度	消费者在特定活动中使用特定信息系统所获得帮助的程度
努力期望	个人使用信息系统所需要付出努力的程度	消费者使用某种特定信息系统所需付出努力的程度
社会影响	个人感知到的来自周围重要群体的影响程度	消费者感受到的周围重要群体（例如家人、朋友和同事）的影响程度
便利条件	个人所感受到的来自组织的，在相关技术、设备支持等方面对于其使用信息系统的支持程度	消费者在特定情境下使用特定信息系统所感知到的可利用的资源和支持程度
享乐动机	无	消费者使用新的信息系统时所获得的愉悦感
价格权衡	无	消费者使用新信息系统时感知到的收益和实际货币支出间的关于经济利益上的权衡
习惯	无	消费者在日常生活中对某一行为具有稳定且长期性的偏好的程度

同时在调节变量上，由于自愿性在之前大多数研究中没有被证实存在显著的调节作用，所以在修正后的整合科技接受模型中被放弃。同时剩下的三个调节变量也根据之前的实证结果和发展

现状进行了局部的调整。具体模型见图 3-8 所示。

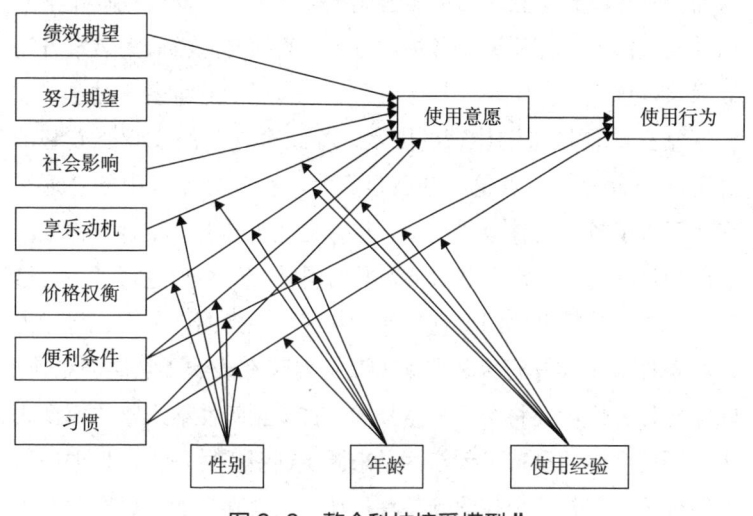

图 3-8　整合科技接受模型 Ⅱ

三、整合科技接受模型的应用

（一）旅游领域的研究

赫克托·圣马丁和安格尔·埃雷罗（Héctor San Martín and Ángel Herrero，2012）基于整合科技接受模型分析了影响旅游者在乡村旅游过程中通过在线旅游网站预订酒店的因素。近年来乡村旅游作为一种新型的旅游方式已经在西方发达国家逐步流行起来，在之前的研究中，学者大多关注于乡村旅游的定义、内容以及范围。随着互联网的发展，特别是移动互联网络的发展，旅游行业出现了巨大变化，其中一点就是人们可以通过各种终端设备在网络上直接与旅游运营商取得联系，无须再通过传统的旅游中介。并且旅游者可以通过网络获取完整且真实的旅游产品信息及相关服务。这些方面的改变不仅大大减少了旅游者的搜寻成本从而提升和改善了旅游者的旅游满意度和体验，同时也优化了整体的旅游链条，让旅游服务提供方可以直接与旅游服务需求方建立联系。该文关注了在乡村旅游背景下，影响旅游者通过在线旅游网站提前预订旅游住宿的因素。在结合之前的文献研究基础之上，作者为了能够更好地凸显旅游者在预订流程中的心理状态，引入了整合科技接受模型。作者在此基础上，结合乡村旅游酒店预订网站的特点和背景，对整合科技接受模型进行了一定修正。首先，将模型的因变量选择为在线购买意愿。其次，将原先便利条件对于实际行为的影响调整为对于在线购买意愿的影响。除此之外，作者还将个体信息技术（IT）创新性纳入整体模型之中。所谓个体信息技术创新性是来源于创新扩散理论，根据创新扩散理论，它是一个在遇到某种科技之前就存在的、固有的个体特征，不同的人所具有的创新性是不同的。这种创新性是依靠个体对之前使用类似科技的经验累积而形成的，当个体面对一种全新的科技时，他们会根据其固有的、内在的创新性而对科学技术产生不同的偏好和使用倾向。一般来说，具有较高创新特质的个体更乐于尝试和采纳新思想以及新事物；同时由于过往的经验累积，使得他们也有较高的能力来应对高不确定性，甚至会乐于承担由于这种高不确定性而带来的潜在风险和损失。相反，拥有较低创新性的个体在面对新生科技事物时通常是比较保守的，大多数处于观望状态，甚至可能会出现抵触心理，因为他们更倾向于使用传统的方法和手段来解决问题。之前的文献也都证明了在面对新的科技事物时，个体创新性对于个人的采纳意愿有着显著的正向作用。基于此，作者将个体创新性纳入整合科技接受模型之中，作为影响个体进行在线购买行为的因素之一。除此之外，作者还将个体创新性作为调节变量，探索其对于传统整合科技接受模型中的主要路径可能存在的调节作用。在研究方法上,作者采用了定性和定量相结合的方法。作者首先采用半结构化的访谈进行定性研究,作者面向两组个体,分别为乡村旅游酒店预订相关网站的管理人员以及浏览过这类网站的旅游者,访谈的核心内容主要围绕着研究模型展开并且记录整理成文本,为接下来的定量分析提供一定参考依据。在进行定量研究之前,首先需要进行的是调查问卷的设计,由于之前关于整合科技接受模型的运用很少关注于此,所以作者在根据之前定性研究的基础上,对传统的问卷量表进行了一定的修改,以保证研究数据的信度和效度。最终回收了1083份有效问卷,男女比例基本相同,年龄大多集中于30~45岁,并且所有调查对象均有过浏览乡村旅游酒店预订网站的经验。作者运用结构方程模型的方法对最终数据进行了实证分析,得出结论如下:(1)绩效期望、努力期望和个体创新性对于个体在线购买意愿有着显著的正向影响,其中,绩效期望的影响力最大,个体创新性次之,努力期望最小。而社会影响和便利条件对于个体在线购买意愿的影响则是不显著的。(2)个体创新性在绩效期望和在线购买意愿之中存在显著的正向调节作用,即当个体的创新性越高时,其绩效期望对于在线购买意愿的正向作用就越强。

埃斯科瓦尔·罗德里格斯和卡瓦哈尔·特鲁希略(Escobar-Rodríguez and Carvajal-Trujillo,2014)在基于修正后整合科技接受模型(UTAUT2)的基础上,以廉价航空公司为研究背景,探索了影响旅游者在其网站上进行廉价机票购买意愿的因素。除此之外,由于在线预订廉价机票属于新生科技,作者同样引入了个体创新性来解释个人的购买行为意向。个体创新性来源于创新扩散理论,该变量强调的是个体在面对新的科技事物时,会根据其内在的固有的创新特质对新事物进行判断。为了进行实证研究，作者共收集了1096份有效问卷，通过结构方程模型的方法对假设模型进行了验证，最终结论如下：（1）绩效期望、努力期望、社会影响、便利条件、享乐动机、价格权衡、习惯、信任和个体创新性均对个人进行在线廉价机票购买行为意向有着显著的正向作用。影响力度大小依次为：信任、习惯、便利条件、价格权衡、绩效期望、努力期望、个体创新性、享乐动机和社会影响（2）便利条件和习惯对于实际购买行为有着显著的正向影响，影响力度上习惯要更大。而价格权衡对于实际购买行为的影响是不显著的。（3）信息质量和感知安全性对于信任有着显著的正向影响，信息质量的影响更大，而感知安全性对于信任的负向影响也是显著的。

孟健和刘阳（2016）在整合科技接受模型和初始信任理论的基础上，以移动打车软件为研究背景，加上了感知趣味性、感知风险和感知价格水平等因素来分析影响用户初始使用移动打车软件的因素。在该文中，作者结合相关文献以及打车软件的特点，提出了三个维度的前因变量，分别是相对优势、个人信任倾向和公司声誉。所谓相对优势是指一个新的科技事物或者服务可以有效地改善用户现在的经济效益、个人形象和工作生活效率等方面。为了实证分析本文的研究模型，作者采用线下和线上同时发放问卷的方法，两个渠道各发放了200份问卷，最终回收有效问卷295份，问卷回收率达到73.8%。经过信度和效度检验达到标准后，通过AMOS软件进行了结构方程模型的分析，得出最终结论如下：（1）绩效期望、社会影响、初始信任和感知趣味性对于个人使用移动打车软件有着显著的正向作用。感知价格水平对于个人使用移动打车软件有着显著的负向作用。而努力期望和感知风险对于使用意愿的作用则是不显著的。同时整体模型对于个人使用打车软件意愿的解释力度达到63.9%。（2）相对优势、个人信任倾向和公司声誉对于初始信任的影响均是正向显著的。影响力度大小依次为相对优势、公司声誉和个人信任倾向。三个变量对于初始信任的解释力度达到76.4%。

(二)移动应用领域的研究

于(Yu,2012)基于整合科技接受模型对用户采纳移动银行业务的影响因素进行了探索分析。所谓移动银行业务是指消费者以移动手机、PDA等移动终端作为银行业务平台中的客户端来完成某些银行业务。移动银行是典型的移动商务应用，它的开通大大加强了移动通信公司及银行的竞争实力。基于此背景，作者在文献综述的基础上以整合科技接受模型为研究基础探索消费者使用移动银行业务的意愿。由于是要探索特定情境下的消费者使用行为，所以作者也加入了一些特定变量，包括感知可信性、财务成本和自我效能。除此之外，作者还将性别和年龄作为调节变量加入整体模型之中。为了进行实证分析，作者在台湾地区面向移动银行业务的潜在使用者发放了441份有效问卷，运用PLS软件进行结构方程模型的分析。通过验证性因子分析证明了问卷数据具有良好的信度和效度，接下来的假设模型拟合指标也都满足要求。最终得出以下分析结论：(1)绩效期望、社会影响和感知可信性均对消费者使用移动银行业务的意愿有着显著的正向作用，影响力度依次为社会影响、绩效期望和感知可信性，而努力期望的作用则是不显著的。财务成本对消费者使用移动银行业务的意愿有着显著的负向作用。(2)便利条件对消费者实际使用移动银行业务行为有着显著的正向作用，而自我效能的影响则是不显著的。

周(Zhou,2011)将整合科技接受模型和沉浸理论相结合，分析了消费者对于移动互联网络的持续性使用意愿以及满意度的影响因素。为了分析用户的持续性使用意愿，作者在整合科技接受模型的基础上，引入了沉浸理论来进一步加强模型解释力度。在研究个人的持续性使用意愿时，沉浸体验往往发挥着重要作用，当个体在体验某种科技事物的过程中有过沉浸体验，其持续性使用意愿必然会随之提升，同时对于该科技事物的满意度也会随之提升。作者根据文献综述和逻辑推导，认为绩效期望、努力期望、社会影响、便利条件、感知娱乐性和注意力集中均会对持续性使用意愿有显著的正向影响；除此之外，绩效期望、努力期望、感知娱乐性和注意力集中对用户的满意度有着显著的正向影响。为了实证检验研究模型，作者通过大学内部的在线论坛向在校学生发放在线问卷。得到最终结论如下：（1）绩效期望、社会影响、便利条件、感知娱乐性均对用户的持续性使用意愿有着显著的正向影响，影响力度大小依次为感知娱乐性、绩效期望、社会影响和便利条件。努力期望和注意力集中对于用户的持续性使用意愿则是不显著的。（2）努力期望、感知娱乐性和注意力集中对于用户的使用满意度有着显著正向作用，影响力度大小依次为感知娱乐性、注意力集中和努力期望。绩效期望对于使用满意度的影响则是不显著的。

周涛、鲁耀斌和张金隆（2009）将整合科技接受模型与任务/技术适配度理论相结合，以此去解释消费者采纳移动银行业务的行为。在该文中，作者创新性地将任务/技术适配度理论纳入到研究模型之中，将其与整合科技接受模型相结合，进一步全面地解释个人的采纳意愿。在任务/技术适配度模型中，当且仅当信息技术的功能可以支持使用者的行为时，信息技术才会被采用。采用任务/技术适配模型来评价、预测网络信息资源的利用效率，能比较现实地考虑到信息系统功能和用户的任务需求这两个因素。信息系统只有被用户使用，其资源才能产生利用效率；而此任务/技术适配模型主要是说明两者适配的结果会影响使用效果，并解释适配度对技术（信息系统）使用存有某种程度的影响。作者将任务/技术适配度模型和整合科技接受模型相结合，并且认为任务/技术匹配度越高，用户的绩效期望也会越高，同时技术特征也会显著影响用户的努力期望。作者通过 LISREL（线性结构分析模型）8.7 分析得到最终结论：（1）整合科技接受模型中的绩效期望、社会影响和便利条件对于使用行为有着显著的正向影响。影响力度大小依次为绩效期望、便利条件和社会影响。努力期望对于使用行为的影响则是不显著的。（2）任务/技术适配度模型中，任务特征对于任务/技术匹配度有显著的负向影响，而技术特征对于任务/技术匹配度有显著的正向影响。同时任务/技术匹配度对于使用行为的正向影响也被证明是显著的。（3）任务/技术匹配度对于绩效期望的影响是显著正向的，技术特征对于努力期望也有着显著的正向影响。

（三）其他领域的研究

一些学者（Im，Hong，and Kang，2011）以整合科技接受模型为基础，探索了在不同文化环境下该模型的适用程度。为了探究文化环境对于整合科技接受模型适用性的影响，作者分别在美国和韩国以移动银行业务和 MP3 播放器为研究背景进行了问卷的发放。文章的研究模型完全基于整合科技接受模型的基础，剔除了年龄、性别、相关使用经验和自愿性的调节作用。最终研究结论如下：（1）将两份数据集合在一起的模型结果证实了整合科技接受模型在解释消费者采纳行为时具有非常强的整体解释力度。（2）对来自两种不同文化背景的数据进行单独分析。在美国数据样本中，绩效期望、努力期望和社会影响对于行为意向的影响均是正向显著的，影响力度依次为努力期望、绩效期望和社会影响。同时便利条件和行为意向对于实际行为的影响也都被证实为正向显著，其中行为意向的作用更大。而在韩国数据样本中，绩效期望、努力期望和社会影响对于行为意向的影响均是正向显著的，影响力度依次为努力期望、社会影响和绩效期望。同时便利条件和行为意向对于实际行为的影响也都被证实为正向显著，其中便利条件的作用更大。为了检验两个来自不同样本数据的研究结果之间是否存在显著差异，作者采用了卡方检验的方法，结果发现两个模型之间确实存在显著差异。

基伊萨纳约丁和潘纳鲁泰（Kijsanayotin and Pannarunothai,2009）以整合科技接受模型为基础，分析了影响泰国人对于在线健康社区中心使用意愿的因素。在线健康社区是一个以健康为主题的网络互动社区，致力于提升全民健康水平，打造不同角色之间互动、互利的生态圈。作者在文献回顾的基础上提出 IT 知识会对便利条件有显著作用。为了进行实证分析来验证提出的假设，作者共发放了 1607 份问卷，最终回收了 1323 份有效问卷，问卷回收率达到 82%。为了验证问卷数据的信度和效度，作者运用 PLS 进行了验证性因子分析，最终结果表明问卷数据具有良好的信度和效度，可以进行结构方程模型的分析。在对假设模型进行实证检验后，得到如下最终结论：（1）努力期望、自愿性和社会影响对于使用意向有着显著的正向影响，影响力度大小依次为努力期望、社会影响和自愿性，三者对于使用意向的解释力度达到 54%。但是绩效期望对于使用意向的作用是不显著的。（2）便利条件对于实际行为的影响是正向显著的。使用经验对于实际行为的影响则是不显著的。同时 IT 知识也被数据证实确实是便利条件的前因变量。

王和杨（Wang and Yang, 2005）以整合科技接受模型为基础，结合消费者的个体性格特征（大五模型）来分析影响个人进行在线股票购买意愿的因素。在文献回顾的基础上,作者认为虽然之前的文献都考虑到了场景特点这一外部环境要素,但是对于个体层面的探索还不是特别详尽,基于此,作者提出了从大五模型出发,考虑不同消费者的个性特征对于其采纳行为的影响。大五人格（OCEAN）又被称为人格的海洋,被认为是具有心理学量表基本结构的个体特征,包括外倾性（Extraversion）、神经质性（Neuroticism）、开放性（Openness）、宜人性（Agreeableness）和尽责性（Conscientiousness）。为了实证分析两个不同的研究模型,作者共发放了700份问卷,回收了其中的240份,最终剔除44份无效问卷,得到196份问卷,整体回收率达到28%。作者通过结构方程模型对两个研究模型分别进行检验,最终结论如下:（1）外倾性和开放性人格对于绩效期望、努力期望、社会影响和便利条件均有着显著的正向影响。而神经质性、宜人性和尽责性三种人格对于上述四个变量的影响均不是显著的。（2）开放性人格在绩效期望对行为意向的影响中有着显著正向调节作用,宜人性人格在社会影响对行为意向的影响中有着显著正向调节作用,神经质人格在便利条件对行为意向的影响中有着显著正向调节作用。

苏婉、毕新华和王磊（2013）以整合科技接受模型为基础,加入了感知风险来解释用户对于物联网技术的使用意愿。该文从个人层面出发,使用整合科技接受模型为基础,再结合物联网本身具有的特点,从较为全面的角度去分析个人对于物联网技术的使用意愿。物联网是一个综合运用各种信息传感设备的广泛应用,该文从感知风险理论出发,从绩效风险、财务风险、社会风险和时间风险四个维度进行分析。财务风险是指用户认为产品的购买费用和维修费用超过了预期收益从而不愿意进行使用,或者是由于在使用过程中存在密码被盗和黑客入侵等问题造成财产方面的损失。绩效风险是指产品发挥不了预想的功能,从而造成绩效方面的损失。心理风险则是指从用户心理出发，使用新产品可能与现有的自我形象产生冲突。时间风险是指用户需要花费大量的时间和精力去了解和熟悉新产品的操作和使用。感知风险已经在很多场景下被证实为是影响用户采纳新兴事物的关键要素之一，如果用户感知到的风险越小，那么其对于新兴事物的采纳意愿就会越高。

第五节 信息系统成功模型

一、信息系统成功模型

1992年，德洛内（Delone）和麦克莱恩（Mclean）通过对1981年至1987年7年中出版物上的180篇关于信息系统成功的相关文献研究之后发现，之前的学者由于分析视角的不同，导致他们对于信息系统的定义出现了差异，让后来研究者很难对信息系统有着清楚的认识和了解。同时也由于这种理解上的不同，缺乏关于探索信息系统是如何被成功运行和使用的研究。为了弥补这些不足，德洛内和麦克莱恩尝试将之前文献中提到的理论和相关变量进行整合提炼，从而使得学者对信息系统成功有一个全面、系统的认识。

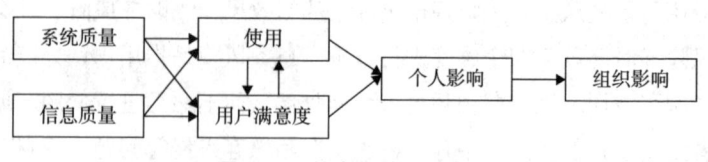

图3-9 信息系统成功模型

在该模型中,德洛内和麦克莱恩在香农、韦弗(Shannon & Weaver, 1962)和梅森(Mason, 1978)二者关于通信系统理论的基础上进行了修改和调整。香农、韦弗(Shannon & Weaver, 1962)对通信系统中的信息给出了三个层次的定义,分别是技术层次、语义层次和效益层次。其中技术层次是指系统可以产生准确的信息并且高效地向使用者进行传输;语义层次是指系统确保向用户传输的信息是原意的,没有被篡改或者编译;效益层次是指系统产出的信息能够对用户产生影响,例如给予用户建议从而帮助其进行决策。而在随后的1978年,梅森(Mason)对这一理论进行了进一步调整和修正,他对效益层次进行了更加细致的扩展,将之分为信息的接受、对接受者的影响和对系统的影响三个种类。德洛内和麦克莱恩正是在此基础上,将梅森提到的每一个效益层次分别映射到他们创建的信息系统成功模型之上,一共获得了六个方面的维度,分别是系统质量、信息质量、使用、用户满意度、个人影响和组织影响。其中,"系统质量"对应于通信模型的技术层面,一般是通过系统的易用性、功能性、可靠性、灵活性、数据质量、可移植性、整合性和重要性等指标来评估。"信息质量"对应于通信模型的语义层次,一般是通过准确性、时效性、完整性、相关性和持续性等指标来评估。"使用"则和效益层次中的信息的接受相对应,"用户满意度"和"个人影响"都是和效益层次中的对接收者的影响相关,"组织影响"和效益层次中的对系统的影响相关。"个人影响"和"组织影响"又被统称为"净收益"。

在这一模型中,德洛内和麦克莱恩是把信息系统成功看成一个过程,变量之间存在时间和因果关系。第一步,是信息系统被成功建立并且实施,这时信息系统的特征体现为一定的系统质量和信息质量。第二步,在用户使用过该信息系统之后,会根据其特征得到是否对该信息系统满意的判断，因此系统质量和信息质量共同而又单独地影响系统使用和用户满意度。同时关于该系统的使用和满意度之间也会存在着相互影响，这种影响可能是正面的，也可能是负面的，例如随着用户使用次数的增加，其可能会更加了解该信息系统，从而熟练地将其与实际工作相结合达到更高的工作绩效，进而提升用户满意度；也有可能随着使用频率的增加，用户更有可能发现系统存在的缺陷和不足，进而导致用户满意度的下降。第三步则是由系统使用和用户满意度直接引起对个人的影响，例如工作绩效、工作效率等，进而对组织绩效产生作用。德洛内和麦克莱恩认为信息系统成功本身是一个综合性模型，其中的各个变量都发挥了重要作用，很难具体地说某个变量更为重要，后人在研究中要根据具体的研究问题、研究背景和研究对象来选择性地考察其中某些变量，并且在特定情境下需要加入一些外部环境变量。

表3-3 信息系统成功模型变量定义

自变量	定义	因变量
系统质量	系统能够准确有效地生产信息	使用、用户满意度、个人影响、组织影响
信息质量	系统能够确保信息按照原意进行传输	

二、信息系统成功模型 II

在德洛内和麦克莱恩发表初始信息系统成功模型（D&M）之后，信息系统领域的专家学者们对于这个模型进行了细致的研究，其中最为著名的是澳大利亚学者塞登（Seddon）在1997年对于该模型的讨论。塞登首先对德洛内和麦克莱恩的初始信息系统成功模型（D&M）给予了高度肯定，他认为该模型至少在理论方面有两大贡献：（1）对于之前各种影响信息系统成功的因素进行了整合和总结，为之后相关领域的发展奠定了理论基础和研究框架。（2）从理论角度对整合后模型中的六要素间相互关系给予定义，为后续研究者的进一步扩展和修正提供了空间。虽然初始信息系统成功模型无论是在理论角度还是在实践方面都有着重要贡献，但是其仍然存在一定的问题。塞登（Seddon，1997）认为D&M模型把信息系统成功的"过程"和"结果"在一个模型中展示出来，这样虽然使得整体模型更加简洁，但是导致了变量定义上的不清晰，因此他在D&M模型的基础上进行修正并提出了自己的新模型。他主要在两方面对D&M模型实施了改进：第一，对D&M模型中"使用"这一变量进行了重新的界定和定义。塞登认为单纯的"使用"变量容易造成混淆，这是因为"使用"是信息系统成功的结果，而非系统成功的内在特定，而且系统使用可能是自愿的，也可能是非自愿的。其可能存在三个不同的含义：使用系统获得的收益、应用系统的行为和使用系统后对个体或者组织产生影响的某一具体事件。所以据此将原始D&M模型一分为二，即信息系统使用局部行为模型和信息系统成功模型两部分，这样的做法可以有效地避免由于因果概念和过程概念混淆引起的概念不清晰问题。第二，对于模型中的具体变量进行了修正。首先，他用"感知有用性"来代替原D&M模型中的"使用"，并且把"使用"作为信息系统成功的结果。这里的"感知有用性"和戴维斯提出的技术接受模型中的"感知有用性"在概念上基本是一致的。其次，他还认为信息系统成功后的受益群体不仅包括个人和组织，还有整个社会。在原始D&M模型中"净收益"这一变量的含义是指在成功实施信息系统之后，个人和组织对过去的和未来的所有期望收益总和。但这是一个综合性变量，应该从个人、组织和社会三个维度分别测量。塞登（Seddon，1997）提出的最终模型如图3-10所示。

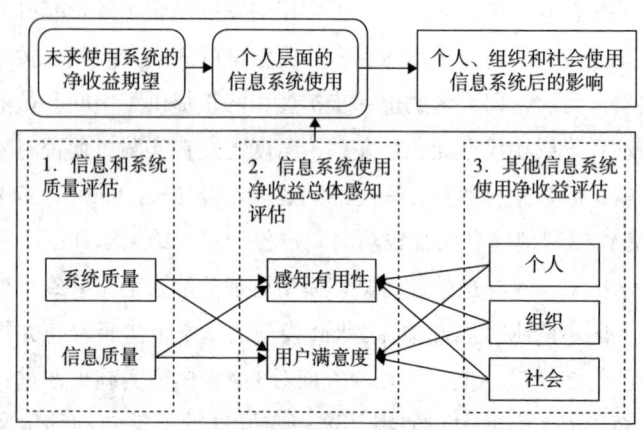

图3-10 塞登的信息系统成功模型框架

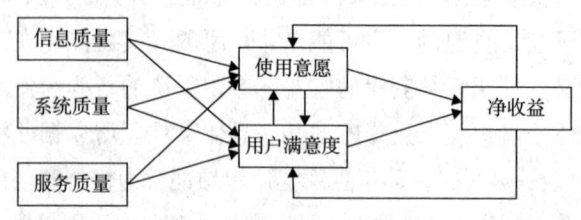

图3-11 信息系统成功模型Ⅱ

在2003年，德洛内和麦克莱恩对1993年至2002年期间所有研究和引用原始D&M模型的论文进行综合分析后提出了全新的信息系统成功模型（见图3-11）。新的信息系统成功模型中仍然有六个变量，分别是：信息质量、系统质量、服务质量、使用意愿、用户满意度和净收益。与之前的原始模型相比，除了信息质量、系统质量和用户满意度三个变量没有改变以外，剩下的变量都有所变动。

首先，最大的变动就是在质量维度中加入了"服务质量"。这个变量也是时代背景变化的体现，随着客户端/服务器结构和个人计算机使用的普及，个体对于信息系统的控制和使用程度在不断加深，组织内部的 IT 部门同时具备了信息系统提供者（提供产品）和信息系统服务者（服务用户）的双重角色。在信息系统实施的过程中，用户不仅会使用信息系统本身，还会享受相应的服务（保修、退换等）。因此，服务质量也应该是导致信息系统成果的组成变量之一。其次，是从原始 D&M 模型的"使用"转变成"使用意愿"，这点改变表明，之前强调的是实际使用系统的行为，现在转变为对于信息系统使用的意愿或者意图上。这点其实和技术接受模型中的使用意愿基本类似，当然这种带有个人主观情感的变量其实相对比较难以测量，但是无法用更好的变量来代替。最后，在模型中"净收益"代替了原始模型中的"个人影响"和"组织影响"。这种变化主要也是对之前学者的质疑做出了一定回应，因为一个具体的信息系统在实施后，不仅仅会对个人层面和组织层面产生一定影响，而且还会影响到团队、行业甚至于整个社会，影响范围可能远远超出预想。但是如果把每个层面都单独列出来一个具体变量进行衡量，那么整体模型又会显得过于臃肿，所以在新的信息系统成功模型中，德洛内和麦克莱恩以"净收益"代表了所有可能会从该信息系统受益的对象。当然在随后的研究中，学者们都在具体情境下对"净收益"这个变量进行了具体定义，缩小了其涵盖范围。

为了进一步适应于电子商务环境下的信息系统，德洛内和麦克莱恩在 2004 年对于修改后的信息系统成功模型中的变量进行了补充定义。系统质量是用于衡量互联网环境下电子商务系统所需的特质和属性。例如：用户可以从有用性、可用性、可靠性、适应性、响应时间等方面来具体评价一个电子商务系统的质量。

信息质量是关于电子商务网站内容方面的问题。例如：网站内容的个性化、完整性、相关性、易于理解和安全性。服务质量是指由服务提供商提供的全面服务型支持，在电子商务环境下服务质量显得尤其重要。使用意愿是指个人通过电子商务网站完成交易的意愿。用户满意度是指个人对于在电子商务网站上从信息检索、购买、付款、收货到售后服务整个流程中的体验，是在用户层面衡量电子商务系统的重要指标。净收益则是更加宏观地衡量电子商务系统成功与否的指标。因为电子商务对用户、供应商、组织员工、市场、产业、经济甚至整个社会都存在着积极或者消极的影响，这些影响也会反过来影响个人层面的满意度和使用意愿。当然这些指标的选取需要结合具体研究问题而定。

三、信息系统成功模型的应用

（一）在线网站系统的研究

陈和程（Chen and Cheng，2009）基于修正后的信息系统成功模型，分析用户通过在线电子商务网站进行在线购买的意愿。随着互联网的发展和普及，在线电子商务网站已经是大众进行商品购买的主要渠道之一。该文选择了修正后的信息系统成功模型，即加入了服务质量的模型。为了更好地贴近研究主题，作者将原有模型中的净收益变量更加细化为实际使用和使用后价值两个维度，从使用意图到实际使用的路径基本与技术接受模型中的路径相同。而使用后的价值则是指买家和卖家在交易完成后对于电子商务网站的整体评价。引入这两个变量可以更好地在此具体情境下衡量电子商务网站给买家和卖家双方带来的收益。为了验证修正后的信息系统成功模型在电子商务网站情境下的适用性，作者通过在线问卷调查的方法收集研究数据，为了保证问卷的回收率，在问卷填写完成后给予填写者一定的现金奖励，最终共回收了 331 份有效问卷。作者通过结构方程模型对数据进行了检验，最终得出结论如下：（1）系统质量、信息质量和服务质量对于使用意愿均有着显著的正向作用，影响力度大小依次为信息质量、服务质量和系统质量。同时系统质量、信息质量和服务质量对于满意度也均有着显著的正向作用，影响力度大小依次为信息质量、系统质量和服务质量。（2）使用意愿对于实际使用行为有着显著的正向影响，同时实际使用行为对于使用后价值也有着显著的正向影响。

桑和扎赫迪（Song and Zahedi，2007）以原始信息系统模型为基础，来分析系统质量和信息质量对于用户信任和感知风险的影响，进而采纳在线健康中关于健康信息的意愿。随着互联网的普及，人们可以通过在线搜索的方式获取多种多样的信息，健康类信息就是其中之一。由于健康信息对于个人来说是非常重要的，所以该文选取了信任和感知风险来衡量个人是否有意愿采纳在线健康中介提供的健康信息。首先信任是反映消费者对商家未来会发生某些行为的期望，包括能力、诚实和善心。其次感知风险也在其中发挥着重要作用，特别是需要为某些信息付出一定经济上的费用时，感知风险越小，用户的采纳意愿就越高。在该文中，作者将原始信息系统成功模型中的信息质量和系统质量作为影响用户感知的主要因素，同时作者也对这两个变量做出了具体分类。首先，信息质量分为信息的可理解性、相关性、有用性、可靠性和充分性五个维度。其次，系统质量分为系统的易用性和交互性两个维度。作者认为这七个维度都会对信任中的能力、诚实和善心产生一定的影响。为了更好地收集数据，作者以现实中的两个在线健康中介为例，让问卷填写者分别现场体验，然后再填写相应问卷，共得到 494 份有效问卷。作者通过结构方程模型对数据进行了实证检验,得到最终结论如下:(1)信息的可理解性和系统的易用性对于信任中的能力维度有显著的正向影响,信息的相关性、有用性和可靠性以及系统的交互性对于信任的善心维度有显著的正向影响,信息的充足性对于信任的诚心有着显著的正向影响。(2)信任中的诚实、能力和善心均对采纳意愿有显著的正向作用,影响力度大小依次为能力、善心和诚实。感知风险对于使用意愿的影响是显著负向的。

张(Teo,2008)将信任作为影响信息系统质量的前因变量从而分析普通民众对于电子政务网站的持续性使用意愿。所谓电子政务系统是基于互联网技术的面向政府机关内部、其他政府机构、企业以及社会公众的信息服务和信息处理系统。一般而言,政府的主要职能在于经济管理、市场监管、社会管理和公共服务。电子政务作为一种政府性质的电子政务系统不仅方便了普通民众,节省了大量时间成本,而且提高了政府机构的办事效率,提升了政府在民众间的形象和名誉。为了分析普通民众对于电子政务网站的持续性使用意愿,作者在文献综述的基础上选取了修正后的信息系统成功模型作为理论基础。同时为了探索模型中三个质量的前因变量,作者引入了信任理论,并且以对象区分了三种不同维度的信任,分别包括对技术的信任、对政府的信任和对电子政务网站的信任。为了验证研究模型,作者以新加坡电子政务网站为例,向新加坡民众发放了调查问卷,最终共回收了214份有效问卷。作者通过PLS进行了结构方程模型的检验,最终结论如下:(1)对政府的信任会正向影响民众对电子政务网站的信任,而对技术的信任则不存在这种影响。(2)对电子政务网站的信任会显著地正向影响民众对于信息系统的信息质量、系统质量和服务质量的感知。(3)信息质量会显著地正向影响持续性使用意愿,系统质量和服务质量则会显著地正向影响满意度,满意度对于持续性使用意愿的影响也是显著正向的。

张星等（2016）以在线健康社区为研究对象，基于修正后的信息系统成功模型和社会支持理论，分析了对于用户满意度和社会归属感的影响因素，进而提升用户忠诚度。在线健康社会是在线社区的一种类型，是指社会成员通过互联网对健康或理疗等相关问题进行知识共享、专家咨询和成员交流等活动的在线社区。该文主要从技术层面和社会层面去分析用户对于在线健康社区的忠诚度。首先，技术层面的理论主要采用了修正后的信息系统成功模型，从在线健康社区的系统质量、服务质量和信息质量三个维度来探讨它们是如何影响用户满意度的。其次，社会层面的理论则是运用了社会支持理论。为了实证检验研究模型，作者采用纸质问卷和网上问卷两种形式相结合的方法，纸质问卷主要集中在社区卫生中心进行发放，面向对象是患者及其家属，最终回收 164 份问卷。网络问卷则是面向有过在线健康社区使用经验的群体发放，最终回收 132 份问卷。作者通过 AMOS20.0 对模型进行了结构方程模型的分析，得到最终结论如下：（1）系统质量和信息质量对于用户满意度有着显著的正向影响，其中系统质量的影响力度更大，而服务质量对于用户满意度则没有显著影响。（2）评价支持和情感支持对于社会归属感有着显著的正向影响，其中情感支持的影响力度更大，而尊重支持的影响则不显著。（3）用户满意度和社会归属感对于用户忠诚度均有着显著的正向影响。影响力度社会归属感更大。

武海东（2013）基于修正后的信息系统成功模型，同时引入了自我效能与主观规范两项个人/社会因素，从而探讨影响数字图书馆中数字资源统一检索系统的使用、满意度和系统绩效的因素。首先，个人层面的因素作者考虑了自我效能，所谓自我效能是指一个人在特定情景中从事某种行为并取得预期结果的能力，它在很大程度上指个体对自我有关能力的感觉。自我效能较高的个人在面对任务时有较高的信心，勇于面对困难与挑战，同时对结果产生较佳的心理预期，进而对实际行动的执行有一定的推动作用。其次，社会层面的因素则是考虑了主观规范，所谓主观规范是指个人对于是否采取某项特定行为所感受到的社会压力。这一变量来自理性行为理论，主要是用来衡量个人所感受到的来自社会群体的影响。作者以实际图书馆为研究对象，依据读者的回馈意见进行调查问卷的细节修改，并且通过图书馆网站正式发布问卷，历时半年的时间共回收问卷262份，剔除无效问卷45份，最终得到217份有效问卷，有效率达到82.8%。通过AMOS7.0进行结构方程模型的分析，得到最终结论如下：（1）主观规范和自我效能对于用户使用有着显著的正向影响，其中主观规范的影响力度更大，而系统质量、信息质量和服务质量对于用户使用的影响则是不显著的。（2）系统质量、信息质量和服务质量对于用户满意度有着显著的正向影响，影响力度大小依次为信息质量、系统质量和服务质量。（3）用户使用和满意度对于系统绩效均有着显著的正向影响，满意度的影响力度更大。

（二）移动应用系统的研究

周（Zhou，2013）以修正后的信息系统成功模型为基础，分析移动支付系统对个人感知方面包括信任、沉浸和满意度三个维度的影响，进而分析其对用户的持续性使用意愿的影响。移动支付作为移动通信技术和金融业务融合发展的产物，随着移动互联网络的发展和移动终端的普及而日趋成熟。它不受时间、空间限制的特点，满足了人们随时随地进行消费活动的需求，越来越多的人通过移动支付来完成信息的交互以及各种商务活动，在未来它甚至可能成为主流的消费支付方式。为了占据巨大的潜在市场，众多移动应用服务商纷纷开发了相应的移动支付应用，这种搭载在移动终端的应用从本质上来说就是一个简易的信息系统。为了分析用户对于这种支付类的信息系统的持续性使用意愿，作者在文献综述的基础上，选择了信息系统成功模型作为研究的理论基础。在结合移动支付的具体情境下，作者对模型中的部分变量做出了一定的修正。首先，依据具体的研究问题，原始模型中的净收益改变成为持续性使用意愿。其次，在个人感知层面上，作者结合了沉浸理论和信任理论两部分，将沉浸和信任作为信息系统对于个人的影响加入其中，假设这两个变量会对个人的持续性使用意愿产生显著的正向影响，同时在信任、沉浸和满意度三者之间也存在一定的相互关系。作者运用 LISREL 进行了整个分析过程，最终得到结论如下：（1）满意度主要受到来自系统质量的影响，而信任则受到来自质量三个维度的影响。（2）信任、沉浸和满意度均对用户持续性使用移动支付的意愿有着显著的正向影响，影响力度大小依次为沉浸、满意度和信任。（3）信任对于沉浸有着显著的正向影响，沉浸对于满意度也有着显著的正向影响。

高（Gao）和白（Bai）将原始信息系统成功模型和网络外部性理论相结合来解释个人持续性使用移动社交网络服务的影响因素。随着移动终端的普及和移动应用的丰富，通过移动终端设备来访问社交网络逐渐成为主流。从整体角度来看，搭载于移动设备终端的社交网络应用可以看成一个信息系统，所以作者选择了信息系统成功模型作为研究模型之一。作者将网络外部性的概念也作为要素之一考虑进来，是指连接到一个网络的价值，取决于已经连接到该网络的其他人的数量。为了定量地衡量网络外部性，作者在文献综述的基础上，选取了网络规模和感知互补性两个变量。该文将信息系统成功模型中的系统质量和信息质量以及网络外部性中的网络规模和感知互补性作为影响用户感知的四个自变量。在该文的研究模型中，用户感知包括沉浸、用户满意度和感知有用性三个维度，作者认为沉浸和感知有用性均会对满意度有显著的正向影响，同时这三个因素也会对用户持续使用移动社交服务有着显著的正向影响。为了分析此研究模型，作者通过电子邮件的形式共随机发放了 1500 份调查问卷，发放对象主要集中于大学在校生，调查对象与中国现在使用移动网络的群体基本重合，最终回收 228 份问卷，剔除 7 份无效问卷，共得到 221 份有效问卷。作者通过 AMOS 软件进行了结构方程模型的分析，得到最终研究结论如下：（1）系统质量对满意度和感知有用性有着显著的正向影响，但是对沉浸的作用不显著；信息质量对于沉浸和感知有用性的影响是正向显著的，但是对满意度的影响是不显著的；网络规模对于沉浸和感知有用性的影响是正向显著的，但是对满意度的影响是不显著的；感知互补性对于感知有用性和沉浸有着显著的正向影响，同时对满意度的影响是不显著的。综上所述，满意度只受到来自系统质量的影响，四个维度对于感知有用性均有着显著影响。（2）感知有用性、满意度和沉浸对于持续性使用移动社交网络的意愿均有着显著的正向影响，影响力度大小依次为：沉浸、满意度和感知有用性。同时沉浸和感知有用性对于满意度的影响也是正向显著的。

第六节　霍夫斯泰德文化理论

文化是一个很难有标准定义的概念，在学术界国内外学者都曾试图对文化进行明确的解释和清晰的定义，但仍然存在一定的分歧。早在1871年英国的人类学家泰勒（Tylor）就在其撰写的《原始文化》一书中尝试对文化进行定义，他认为文化或者说文明在本质上是一个复杂的综合体，它包含多个方面的要素，例如宗教信仰、艺术、法律、伦理道德、风俗以及作为社会成员的个人通过相互学习而获得的任何其他能力和习惯。随后的学者也都尝试对文化做出定义，在1955年Herskovits出版的《文化人类学》一书中，作者认为文化是一个非常宽泛的概念，即除了自然原生态之外人类自己创造的一切环境都可以称为文化。据不完全统计，现在学术界关于文化的定义已经达到200多种，可见文化的复杂性。在目前全球一体化的环境下，不同国家或者地区的交流互通机会越来越多，特别是随着互联网的诞生，拥有不同文化的群体可以通过互联网，例如社交媒体、在线社区和博客等形式进行信息、情感等方面的沟通和交流。在这种时候文化差异的问题就会凸显出来，拥有不同文化背景的个人对于事物的态度、行为和观念就会不同。为了能够定量地去研究文化的作用，很多学者都提出了相关测量模型，其中最为著名的就是学者霍夫斯泰德在1980年提出的霍夫斯泰德文化维度。

一、霍夫斯泰德的四个维度文化

霍夫斯泰德（Hofstede）对文化做出明确的定义，他认为，文化是某一特定人群所共享的价值观念系统，这种价值观念系统使之与其他组织或人群区别开来，他认为国家和地区的不同文化会影响到社会成员或组织的行为。为了能够实证性地具体测量文化，霍夫斯泰德进行了长达6年的跟踪调查研究，从1967年到1973年他在著名的跨国公司IBM（国际商业机器公司）进行了一项大规模的文化价值观调查。他的具体研究对象是IBM公司分布在全球53个国家和3个地区的十多万员工,他们来自于38个不同的职位,使用语言达到20多种。由于调查对象人数众多,全部数据分别于1968年和1972年分两次收集完成,最终共收集了116 000份有效问卷。为了有效地收集这么大量的数据,霍夫斯泰德采用了价值调查模型(Value Survey Module,VSM)的问卷,该问卷一共包含33个问题,都是用来衡量个人对于文化层面的感知。在数据整理完成后,霍夫斯泰德通过因子分析共析出四个层面的因子,经过详细分析和比对,他将这四个维度分别命名为权力差距,男性化/女性化社会,不确定性规避和个人/集体主义。下面对每个维度进行具体介绍。

(1)权力距离。权力距离的大小反映出不同文化下人们对组织中权力分配不平等情况的接受程度。高权力距离社会里,人们倾向于接受等级制度,而低权力距离文化更强调人与人之间地位、机会的平等,认为知识和尊重是权力的来源。例如在美国,人们更加注重个人能力的发挥,很少看中权力的享有,而在一些亚洲国家,由于其国家体制的关系,权力制度等级森严,个人必须服从上级的安排和命令。有研究经过一定的统计分析发现国家文化中的权力距离与三个客观指标相关,首先是该国的纬度,纬度越高的国家,其权力距离越低。其次与该国的人口数量也有关系,人口越多,其权力距离越高。最后与国家的国民生产总值有关,越富裕的国家其权力距离越低。衡量权力距离的变量是PDI(Power Distance),其值越高,权力距离越高。

(2)男性化/女性化社会,是指社会上居于统治地位的价值标准。男人表现得自信、坚强、注重物质成就,更加崇尚用竞争的方式来解决组织中的冲突问题;女人则表现得谦虚、温柔、关注生活质量,习惯用平和的、谈判的方式去解决组织中的问题。在研究中,关于女性化社会的关键词通常表现为:同伴(良好的家庭/工作关系），合作（与工作伙伴良好的协同），生活环境（对于居住区域有着较高的满意度），以及生活就业保障（工作稳定，收入来源可靠）。而关于男性的关键词则是集中于收入（希望能力能得到相应的回报）、认同（努力获得周围人的肯定和赞扬）、发展空间（积极寻求更高的职位生涯发展可能性）、挑战（战胜困难，以此获得个人成就感）。衡量男性化/女性化社会的变量叫MAS（Masculinity），其值越高，表明越倾向于男性化社会。

（3）个人/集体主义。按照霍夫斯泰德的观点，在个人主义社会中，人们更加关心自己及其家人，人与人之间的关系不是非常浓厚；而在集体主义社会中，人们会去关心所在群体中的其他成员，人们都忠于组织，并且组织内部也更加团结。在研究中，个人主义通常与个人时间、自由等内容相关，而集体主义则与群体、集体利益等内容相关。衡量个人/集体主义的变量叫IDV（Individualism），其值越高，表明越倾向于个人主义。

（4）不确定性规避，是指人们所感受到的未知环境以及不确定性事件对自己的威胁程度。高不确定性规避社会通常是规则导向性的，会主动限制并减少不确定性因素，社会中的成员一般都会有高度的责任感、紧迫感和主动性，从而容易形成一个勤劳的内在动机。低不确定性规避社会则对于不确定性具有高的容忍度及适应力，通常乐于创新，并且愿意承担风险，社会中的成员普遍有一种安全、悠闲的生活态度，倾向于鼓励风险和创新存在的倾向。衡量不确定性规避的变量为UAI（Uncertainty Avoidance），其值越高，表明文化中更倾向于规避不确定性。

霍夫斯泰德的文化维度理论在推出之后，可以说对于学术界的影响是十分巨大的，甚至成为跨文化研究领域里的一个里程碑。霍夫斯泰德文化维度理论的重要性不仅仅对跨文化领域的研究产生了重大影响，而且对各个相关学科例如语言学、文化学、传播学、心理学、社会学和管理学也产生了巨大影响。虽然取得了巨大的成就,但是没有一个理论是完美无缺的,霍夫斯泰德的理论仍然在以下几个方面存在一定的局限性。

第一,霍夫斯泰德的研究视角是西方文化视角,虽然通过跨国公司研究了38个不同国家,但是这其中不包括中国文化、伊斯兰文化等世界上主流文化价值观。同时,问卷设计也是基于西方价值观,可能存在一定的偏差。

第二,无论是在前期研究中以IBM公司的员工为调查对象,还是后期的补充研究中,霍夫斯泰德的调查对象大多集中于社会中的上层收入群体。这其中就存在一个问题,社会中收入较少的群体其实人口占比要更高,他们的文化价值观可能会有所不同。因此,从某种程度上来说,霍夫斯泰德的研究可能不具有普适性和代表性。

第三,霍夫斯泰德的文化维度是从国家层面进行衡量的,但是实际情况是即使在同一个国家内部,仍然会有文化的差异,例如中国地域广阔,南北文化差异明显。所以霍夫斯泰德文化理论是否可以适用于度量一个国家内部的文化差异是需要探讨研究的问题。

第四,霍夫斯泰德的文化维度是20世纪六七十年代的研究结果,当今的世界已经发生了巨大变化,特别是在互联网时代,这样的研究结果是否仍然适用也是需要进一步证明的。

二、霍夫斯泰德的五个维度文化

正是由于存在以上的局限性,各国学者都在不断地努力尝试完善这一文化模型。在这其中最大的补充来自1988年香港大学的一位学者邦德(Bond,1988),他试图重复霍夫斯泰德在1980

年的研究，他也在 IBM 公司全球不同的 23 个国家和地区的分公司进行了问卷调查研究。在这次研究中，为了避免出现文化偏见的问题，邦德采用了非中心化的方法，他参照之前霍夫斯泰德使用的价值调查模型（Value Survey Module，VSM）设计出了符合中国价值观的调查问卷（Chinese Value Survey，CVS）体系进行研究。在历时 1 年的问卷收集统计分析完成后，最终的结果显示析出的前三个因子与之前霍夫斯泰德的研究维度是一致的，但是第四个维度却出现了明显的差异，这个结果引起了学术界的关注。邦德认为这个维度是对东南亚文化特别是中国文化的体现。之后邦德与霍夫斯泰德合作的文章，对这个维度进行了明确的定义，并且在原有理论中加入了这个反映东方人文化价值观的变量"长期性/短期性取向"，他们认为这个维度主要是"围绕儒家思想展开的，在某种意义上来说这是孔子的文化价值观体现"。所谓长期性导向是指基于未来回报而对于现状进行忍耐和节俭。在偏好长期性取向的文化里，相比于现在，人们更加关注未来，认为努力付出在将来肯定会得到回报，人们也更加勤劳。相反，在短期取向的文化里，人们更加关注眼前和当下，自己的努力要能马上兑现回报。在定量研究中，通常用 LTO（Long-term Orientation）来表示长期性取向的值。在实证研究中发现，处在东亚地区的国家和地区，例如中国、中国香港、中国台湾、日本和越南等，LTO 的值非常高，说明他们的长期性取向相对较高。而在欧洲美洲一些国家，例如英国、西班牙、美国和加拿大等，这个值就明显偏低，表明他们的文化更倾向于短期性取向。长期性/短期性导向维度的提出使得原有的"四维"文化模型转化成了"五维"文化模型，这个补充不仅说明了东方文化在世界主流文化中的重要性，也弥补了由于文化偏见所带来的研究缺陷，使得完整的霍夫斯泰德文化模型更加适用于跨文化的研究。

三、霍夫斯泰德文化理论的应用

（一）单一文化的研究

伊（Yoon，2009）考虑了文化因素对于消费者在在线电子商务网站进行购买时的影响作用。电子商务的发展在不同国家出现了差异，相比于传统发达国家，在一些欠发达国家和发展中国家电子商务的发展远远不足。当然肯定有一些客观因素导致了这种电子商务发展不平衡的现象，例如政治环境、经济发展水平和网络基础设施建设等，而文化因素作为一种主观因素也是必须要考虑的。作者以传统的技术接受模型为基础，加入了信任理论来解释个人通过电子商务网站进行在线购买的意愿。同时，为了分析文化在其中的作用，作者在文献综述的基础上，以霍夫斯泰德文化理论为基础，将文化的五个维度作为调节变量加入模型之中。在逻辑推导和文献支持的基础上，作者共提出了六个关于文化调节的假设，分别是：男性化社会在感知有用性对于个人购买意愿的关系之间起到了正向调节作用，同时在感知易用性对于个人购买意愿的关系之间起到了负向调节作用；权力距离在信任和个人购买意愿之间起到了负向调节作用；个人主义在信任和个人购买意愿之间起到了正向调节作用；不确定性规避在信任对个人购买意愿的关系之间起到了负向调节作用，同时在感知有用性和个人购买意愿之间也起到了负向调节作用；长期性取向在信任和个人购买意愿之间起到了正向调节作用。为了实证证明文化因素在整体模型中的调节作用，作者以中国文化为例，面向中国大学生进行了问卷发放，最终回收了270份有效问卷，通过结构方程模型分析得到最终结论：（1）感知有用性、感知易用性和信任对于个人购买意愿均有着显著的正向作用，影响力度大小依次为信任、感知易用性和感知有用性。这三个变量对于个人购买意愿的解释力度达到了 46.5%。（2）男性化社会和不确定性规避在感知有用性和个人购买意愿之间起到了正向调节作用，长期性取向和不确定性规避在信任和个人购买意愿之间起到了正向调节作用，最后男性化社会在感知易用性和个人购买意愿之间起到了正向调节作用。（3）除了调节作用外，文化维度对于个人购买意愿也存在着直接影响。权力距离的作用是显著正向的，而不确定性规避、长期性取向和个人主义的作用均是显著负向的，男性化社会的作用则是不显著的。

周等（Zhou et al.，2016）以精细加工可能性模型为基础并结合个体层面的文化价值观，探索初始信任对于在线购买意愿的影响。精细加工可能性模型是信息处理领域中最有影响力的理论模型之一，这一模型认为消费者对于信息的处理以及态度发生转变的一个基本标准是消息的深度和数量。该理论把态度的改变归纳为两个基本的路径：中枢的和边缘的。基于此作者分别提出两个变量来表示中枢路径和边缘路径。首先，信息质量用来表示个人从在线购物网站上接收到消息的相关性、充足性和实效性。其次，来源可靠性则是用来衡量在线购物网站上的信息是否真实可信。从这两个变量来衡量在线购物网站是否能够通过提供的多样化信息来说服用户对其产生信任感，并进一步产生购买意愿。同时作者在文献回顾的基础上，为了能够更加贴合中国消费者的行为习惯，加入了不确定性规避和个人主义两个文化维度。作者认为不确定性规避对于在线购买意愿有着显著的负向作用，这是因为在线购买相较于传统的线下购买仍然存在较高的风险和不确定性，当个人不确定性规避这一文化维度比较高时，其会主动避免风险的产生。个人主义对于在线购买意愿则有着显著的正向作用，这是因为个人主义较强的个体更愿意遵循自己的意愿，外部环境很难对其决定产生影响。除此之外，不确定性规避和个人主义还会对个体信任产生直接影响，以及对信任和购买意愿之间的关系产生间接的调节影响，路径方向和对购买意愿的完全相同。为了实证证明研究模型，作者以某在线购物网站的论坛为研究对象，向论坛中的注册会员发放调查问卷，为了激励用户能够积极准确地填写调查问卷，作者向每位完成问卷的用户提供一定的现金奖励。在历时半个月的调查期间，共有263人完成调查问卷，剔除其中的10份无效问卷，最终回收了253份有效问卷。在通过了同源方差分析并检验了数据的信度和效度之后，作者利用LISREL进行了结构方程模型的分析，得出最终结论如下：（1）信息质量和信息可靠性对于用户的初始信任有着显著的正向影响，在影响力度上信息可靠性更高。（2）个人主义对于个人购买意愿有着显著的正向影响，而不确定性的直接影响则不是显著的。（3）个人主义对于初始信任有着显著的正向影响，而不确定性规避对于初始信任则有着显著的负向影响。同时不确定性规避对于信任和购买意愿之间的关系起到显著的负向调节作用，而个人主义的调节作用则不显著。

巴普蒂斯塔和奥利维拉（Baptista and Oliveira, 2015）以修正后的整合科技接受模型Ⅱ为研究基础探讨了非洲人民对于移动银行业务的采纳意愿，在这其中还加入了霍夫斯泰德五个文化维度对于使用意愿和实际行为之间的调节作用。正如前文所述，修正后的整合科技接受模型Ⅱ在原始的整合科技接受模型的基础上增加了享乐动机、价格感知和习惯三个变量从而使得整体分析模型变得更加完整，而该文则是完全参照了这一模型进行研究。除此之外，由于研究对象集中于非洲国家，所以加入了文化维度。在文献回顾的基础上，作者参考了霍夫斯泰德文化理论来衡量非洲国家文化，并且假设这五个维度会对使用意愿和实际行为之间的关系产生一定的调节作用。通过电子邮件和在线问卷网站形式，历时三个月的时间共回收了252份有效问卷。作者通过PLS进行结构方程模型的分析，得到最终结论如下：（1）期望绩效、享乐动机和习惯对于使用意愿有显著的正向影响，影响力度大小依次为习惯、期望绩效和享乐动机，对于使用意愿的解释力度达到了69.1%。而努力期望、社会影响、便利条件和价格感知的影响则是不显著的。（2）个人主义、不确定性规避和权力距离在使用意愿和实际行为之间的关系中扮演了正向调节作用，而长期性取向则扮演了负向调节作用。男性化社会的调节作用则是不显著的。

徐超毅等（2013）从个体层面分析了霍夫斯泰德五个文化维度作为前因变量对于消费者关于移动支付感知的影响，以及作为调节变量对于个体感知到采纳意愿这条路径的影响。随着移动互联网的普及，移动支付在全世界引起了一股对传统支付模式进行颠覆的潮流，但是现实情况则在不同国家出现了显著差异。中国作为一个移动手机普及率超过80%的国家拥有非常良好的基础，然而最近几年移动支付的推广效果却远远不及同在亚洲的韩国和日本等国家。文章认为文化因素在其中必然起到了一定的影响，该文的研究问题就聚焦在个体层面的文化价值观是如何影响消费者对于移动手机支付的采纳意愿的。作者在文献综述的基础上，选取了霍夫斯泰德五个文化维度来衡量个体层面的文化价值观，而在基础模型上则根据移动支付的具体情境选取了主观规范、感知需求、个体创新力和信任四个变量作为个体感知。文章认为权力距离、不确定性规避和个人主义会对个体创新力产生显著影响，男性化/女性化社会会对主观规范产生影响。同时五个文化维度会在个人感知到采纳意愿的路径上产生不同的调节影响。为了能够全面地收集数据，作者和艾瑞咨询公司进行了合作，在全国范围内进行问卷样本的调查，发放了700份问卷，最终回收了512份，在剔除无效问卷的同时作者只保留了具有1年以上使用移动支付经验的问卷，从而得到383份有效问卷。通过LISREL进行了结构方程模型的分析，得出最终结论如下：（1）权力距离和不确定性规避对于个体创新力有显著的正向影响，其中权力距离的影响力度更大。个人主义对于个体创新力的影响是不显著的，同时男性化社会对于主观规范的影响也是不显著的。（2）主观规范、感知需求、个体创新力和信任对于个体采纳移动支付业务有显著的正向影响，影响力度大小依次为信任、主观规范、感知需求和个体创新力。（3）在调节作用中，权力距离、不确定性规避、长期性取向和个人主义均有着显著调节作用，男性化社会的调节作用则不显著。

（二）跨文化的研究

思耐特和卡拉汉纳（Srite and Karahanna，2006）将霍夫斯泰德文化模型用于分析个人对于技术采纳意愿的跨文化研究之中并得出相关结论。作者在文献回顾的基础上发现，年龄、性别、使用经验和自愿性等变量已经被加入到个人技术采纳模型之中，来丰富整体研究模型，使得模型的解释力度不断上升。但是如果考虑到跨文化研究时，文化因素的重要性就凸显出来，那么就很有必要将文化维度加入整体模型之中。在该文中，作者首先选取了技术接受模型作为研究基础，并且加入了主观规范变量来强调社会因素的重要性。其次，在文化层面中作者选取了霍夫斯泰德文化维度中的权力距离、男性化/女性化社会、个人/集体主义和不确定规避四个维度。作者在文献支持和逻辑推导的基础上，给出了一系列文化方面的假设，男性化/女性化社会在感知有用性、感知易用性和主观规范对于采纳意愿的关系中起到调节作用；权力距离在主观规范和采纳意愿之间起到正向调节作用；个人主义在主观规范和采纳意愿之间起到负向调节作用；不确定性规避在主观规范和采纳意愿之间起到正向调节作用。为了证明假设的正确性，作者共进行了两轮研究。在第一轮研究中作者面向大学生发放了调查问卷，这些大学生来自30个不同的国家，从而保证了文化的多样性，这轮研究共发放了928份问卷，最终回收了223份，问卷回收率达到24%。第二轮研究则主要集中于MBA学生，以此数据验证第一轮数据结果的准确性。作者通过PLS进行了结构方程模型的分析，得出最终的结论为：（1）第一轮研究中男性化/女性化社会在感知易用性对于使用意愿的正向作用中起到了正向调节作用，不确定性规避在主观规范对于使用意愿的正向作用中起到了正向调节作用，整体模型对于采纳意愿的解释力度达到了46%。（2）第二轮数据的实证结果与第一轮完全一致，证实了研究结论的可靠性，同时整体模型的解释力度达到了60%。

帕夫洛和柴（Pavlou and Chai，2002）以计划行为理论为研究基础，分别分析了美国和中国用户对于电子商务的使用意愿以及二者之间存在的差异。为了突出文化差异的显著性，作者分别选取了美国和中国两个国家来进行研究。之前与文化相关的研究，已经证实了美国和中国存在显著差异的文化价值观，在权力距离维度下中国要显著高于美国，在长期性取向维度下中国高出美国更多，而在个人主义维度下美国则显著高于中国。在计划行为理论的基础上，为了更加贴合于电子商务的情景，作者做出了一定程度上的修正。首先是对态度和感知行为控制的前因变量进行探讨，作者认为对电子商务的信任会显著影响其态度和行为控制。其次是对主观规范进行了具体维度的划分，作者认为主观规范包括社会规范和社会影响两部分。除了跨文化的研究外，作者还将两份样本进行整合来探索文化维度的调节作用。在文献综述和逻辑推导的基础上，作者认为长期性取向在感知行为控制和采纳意愿之间起到正向调节作用，权力距离在社会影响和采纳意愿之间起到正向调节作用。个人主义在态度和社会规范对采纳意愿的作用中起到负向调节作用。作者在美国和中国分别进行了调查问卷的收集，得到最终结论如下：（1）在中国环境下，态度、社会规范、社会影响和感知行为控制对于采纳意愿均有着显著正向影响，影响力度依次为态度、社会规范、感知行为控制和社会影响。而在美国环境下，只有感知行为控制对采纳意愿有着显著的正向影响，态度、社会规范和社会影响的作用均不显著。（2）信任作为态度和感知行为控制的前因变量在中国和美国两个环境下均是成立的。（3）对于文化的调节作用，作者将两份样本合在一起进行了分析，结果得出文化因素在态度、社会规范和感知行为控制对于采纳意愿的关系中均存在显著的调节作用。

李（Lee，2007）从文化层面的角度提出文化技术匹配模型并且探讨了个人持续性使用移动互联网络的意愿。在之前的文献中，文化层面的变量大多数被作为调节变量加入整体研究模型中，但是文化价值观很有可能会直接对个体的感知层面产生一定的影响。作者为了分析文化层面的直接作用，在文献综述的基础上，选择了霍夫斯泰德文化理论中的不确定性规避和个人主义两个维度以及霍尔提出的两个补充文化维度——情景文化和时间感知。这两个维度的加入可以说大大丰富了文化理论，也使得对于东方文化的研究变得更加贴切。作者以不确定性规避、个人主义、情景文化和时间感知作为文化层面的衡量基础，并认为这些文化变量会对个人感知层面的变量，例如感知有用性、感知易用性、感知娱乐性和感知财务价值产生一定的影响，而这些个人感知又会进一步影响个人对于移动互联网络的满意度以及持续性使用意愿。为了能够收集不同国家和地区文化的数据，作者分别在韩国、中国香港地区和中国台湾地区进行了为期半年的在线问卷调查，问卷填写者均通过手机号码的方式被确认过有使用移动互联网络的经验，在填写完成后会获得一定的现金奖励。作者最终在韩国收到 3518 份有效问卷，在中国香港地区收到 1168 份有效问卷，在中国台湾地区收到 435 份有效问卷。作者通过 LISREL 进行了结构方程模型的分析，得到最终结论如下：（1）在四个文化维度的对比上，韩国和中国台湾地区的不确定性规避、个人主义和情景文化上要显著大于中国香港地区，在时间感知层面上它们之间的差异则不是显著的。（2）不确定规避、个人主义、情景文化和时间感知对于感知有用性、感知易用性、感知娱乐性和感知财物价值的作用在这三个不同国家和地区均是显著的。同时个体感知对于满意度和持续性使用意愿的影响在跨文化的情景下也都被支持。

万斯等（Vance et al., 2008）从系统质量和信任的角度去解释个人对于信息系统的采纳意愿，同时也考虑到文化维度的影响。对于系统质量的感知该文分了两个维度，包括导航系统和视觉感受。作者认为这两个维度的系统质量会对个人的感知易用性和信任产生正向的显著影响。同时在对信任的影响中，文化维度的不确定性规避会产生正向的调节作用。作者以移动商务为研究对象，并在手机上设计了一系列的不同界面供实验者亲身体验，在体验后才进行问卷的填写。同时为了保证文化的对比性，作者在美国和法国分别进行了实验，最终在美国收集了 136 份问卷，在法国收集了 116 份问卷。作者通过 PLS 对问卷数据进行了实证分析，得出最终结论如下：（1）系统质量中的导航系统和视觉感受对于感知易用性和信任具有着显著的正向影响。（2）不确定性规避对于导航系统和信任之间的正向关系有显著的负向调节影响，而对视觉感受和信任之间的关系则没有显著的调节作用。

第四章
拉新：旅游 APP 初次使用意愿分析

第一节 研究假设

一、感知有用性和感知易用性

感知有用性和感知易用性最早是由戴维斯（Davis，1989）在技术接受模型中提出的，在此理论中感知有用性和感知易用性是最为核心的两个变量。感知有用性是反映一个人在使用某项信息技术后其在工作生活上的绩效表现获得提升的程度，感知易用性是指个体学习掌握某项信息技术的难易程度或者需要付出的努力程度。在消费者行为领域方面的研究中，感知有用性和感知易用性已经被证实了对于个体的采纳意愿有着显著的正向影响。例如李东和与张鹭旭就通过实证研究证明了感知有用性和感知易用性对于用户下载并使用旅游 APP 均有着显著的正向影响；利姆（Lim）等人对于新加坡女性使用移动手机搜索健康信息的意愿进行了分析，实证结果显示感知有用性对于搜索意愿有着显著的正向影响，而感知易用性的影响则是不显著的；卢（Lu）等人对于中国消费者使用移动数据业务的意愿进行了实证分析，结果显示感知有用性和感知易用性均对个人的使用意愿有着显著的正向影响。从技术接受模型提出之后的二十多年间，众多的实验研究已经充分证实了感知有用性和感知易用性在用户采纳领域的解释力。

对于旅游者来说，在旅游过程中会遇到很多在日常生活中很少碰到的难题例如食宿、出行线路和旅游景点信息等，旅游 APP 正是可以帮助旅游者解决这些问题的信息技术，在提升旅游体验的同时减少不必要的时间和金钱浪费，因此当个人感知到的有用性更高，其对于旅游 APP 的采纳意愿也就会越高。同时旅游 APP 作为一项全新的信息技术，相对于城市地图、咨询电话等传统的旅游帮助信息，需要付出一定的学习时间和成本，特别是对于不熟悉移动 APP 操作应用的人来说。当个人对于旅游 APP 的感知易用性越高，那么其采纳意愿也就会越高。基于此，提出假设：

假设 H1：感知有用性对于初次使用意愿有着显著的正向影响。

假设 H2：感知易用性对于初次使用意愿有着显著的正向影响。

二、感知风险

感知风险理论是由鲍尔（Bauer）在 1960 年提出的，鲍尔认为人们做出的每一个行为决策是无法在行为发生之前就准确预测其结果的，当然这个结果可能是正面的也有可能是负面的，个体对于负面结果的担忧就是风险所在。随后的学术研究对于感知风险包含的具体关系进行了更加细致的区分，第一层关系是指个体对于其行为引起的后果无法进行准确的预测，从而可能导致负面的结果发生；第二层关系是指在行为产生负面结果之后，个体是否有足够的能力去承担。从这个定义中可以看出，感知风险是具有主观特性的，不同人由于其文化背景、生活环境以及相关经验等方面的不同导致其对于风险的定义和态度有显著的区别，同时对于风险的偏好和承受能力也是不同的。在之前的学术研究中，学者们对于感知风险的影响也有着充分的研究，但是在影响路径上存在着分歧。例如杨（Yang, 2016）等人在探索中国用户对于移动支付使用意愿的研究中发现感知风险对于使用意愿有着显著的负向影响；鲍尔等人通过实证分析得出结论——感知风险对于个人通过移动商务进行购买的意愿有着显著的负向影响；但是在吴（Wu，2006）和杨（Yang，2011）的研究中，感知风险对于移动商务的采纳意愿有着显著的正向影响，同时安德烈夫（Andreev，2012）的研究也发现在移动支付领域个人的感知风险对于采纳意愿有着显著的正向影响。

在本文中笔者结合旅游情景以及移动APP的特点，将感知风险看作是个人在享受移动旅游APP带来好处的同时可能面临的额外付出，这种付出可以分为货币类付出和非货币类付出。货币类付出是指通过旅游APP进行在线酒店预订、行程预订等需要进行货币交易时可能造成的经济方面的损失。非货币类付出则是指个人隐私信息、支付信息等方面可能存在被泄露的风险。个人为了避免这两方面的付出，可能会对某项信息技术产生负面的态度进而拒绝进一步的使用。在现实生活中也曾经爆出过著名旅游运营商"携程"泄露用户银行卡信息的事件，现代社会中的个人更加注重对于隐私信息特别是账户财务信息的保护。同时在旅游过程中，个人的手机、平板电脑等移动终端非常容易丢失，一旦丢失，这类信息更容易被他人利用。为了避免此类风险，个人会拒绝使用相关移动旅游APP的服务。基于此，提出假设：

假设H3：感知风险对于初次使用意愿有着显著的负向影响。

三、社会影响

社会影响是指个体受到的来自他人的态度、观点或者行为的影响，同时这种影响会对个体的行为决策产生作用。社会影响的作用被广泛地用来解释个体的行为，在众多的理论中也被采纳为主要影响因素，例如在理性行为理论中，主观规范就被作为影响个体行为意向的因素之一；在扩展的技术接受模型中，用户的采纳行为除了受到传统的个体感知——感知有用性和感知易用性的影响，个体在社会群体中的形象也被加入新的研究模型中并且发挥了重要的作用。在随后的整合科技接受模型中，文卡泰什（Venkatesh）等人对社会群体作用在用户采纳方面的影响做出了概括性的总结，提出了社会影响这一全新变量，在本文中笔者也参照了这一概念。在该理论中社会影响被定义为个人意识到他人认为其是否应该使用某项新的信息技术的程度，这个变量包括了三个方面，分别是主观规范、社会因素和公众形象。主观规范是指个体周围对于自己来说比较重要的人，例如家人和朋友等认为其是否应该做出某种行为的态度和观点。社会因素则是指个体在某种社会语境下，内化了群体的主观文化并形成的一种特定的社会认同的程度。公众形象是指个体感知到的，在使用了某项信息技术后会提升其在整个社会系统中的形象与地位的程度。

在本研究中，移动旅游APP对于那些没有过相关使用经验的人来说是一项全新的信息技术，同时在旅游过程中，面对新环境更容易导致个体对此类APP的排斥感和不信任感。在此情景下，社会影响对于个体感知以及行为态度会产生一定的影响。当周围使用旅游APP的人数越多，那么个体对于该项技术的感知有用性就会越高。同时当周围熟识的亲朋好友体验过该项技术后，他们的反馈和评价会使个体对自身是否有足够能力学习和掌握该项技术有一个更加清晰的认知。同时更多的知识和信息也会降低由于陌生所带来的不确定性和焦虑，从而导致感知风险的下降。最后，周围更多的人使用旅游APP也会增加个体在旅游过程中使用某项旅游APP的可能性，从而获取更多的社会认同和社会支持。

假设H4a：社会影响对于感知有用性有着显著的正向影响。
假设H4b：社会影响对于感知风险有着显著的负向影响。
假设H4c：社会影响对于感知易用性有着显著的正向影响。

假设 H4d：社会影响对于初次使用意愿有着显著的正向影响。

四、个体创新性

创新扩散理论指出，人们对于新产品的态度有着鲜明的差异，每个新产品的推出都有早期的先驱使用者，在他们试用之后，随着产品成熟度和推广作用的提升，会有越来越多的消费者开始使用该新产品。阿加瓦尔和卡拉汉纳（Agarwal and Karahanna，2000）把这种个人内在的特质称为个体创新性，他们对其定义是个人在面对某种新的信息技术之前就存在的、固有的个体特质，这种特质的形成主要依赖于个体之前的相关使用经验以及其他生活经历，其可以用来衡量个人使用某种新信息技术的意愿。在之前的文献研究中，个体创新性已经被证明是个人在面对新的信息技术、产品或者服务时影响其采纳意愿和实际行为的一个重要因素。

除此之外，个体创新性作为一个固有特征，也会影响个人在面对某项新技术时所产生的个体感知。首先，对于具有较高个体创新性的个人来说，他们对于移动旅游 APP 在其旅游过程中可以提供的帮助有着更加清晰的感知，这是因为他们有着较高的创新特质，可以发现他人很难注意到的细节和特征，并将其具体应用到实际生活之中。同时由于这种特质让这类人拥有充足的知识和能力去应对全新的信息技术，相比于创新性较低的个人来说，他们掌握和学习新技术需要付出的努力程度要更少。其次，对于个体创新性较高的个人来说，他们大多具有风险偏好的特质，新产品刚刚推出时，其不确定性和潜在风险是最高的，使用新产品也说明他们有足够的能力去承担由于这些风险所带来的不良后果。基于此，提出假设：

假设 H5a：个体创新性对于感知有用性有着显著的正向影响。

假设 H5b：个体创新性对于感知风险有着显著的负向影响。

假设 H5c：个体创新性对于感知易用性有着显著的正向影响。

假设 H5d：个体创新性对于初次使用意愿有着显著的正向影响。

五、不确定性规避和个人主义

在本研究中，笔者选取了霍夫斯泰德五个文化维度中的不确定性规避和个人主义两个维度来作为模型中的调节变量。其中不确定性规避是指人们所感受到的来自未知环境以及不确定性事件对自己的威胁程度；个人主义是指社会群体中的个人更加关心自己及其家人，人与人之间的关系不是非常浓厚，对于个人利益的追求要大于对集体利益的追求。文化维度虽然是一个群体层面的要素，但是群体内不同的个体受到的文化影响是不同的，即会表现出显著的差异性。在之前的文献研究中，霍夫斯泰德文化维度是文化研究中最经常使用的理论，例如尹（Yoon，2009）就以中国文化为例，探索了个体层面的文化感知（不确定性规避、个人主义、男性化社会、权力距离和长期性取向）对于其采纳电子商务意愿的调节影响。周（Zhou，2013）则选取了五个文化维度中的不确定性规避和个人主义作为代表，分析了它们在个体层面的信任和在线购买意愿关系中的调节作用。

不确定性规避较高的个人会主动规避限制并减少不确定性因素，对于风险有着厌恶和不安，在日常生活中喜欢循规蹈矩的行事，不喜欢改变和创新。而不确定性规避较低的个人则正好相反，他们喜欢变革和创新，愿意以提升效率为目的去尝试全新的技术和产品。对于这种类型的个体,相比于不确定性规避较高的个体,他们感知到的风险对于使用意愿的负向作用就没有那么强烈。相反对于不确定性规避较高的个人来说,社会影响对于使用意愿的正向作用要更强,这是因为对这些人来说周围人的态度和行为是一个标杆参照物,会降低他们对于新生事物的不安感和不确定性,进而提升其采纳意愿。对于个人主义倾向较高的个人来说,他们更加注重自己的利益而非群体利益,所以当他们感知到新技术存在风险时,他们的采纳意愿就会变得更低。同时个人主义倾向较高的个人更愿意相信自己的行为决策,对于周围人的想法和建议看得并不是很重,行事风格较为独立,所以社会影响对于其采纳意愿的影响并不像对集体主义倾向较高的个人那么强烈。基于此,提出假设:

假设 H6a:个人主义在感知风险和初次使用意愿的关系之中起到了正向调节作用。

假设 H6b:个人主义在社会影响和初次使用意愿的关系之中起到了负向调节作用。

假设 H7a:不确定性规避在感知风险和初次使用意愿的关系之中起到了负向调节作用。

假设 H7b:不确定性规避在社会影响和初次使用意愿的关系之中起到了正向调节作用。

第二节 研究模型

综上所述,本研究提出关于初次使用意愿的理论研究模型,具体如图 4-1 所示。

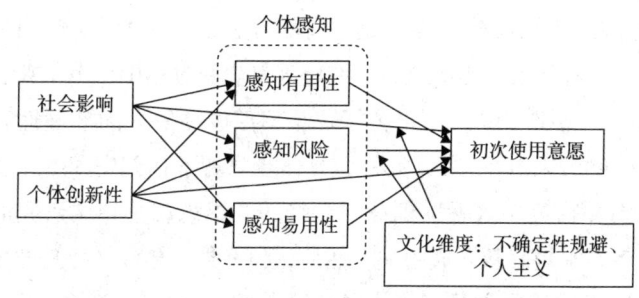

图 4-1　初次使用意愿研究理论模型

第三节　问卷设计与前测

问卷调查法在消费者行为研究领域中被广泛使用，本研究也将采用问卷调查的方法进行研究数据的收集。本节研究的问题集中于潜在旅游者初次使用移动旅游 APP 的意愿影响分析，在设计量表时参考了之前文献里已经被成熟应用的问题量表。同时考虑到一些用户对于移动旅游 APP 的不熟悉，在问卷调查的开头也添加了较为详细的相关说明，并且在问卷最后也对被调查者的基本资料和旅游偏好进行了询问。在初步完成调查问卷后，通过小范围的前测对问卷题项的信度和效度进行了初步分析，并结合填写者的反馈意见，对问卷进行了二次修改完善，从而形成最终问卷。

一、潜变量题项设计

由于本研究的潜变量都是在前人研究基础上构建的且具有成

熟的量表，所以本研究主要是在借鉴的基础上，根据旅游APP的具体情境进行了适当的修改。在整理量表的过程中，由于涉及的大部分是英文文献，所以为了保证原始题项测量的准确性和有效性，笔者采取了"回译法"，具体步骤如下：首先，由一位母语为中文且英文水平达到英语六级的、熟悉相关领域研究的研究生将原始量表翻译成中文，然后，由另外一名水平相当的研究生将翻译后的中文量表再次翻译成英文。其次，笔者和两位研究生一起将原始英文量表、翻译后的中文量表以及回译后的英文量表进行比较，共同探讨和寻找三者之间的差异，再结合具体的研究情景，从而确定合适的最终翻译，形成正式的中文量表。需要特别指出的是，文化维度中不确定性规避变量的三个题项和个人主义的三个题项均是反向题项，在最终录入数据的过程中均经过了颠倒处理。问卷量表按照李克特五点量表，从"很不同意"到"非常同意"进行选择。初始统计问卷时也是按照这个顺序依次给予1~5分。初始模型中的各个潜变量测量题项如表4-1所示。

表4-1 变量题项设计

变量名	测量题项
感知有用性 （Yi et al., 2006）	我觉得旅游APP在旅游过程中是很有用的
	我觉得旅游APP有效地提升了旅游体验
	有了旅游APP，整个旅游过程会变得更加方便快捷
感知易用性 （Yi et al., 2006）	学习如何使用旅游APP对我来说很容易
	熟练掌握旅游APP的各项功能对我来说很容易
	以现有的知识我完全可以使用旅游APP

续表

变量名	测量题项
感知风险 (Yang et al., 2009)	当我使用旅游 APP 时，我会担心相关隐私信息的泄露
	当我使用旅游 APP 时，我会担心账户密码被盗用
	当我使用旅游 APP 时，我会担心相关财务账户的风险
社会影响 (Lu et al., 2008)	周围人的行为、态度会影响我使用新技术/产品的态度
	使用新的技术/产品会让我觉得很有面子
	在我的亲朋好友中，使用新的技术/产品让我觉得很有地位
个体创新性 (Yi et al., 2006)	如果知道一种新的技术/产品，我会找机会去体验一下
	在周围的亲朋好友里，我属于那种最先试用新技术/产品的人
	我乐意去参加新技术/产品的使用，即便会花费一点金钱和时间
不确定性规避 (Yoon, 2009)	对于陌生的事物或场景，我不会感觉焦虑或紧张
	你欢迎变化和新事物的出现，愿意面对来自未知领域的挑战
	对于不确定性，你有较高的容忍度及适应力
个人主义 (Yoon, 2009)	追求个人成就及独立需要在群体可以接受的范围内
	人们更加应该关心群体利益而非个人利益
	群体较个人有优先权，个人要对群体保持忠诚
初次使用意愿 (Lu et al., 2008)	我会考虑使用旅游 APP
	我有意愿去使用旅游 APP
	在未来的旅游过程中，我会尝试旅游 APP

二、问卷设计与前测

问卷的主要内容是由各个潜变量题项所构成的，这些题项都是从前人研究中选取的，从而保证了问卷的信度和效度，同时结合研究问题的具体情境进行了细微的调整。考虑到一些用户可能并不是特别了解旅游 APP 的含义，在问卷的开始笔者对旅游 APP 进行了简单的描述，具体内容如下："所谓的旅游 APP 是移动应用的一种，它是指通过手机、IPAD 等移动终端，在移动互联网的帮助下，在线预订机票、酒店、火车票或者旅游度假产品（例如景点门票等）。这种旅游 APP 不仅可以帮助你在旅游开始前预订行程、查询旅游攻略等，还可以在旅游过程中帮助你及时了解旅游地的各类信息。在国内，这种旅游 APP 包括高铁管家、携程旅行、去哪儿旅行、阿里旅行以及各类经济型酒店的预订 APP 等。"在问卷的最后还对填写者的人口统计信息进行了收集，包括性别、年龄、学历和使用经验等方面。同时还询问了填写者关于旅游信息和经验方面的问题，例如喜爱的旅游方式、最近一次的旅游天数、一年内平均旅游次数以及旅游天数等。

在初始问卷形成后，对问卷进行了小范围的前测，这样做的目的是为了在正式发放问卷时能够保证问卷数据的信度和效度，从而为数据处理和分析结果提供良好的基础。问卷前测对象选择了浙江省某高校的在校老师和学生，发放形式主要为纸质版问卷。总共发放了 50 份问卷，剔除无效问卷 3 份，最终得到 47 份有效问卷。通过 SPSS21.0（社会科学软件包）对样本数据进行了信度和效度分析，分析结果基本达到研究要求。在数据分析之外，笔者还和问卷填写者进行了简单的交谈，交谈内容集中于问卷题项设计是否合理、有无改进意见和理解是否存在困难等方面。在进一步修正和整理后，形成了最终发放的问卷。

第四节　正式问卷发放

本研究的问卷发放主要采用了实地面对面发放的形式。在选取问卷发放地点和对象时，笔者首先对潜在的移动旅游 APP 使用对象进行了分析。根据中国互联网络信息中心在 2016 年 1 月发布的第 37 次中国互联网发展状况统计报告显示，截至 2015 年 12 月，中国手机网民规模达到 6.20 亿，仅通过手机上网的网民达到 1.27 亿，占整体网民规模的 18.5%。同时，我们的网民以 10～39 岁群体为主，占整体的 75.1%，其中 20～29 岁年龄段的网民占比最高达到 29.9%，10～19 岁的网民占比达到 21.4%，30～39 岁的网民占比达到 23.8%。而在整体网民中，学生群体的占比最高，为 25.2%，其次为自由职业者，比例为 22.1%，而企业/公司的管理人员和一般职员占比合计达到 15.2%。从上述数据可以看出，20～29 岁的学生群体是整体网民中最具有代表性的群体，据此，本文的主要问卷发放对象集中在大学校园。同时，为了考虑到旅游的具体情景，本文也在全国著名旅游城市——杭州对旅游者进行了面对面的问卷发放。整体问卷发放时间持续了约两个星期，从 2015 年 12 月 2 日至 2015 年 12 月 15 日，在 5 名本科生的帮助下，共发放了 350 份调查问卷，其中在大学校园发放了 200 份，在校外向实际旅游者发放了 150 份。对于这些本科协助员，我们在问卷调查前进行了集中培训，培训内容主要包括：（1）在问卷发放之前需要向被调查者说明问卷调查的主要内容，并保证不会泄露其个人信息资料。（2）向被调查者询问他们是否有过使用移动旅游 APP 的经验，若无则继续调查，若有则放弃调查。（3）针对校外旅游者必须确保其来杭州市是进行旅游而非其他目的。在问卷填写完成后会给予填写者一份精美的小礼物以示感谢。经过努力调查后,对纸质版问卷进行了登记,剔除填写不完全以及答案完全相同等无效问卷共 27 份,最终用于数据分析的有效问卷有 323 份,问卷回收率达到 92.3%。

第五节 数据分析

一、描述性统计分析

本研究首先对样本数据的人口统计学变量进行了统计。在 323 份有效问卷中,在性别方面,男性数量为 175 人,占比为 54.2%,女性数量为 148 人,占比为 45.8%;在婚姻状况方面,未婚人数为 233 人,占比为 72.1%,已婚人数为 90 人,占比为 27.9%;在年龄方面,18 岁以下人数为 3 人,占比为 1%,18~20 岁人数为 121 人,占比为 37.5%,21~23 岁人数为 98 人,占比为 30.3%,24~26 岁人数为 57 人,占比为 17.6%,27~29 岁人数为 33 人,占比 10.2%,30 岁以上人数为 11 人,占比为 3.4%;在教育程度方面,高中及以下人数为 20 人,占比 6.2%,本科人数为 265 人,占比为 82%,研究生及以上学历人数为 38 人,占比 11.8%;三年内旅游次数为 0 次的人数有 18 人,占比 5.6%,1~3 次的为 187 人,占比 57.9%,4~5 次的为 98 人,占比为 30.3%,6 次及以上的人数为 20 人,占比 6.2%;移动应用使用经验方面,1 年以下的人数为 13 人,占比 4%,1~2 年的人数为 80 人,占比为 24.8%,3~4 年的人数为 217 人,占比 67.2%,5 年及以上的人数为 13 人,占比 4%。从上面的数据可以看出,这次样本数据收集的面向群体基本符合现实状况,证明调查问卷的发放是基本成功的。

表4-2 初次使用意愿研究样本的描述性人口统计特征

类别	选项	数量（人）	比例（%）
性别	男	175	54.2
	女	148	45.8
婚姻状况	未婚	233	72.1
	已婚	90	27.9
年龄	18岁以下	3	1
	18~20岁	121	37.5
	21~23岁	98	30.3
	24~26岁	57	17.6
	27~29岁	33	10.2
	30岁以上	11	3.4
教育程度	高中及以下	20	6.2
	本科	265	82
	研究生及以上	38	11.8
三年内旅游次数	0次	18	5.6
	1~3次	187	57.9
	4~5次	98	30.3
	6次及以上	20	6.2
移动应用使用经验	1年以下	13	4
	1~2年	80	24.8
	3~4年	217	67.2
	5年及以上	13	4

二、信度分析

由于本研究通过问卷调查的方法收集了研究数据,为了实证分析研究模型,我们采用了结构方程模型的分析方法进行了假设验证。研究分析的具体步骤参照了安德森和格宾(Anderson and Gerbing, 1988)的方法,即首先对测量模型进行信度和效度的分析,再对研究模型进行假设验证。

所谓信度(Reliability)就是量表的可靠性或稳定性,在态度量表法中常用的检验信度的方法为 Cronbach(克隆巴赫)所创的 α 系数,其公式为:$\alpha = \frac{K}{K-1}\left(1 - \frac{\sum S_i^2}{ST^2}\right)$。其中 K 为量表所包括的总题数;S_i^2 为量表题项得分的方差总合;ST^2 为量表题项得分加总后的方差。α 系数值介于 0 至 1 之间,α 系数值出现 0 和 1 两个极端值的概率非常低(但也是有可能的)。信度具有以下特征:(1)信度是指测验所得到结果的一致性或稳定性,而非指测验或量表本身,因而信度指的是测量工具获取的结果而非工具本身。(2)信度是指在某一特定类型下的一致性,非泛指一般的一致性,信度系数可能因不同时间、不同受访者或不同评分者而出现不同的结果。(3)信度是效度的必要条件,而非充分条件,信度低效度一定低,但信度高未必表示效度也高。(4)信度检验完全依据统计方法,不管采用信度系数或测量标准误为测验信度的指标,它们完全是一种统计量,因而信度主要是借由统计方法而取得。

信度有外在信度(External Reliability)与内在信度(Internal Reliability)两大类。外在信度通常是指在不同时间段测量时量表一致性的程度,重复再测是检验外在信度最常使用的方法。而在多题项测量量表中,内在信度是特别重要的,所谓内在信度指的是每一个量表是否测量单一概念,以及组成该量表的题项的内在一致性程度如何。检验内在信度最常使用的方法是 Cronbach's Alpha(克隆巴赫阿尔法)系数。正常状况下,α 系数受到题数多少的影响,题数越多,相对的 α 系数也会提高,若题项间相关系数平均数越低,则其影响就越大。那么究竟 α 系数要多大才能算有高的信度,不同的方法论学者对此的看法也不尽相同。有的学者认为 α 系数值等于 0.70 是一个较低但可以接受的量表边界值;有的学者认为 α 系数值如果在 0.60 至 0.65 之间最好舍弃;α 系数值界于 0.65 至 0.70 间是最小可接收值,α 系数值界于 0.70 至 0.80 之间相当好,α 系数值界于 0.80 至 0.90 之间是非常好。为了分析问卷数据的信度值,我们采用了 SPSS21.0 软件,具体分析结果如表 4-3 所示。

表 4-3 样本信度分析

潜变量	题项	删除此项后的 Cronbach's Alpha 值	变量的 Cronbach's Alpha 值
感知有用性（PU）	PU 1	0.801	0.855
	PU 2	0.771	
	PU 3	0.819	
感知易用性（PEOU）	PEOU 1	0.893	0.920
	PEOU 2	0.859	
	PEOU 3	0.902	
感知风险（RISK）	RISK 1	0.773	0.839
	RISK 2	0.702	
	RISK 3	**0.851**	

续表

潜变量	题项	删除此项后的 Cronbach's Alpha 值	变量的 Cronbach's Alpha 值
个体创新性（II）	II 1	0.643	0.760
	II 2	**0.787**	
	II 3	0.587	
社会影响（SI）	SI 1	0.651	0.784
	SI 2	0.661	
	SI 3	**0.807**	
初次使用意愿（UI）	UI 1	0.889	0.903
	UI 2	0.822	
	UI 3	0.871	
不确定性规避（UA）	UA 1	0.758	0.808
	UA 2	0.643	
	UA 3	0.796	
个人主义（COLL）	COLL 1	0.758	0.847
	COLL 2	0.754	
	COLL 3	**0.851**	

从信度分析的结果来看，所有潜变量的 Cronbach α 系数均大于 0.7。其中感知有用性的 Cronbach α 系数为 0.855，并且删除三个题项中的任意一个潜变量整体 Cronbach α 系数都会降低；感知易用性的 Cronbach α 系数为 0.920，并且删除三个题项中的任意一个 Cronbach α 潜变量整体系数都会降低；感知风险的 Cronbach α 系数为 0.839，但是要注意到删除感知风险的第三个题项后，潜

变量感知风险整体的 Cronbach α 系数会提升至 0.851；个体创新性的 Cronbach α 系数为 0.760，但是在删除个体创新性第二个题项后，潜变量个体创新性整体的 Cronbach α 系数提升至 0.787；社会影响的 Cronbach α 系数为 0.784，但是在删除个体创新性第三个题项后，潜变量个体创新性整体的 Cronbach α 系数提升至 0.807；使用意愿的 Cronbach α 系数为 0.903，并且删除三个题项中的任意一个潜变量整体 Cronbach α 系数都会降低；不确定性规避的 Cronbach α 系数为 0.808，并且删除三个题项中的任意一个潜变量整体 Cronbach α 系数都会降低；个人主义的 Cronbach α 系数为 0.847，但是在删除第三个题项后，潜变量个人主义整体的 Cronbach α 系数提升至 0.851。

虽然感知风险、个体创新性、社会影响和个人主义四个潜变量出现了删除题项会提升整体 Cronbach α 系数的现象，但是由于原有 Cronbach α 系数的表现均良好，所以为了尽可能保证数据的完整性，在此暂时不对数据进行删减。

三、效度分析

效度是指一个具体的量表能够测量理论中的特定概念或定义的程度。研究的效度包括内在效度（Internal Validity）与外在效度（External Validity）两种。因子分析目的即在找出量表潜在的结构，从而减少题项的数目，使之变为一组较少而彼此相关的较大的变量，此种因子分析是一种探索性的因子分析方法（Exploratory Factor Analysis，EFA）。探索性因子分析的步骤有如下三步：第一，估计因子负荷量。第二，决定转轴方法。第三，决定因子与命名。

我们对本研究的研究样本数据进行了探索性因子分析。在开始之前,需要对样本数据的 KMO(Kaiser-Meyer-Olkin)系数和 Barelett(巴雷特)显著性进行检验。其中 KMO 系数介于 0~1 之间,它表示与该变量有关的所有相关系数与净相关系数的比值,该数值越接近于 1 表明各个变量之间的相关性越强。一般来说在研究中 KMO 系数的值最少要大于 0.5,最好大于 0.7,这样才表示样本数据适合做因子分析。Bartlett 的球形度检验中统计数字越大,同时对应的显著性概率越小,即表明结果拒绝零假设,样本数据适合因子分析。本研究的 KMO-Bartlett 检验结果如表 4-4 所示。

表 4-4 KMO-Bartlett 检验结果

取样足够度的 Kaiser-Meyer-Olkin 度量		0.817
Bartlett 的球形度检验	近似卡方	4408.783
	df	276
	Sig.	0.000

由表 4-4 可见,本研究样本数据的 KMO 值达到 0.817,同时 Bartlett 值达到 4408.783 且显著性小于 0.001,拒绝 Bartlett 球体检验的原假设。这个结果表明样本数据的相关矩阵有公因子,适合接下来的探索性因子分析。

接下来用 SPSS21.0 对所有变量题项通过主成分抽取和最大方差旋转法进行探索性因子分析,结果如表 4-5 所示。

表 4-5 样本解释总方差

成分	初始特征值			提取平方和载入			旋转平方和载入		
	合计	方差的(%)	累积(%)	合计	方差的(%)	累积(%)	合计	方差的(%)	累积(%)
1	6.685	27.855	27.855	6.685	27.855	27.855	2.709	11.287	11.287

续表

成分	初始特征值			提取平方和载入			旋转平方和载入		
	合计	方差的(%)	累积(%)	合计	方差的(%)	累积(%)	合计	方差的(%)	累积(%)
2	2.722	11.340	39.195	2.722	11.340	39.195	2.517	10.486	21.773
3	2.504	10.434	49.629	2.504	10.434	49.629	2.357	9.822	31.595
4	1.814	7.557	57.187	1.814	7.557	57.187	2.337	9.738	41.333
5	1.568	6.533	63.719	1.568	6.533	63.719	2.312	9.633	50.966
6	1.338	5.574	69.293	1.338	5.574	69.293	2.278	9.491	60.457
7	1.232	5.132	74.425	1.232	5.132	74.425	2.233	9.305	69.762
8	0.917	3.820	78.245	0.917	3.820	78.245	2.036	8.483	78.245
9	0.598	2.493	80.738						
10	0.503	2.097	82.834						
11	0.490	2.042	84.877						
12	0.442	1.843	86.719						
13	0.408	1.700	88.419						
14	0.378	1.577	89.996						
15	0.378	1.575	91.571						
16	0.313	1.304	92.875						
17	0.295	1.230	94.105						
18	0.275	1.147	95.252						
19	0.241	1.002	96.254						
20	0.227	0.944	97.198						
21	0.205	0.856	98.054						
22	0.191	0.796	98.850						
23	0.146	0.609	99.460						
24	0.130	0.540	100.000						

通过主成分分析法中依据特征值大于1的方法，共析出七

个特征值大于 1 的因子。第一个主成分的特征根为 6.685，它解释了旋转后总方差的 11.287%；第二个主成分的特征根为 2.722，它解释了旋转后总方差的 10.486%；第三个主成分的特征根为 2.504，它解释了旋转后总方差的 9.822%；第四个主成分的特征根为 1.814，它解释了旋转后总方差的 9.738%；第五个主成分的特征根为 1.568，它解释了旋转后总方差的 9.633%；第六个主成分的特征根为 1.338，它解释了旋转后总方差的 9.491%；第七个主成分的特征根为 1.232，它解释了旋转后总方差的 9.305%。这七个因子累积的解释量达到了 69.762%，这个解释力度并不是很好。同时按照假设模型，本研究应该包含八个变量。当按照固定因子法对数据进行因子分析时，可以发现，第八个主成分的特征根为 0.917，它可以解释旋转后总方差的 8.483%，从而累积的解释量达到 78.245%，基本满足标准。

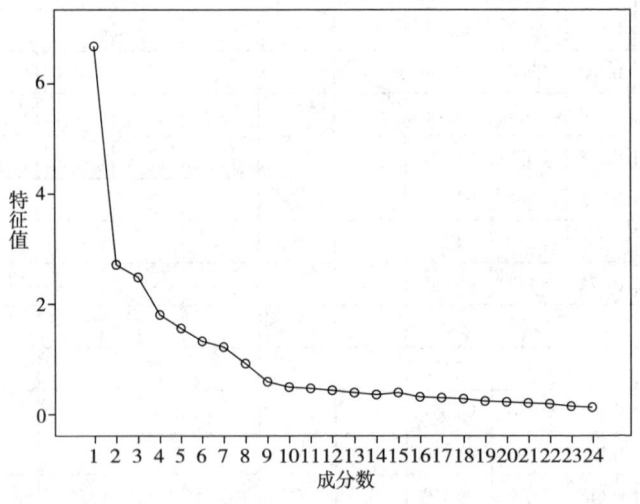

图 4-2　初次使用意愿研究碎石图 A

从图 4-2 也可以看出，当析出第八个特征值之后，整体曲线趋于平坦，可以得出数据具有较好的聚合，也与本文的假设模型变量数吻合。

从旋转后的成分矩阵中可以看出，每个变量的题项都聚合到了同一个因子之下（表4-6中加粗部分），并且在该因子下的因子载荷系数都高于0.7，这表明数据具有良好的聚合效度。同时每个题项在其他因子下的载荷系数都低于0.3，这表明数据具有良好的区分效度。同时从结果中可以看出，析出的第一个因子是变量感知易用性，析出的第二个因子是变量使用意愿，析出的第三个因子是变量感知风险，析出的第四个因子是变量个人主义，析出的第五个因子是变量感知有用性，析出的第六个因子是变量不确定性规避，析出的第七个因子是变量社会影响，析出的第八个因子是变量个体创新性。从上述统计分析结果可以看出，本研究的样本数据基本通过了探索性因子分析，具有良好的效度。为了进一步证明数据的效度，我们将通过验证性因子分析（Confirmatory Factor Analysis，CFA）的方法加以验证。

表4-6 旋转成分矩阵结果

	成分							
	1	2	3	4	5	6	7	8
感知有用性1	0.279	0.267	0.097	0.120	**0.756**	0.090	0.112	0.032
感知有用性2	0.179	0.253	0.109	0.050	**0.817**	−0.047	0.160	0.098
感知有用性3	0.247	0.128	0.063	0.033	**0.811**	0.049	0.147	0.112
感知易用性1	**0.867**	0.104	0.072	0.035	0.231	0.103	0.124	0.002
感知易用性2	**0.894**	0.123	0.057	0.051	0.212	0.030	0.140	0.041
感知易用性3	**0.887**	0.137	0.062	0.039	0.169	0.028	0.082	0.019
感知风险1	0.115	0.150	**0.831**	0.017	0.135	−0.061	0.149	0.092
感知风险2	0.076	0.151	**0.880**	0.018	0.119	−0.004	0.031	0.126
感知风险3	−0.002	0.100	**0.808**	−0.001	−0.014	−0.110	0.097	0.118

续表

	成分							
	1	2	3	4	5	6	7	8
个体创新性 1	0.087	0.105	0.135	0.015	0.077	−0.018	0.325	**0.770**
个体创新性 2	0.014	0.116	0.113	−0.074	0.119	0.187	−0.211	**0.779**
个体创新性 3	−0.032	0.155	0.134	−0.020	0.037	−0.163	0.246	**0.814**
社会影响 1	0.128	0.316	0.133	−0.022	0.144	0.140	**0.738**	0.072
社会影响 2	0.015	0.298	0.081	0.005	0.135	0.090	**0.786**	0.125
社会影响 3	0.249	0.048	0.106	0.018	0.139	−0.153	**0.754**	0.104
初次意愿 1	0.179	**0.793**	0.135	0.074	0.224	−0.050	0.237	0.100
初次意愿 2	0.146	**0.833**	0.177	0.023	0.208	−0.023	0.231	0.151
初次意愿 3	0.111	**0.786**	0.210	0.067	0.240	−0.039	0.192	0.184
不确定性规避 1	0.000	−0.139	0.018	−0.084	0.001	**0.831**	0.048	−0.036
不确定性规避 2	0.011	−0.108	−0.099	−0.030	−0.042	**0.893**	0.049	−0.012
不确定性规避 3	0.147	0.218	−0.105	0.008	0.124	**0.790**	−0.065	0.064
个人主义 1	0.056	0.032	0.040	**0.888**	0.058	−0.037	−0.018	−0.059
个人主义 2	0.061	0.040	0.003	**0.893**	0.027	−0.071	−0.008	−0.040
个人主义 3	−0.007	0.042	−0.011	**0.838**	0.060	0.000	0.031	0.031

依使用目的而言，因子分析可分为探索性因子分析与验证性因子分析。探索性因子分析与验证性因子分析两种分析方法最大的不同，在于测量理论架构在分析过程中所扮演的角色与检验时机。就探索性因子分析而言，测量变量的理论架构是因子分析后的产物，因子结构是由研究者从一组独立的测量指标或题项之间，通过主观判断来决定的一个具有计量合理性与理论适切性的结构，并以该结构来代表所测量的概念内容或构念特质。相比之下，验证性因子分析的进行则必须有特定的理论观点或概念架构作为基础，然后借由数学程序来确认评估该理论观点所导出的计量模型是否适当、合理，因此理论架构对验证性因子分析的影响

是在分析之前发生的,其计量模型具有先验性,理念是一种事前的概念。探索性因子分析所要达成的是建立量表或问卷的建构效度,而验证性因子分析则是要检验此建构效度的适切性与真实性。

表4-7 探索性因子分析与验证性因子分析的差异比较表

探索性因子分析	验证性因子分析
理论产出	理论检验
理论启发—文献基础薄弱	强势的理论或实证基础
决定因素的数目	之前分析后因素的数目已经固定
决定因素间是否相关	根据之前的分析确定因素间相关或不相关
变量可以自由归类所有因素	变量固定归类于某一特定因素

验证性因子分析被使用于检验一组测量变量与一组可以解释测量变量的因素构念间的关系,验证性因子分析允许研究者分析确认事先假设的测量变量与因素间关系的正确性。通常探索性因子分析是利用一组样本来测量变量间因素结构,而验证性因子分析则是再从总体中抽取另一组样本来检验假设因素结构的契合度。

验证性因子分析属于结构方程模型的一种次模型,为结构方程模型分析的一种特殊应用。由于结构方程模型的模型界定能够处理潜在变量的估计与分析,具有高度的理论先验性,因而若是研究者对于潜在变量的内容与属性,能提出适当的测量变量以组成测量模型,借由结构方程模型的分析程序,便可以对潜在变量的结构或影响关系进行有效的分析。因此,一般而言,验证性因子分析是进行整合性结构方程模型分析的一个前置步骤或基础架构,当然,也是可以独立进行分析估计。本研究将采用AMOS21.0软件对样本数据进行验证性因子分析,分析结果如下。

表 4-8 验证性因子分析结果

潜变量	观测变量	标准负载	T 值 T-value
感知有用性	PU 1	0.827	17.189
	PU 2	0.842	17.651
	PU 3	0.774	15.657
感知易用性	PEOU 1	0.880	19.642
	PEOU 2	0.935	21.686
	PEOU 3	0.859	18.907
感知风险	RISK 1	0.830	16.930
	RISK 2	0.894	18.712
	RISK 3	0.691	13.386
个体创新性	II 1	0.784	14.531
	II 2	**0.536**	9.452
	II 3	0.840	15.704
社会影响	SI 1	0.838	16.752
	SI 2	0.808	16.002
	SI 3	**0.606**	11.119
初次使用意愿	UI 1	0.833	17.965
	UI 2	0.900	20.991
	UI 3	0.864	18.994
不确定性规避	UA 1	0.709	13.149
	UA 2	0.936	17.896
	UA 3	**0.643**	12.028
个人主义	COLL 1	0.856	17.431
	COLL 2	0.867	17.728
	COLL 3	0.709	13.807

从验证性因子分析结果（表4-8）可以明显看出，部分观测变量在其所属潜变量上的因子载荷很差，小于最低基本标准0.65，包括个体创新性的第二个题项，社会影响的第三个题项，以及不确定性规避的第三个题项（表4-8中加粗部分）。为了保证问卷的效度，笔者参照之前文献的做法（Pavlou, 2003; Yoon, 2009），将这些题目进行删除。删除这些题目后，需要从头开始对数据进行再次分析以确保在删除这些题目之后的各种检验仍然能够通过。

首先从表4-3中可以看出，在删除这三个题项后其所属的潜变量信度值并没有降低，反而有所提升。个体创新性和社会影响在删除各自题项之后，其信度值分别提升至0.787和0.807，而不确定性规避在删除第三个题项之后，其信度值变为0.796，仍然表现出较高的信度。

除了信度值的检验，笔者也重新进行了探索性因子分析。下面按照前文所述的内容给出二次探索性因子分析结果。其中KMO值为0.804，显著性P值<0.001，虽然对比之前的分析KMO值略有下降，但仍然表现良好，适合做探索性因子分析。解释的总方差如表4-9所示。

表4-9 样本解释总方差

成分	初始特征值			提取平方和载入			旋转平方和载入		
	合计	方差的(%)	累积(%)	合计	方差的(%)	累积(%)	合计	方差的(%)	累积(%)
1	6.296	29.980	29.980	6.296	29.980	29.980	2.680	12.764	12.764
2	2.495	11.881	41.861	2.495	11.881	41.861	2.444	11.636	24.400
3	2.321	11.054	52.915	2.321	11.054	52.915	2.359	11.234	35.634
4	1.602	7.628	60.543	1.602	7.628	60.543	2.331	11.101	46.736

续表

成分	初始特征值			提取平方和载入			旋转平方和载入		
	合计	方差的(%)	累积(%)	合计	方差的(%)	累积(%)	合计	方差的(%)	累积(%)
5	1.493	7.108	67.651	1.493	7.108	67.651	2.310	10.999	57.734
6	1.135	5.407	73.058	1.135	5.407	73.058	1.698	8.084	65.818
7	1.005	4.787	77.844	1.005	4.787	77.844	1.672	7.960	73.778
8	0.803	3.824	81.669	0.803	3.824	81.669	1.657	7.891	81.669
9	0.521	2.480	84.149						
10	0.429	2.041	86.190						
11	0.407	1.940	88.130						
12	0.386	1.836	89.966						
13	0.332	1.581	91.547						
14	0.295	1.406	92.953						
15	0.287	1.366	94.320						
16	0.276	1.317	95.636						
17	0.234	1.114	96.750						
18	0.207	0.986	97.736						
19	0.192	0.912	98.649						
20	0.151	0.717	99.366						
21	0.133	0.634	100.000						

通过主成分分析法中依据特征值大于1的方法，共析出七个特征值大于1的因子。第一个主成分的特征根为6.296，它解释了旋转后总方差的29.980%；第二个主成分的特征根为2.495，它解释了旋转后总方差的11.881%；第三个主成分的特征根为2.321，它解释了旋转后总方差的11.054%；第四个主成分的特征根为1.602，它解释了旋转后总方差的7.628%；第五个主成分的

特征根为1.493，它解释了旋转后总方差的7.108%；第六个主成分的特征根为1.135，它解释了旋转后总方差的5.407%；第七个主成分的特征根为1.005，它解释了旋转后总方差的4.787%。这七个因子累积的解释量达到了77.844%，这个解释力度只能说良好，但达不到80%的优秀要求。同时按照假设模型，本研究应该包含八个变量。当按照固定因子法对数据进行因子分析时，可以发现，第八个主成分的特征根为0.803，它可以解释旋转后总方差的3.824%，从而累积的解释量达到81.699%，达到学术研究的优秀标准。同时对比删除三个题项前后的分析结果可以看出，在删除个体创新性的第二个题项、社会影响的第三个题项以及不确定性规避的第三个题项之后，整体的累积解释量得到了上升，从78.245%达到81.699%，侧面证明题项删除不仅没有影响问卷整体的质量，反而起到提升作用。

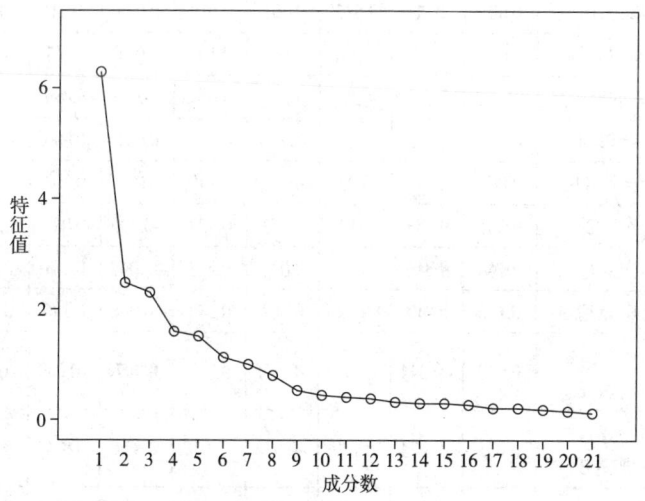

图4-3　初次使用意愿研究碎石图B

从删除后的探索性因子分析碎石图的结果也可以看出在析出

第八个因子后，整体曲线趋于平坦，已经没有陡坡的出现。从这个结果也可以看出数据样本是可以析出八个因子的。

表4-10　旋转成分矩阵结果

	成分							
	1	2	3	4	5	6	7	8
感知有用性1	0.284	0.262	−0.096	0.120	**0.761**	0.056	0.015	0.113
感知有用性2	0.181	0.240	−0.116	0.047	**0.820**	−0.091	0.078	0.154
感知有用性3	0.250	0.151	−0.064	0.030	**0.816**	0.036	0.116	0.080
感知易用性1	**0.876**	0.116	−0.068	0.036	0.234	0.090	0.015	0.083
感知易用性2	**0.899**	0.110	−0.061	0.049	0.218	−0.018	0.048	0.114
感知易用性3	**0.890**	0.142	−0.063	0.038	0.172	−0.003	0.012	0.045
感知风险1	−0.117	−0.165	**0.835**	−0.017	−0.134	0.049	−0.086	−0.111
感知风险2	−0.073	−0.152	**0.884**	−0.016	−0.124	0.005	−0.105	−0.014
感知风险3	0.001	−0.089	**0.813**	0.001	0.012	0.093	−0.118	−0.094
个体创新性1	0.093	0.151	−0.148	0.000	0.107	0.031	**0.867**	0.139
个体创新性3	−0.033	0.167	−0.154	−0.036	0.064	−0.133	**0.859**	0.131
社会影响1	0.173	0.252	−0.142	−0.017	0.154	0.061	0.096	**0.832**
社会影响2	0.063	0.239	−0.087	0.009	0.148	0.039	0.208	**0.843**
初次意愿1	0.181	**0.795**	−0.136	0.073	0.227	−0.090	0.081	0.237
初次意愿2	0.148	**0.846**	−0.174	0.020	0.213	−0.047	0.164	0.200
初次意愿3	0.110	**0.812**	−0.207	0.064	0.244	−0.046	0.186	0.147
不确定性规避1	0.022	−0.044	0.013	−0.081	0.015	**0.907**	−0.039	−0.003
不确定性规避2	0.033	−0.074	0.120	−0.030	−0.017	**0.894**	−0.047	0.080
个人主义1	0.055	0.036	−0.038	**0.887**	0.057	−0.042	−0.032	−0.041
个人主义2	0.059	0.051	−0.001	**0.894**	0.024	−0.068	−0.022	−0.033
个人主义3	−0.004	0.026	0.009	**0.839**	0.062	−0.008	0.022	0.068

利用正交旋转法得到的旋转后成分矩阵显示，每个变量的题项都聚合到了同一个因子之下（表4-10中加粗部分），并且在该因子下的因子载荷系数都高于0.7，这表明数据具有良好的聚合效度。同时每个题项在其他因子下的载荷系数都低于0.3，这表明数据具有良好的区分效度。从这个结果可以看出，析出的第一个因子是感知易用性，析出的第二个因子是使用意愿，析出的第三个因子是感知风险，析出的第四个因子是个人主义，析出的第五个因子是感知有用性，析出的第六个因子是不确定性规避，析出的第七个因子是个体创新性，析出的第八个因子是社会影响。

综上所述，从再次分析的结果可以看出，在剔除个体创新性的第二个题项、社会影响的第三个题项以及不确定性规避的第三个题项之后，仍然可以析出八个主成分，并且累积解释量达到81.669%，超过初次结果。另外，从再次分析结果的碎石图中也可以看出，从第九个主成分开始整体曲线变得平坦。最后旋转后成分矩阵的结果也仍然保持很好的结果，每个因子均符合在其所属的因子之中，并且载荷系数均高于0.7的要求，同时在其他因子的载荷系数均小于0.3，表现出很好的聚合效度和区分效度。综合以上结果可以得出结论，删除上述三个题项，并没有降低问卷的信度和效度，并且显著提升了验证性因子分析的结果。所以在接下来的数据分析中，会以剔除上述三个题项的样本来继续进行剩下的数据分析。

在剔除上述三个题项后样本数据需要重新做一次验证性因子分析，得到的结果如表4-11所示。

表4-11 验证性因子分析结果 II

潜变量 Latent Variable	观测变量 Observational Variable	标准载荷 Standard Load	T值 T-value	平均提取方差 Average Variance Extracted	组合信度 Composite Reliability
感知有用性	PU 1	0.827	17.193	0.665	0.856
	PU 2	0.843	17.655		
	PU 3	0.774	15.643		
感知易用性	PEOU 1	0.880	19.638	0.796	0.921
	PEOU 2	0.935	21.682		
	PEOU 3	0.859	18.909		
感知风险	RISK 1	0.829	16.909	0.655	0.849
	RISK 2	0.895	18.729		
	RISK 3	0.690	13.370		
个体创新性	II 1	0.811	13.645	0.650	0.788
	II 3	0.801	13.493		
社会影响	SI 1	0.837	15.918	0.683	0.812
	SI 2	0.816	15.482		
初次使用意愿	UI 1	0.833	17.955	0.763	0.906
	UI 2	0.921	21.030		
	UI 3	0.864	18.978		
不确定性规避	UA 1	0.701	8.332	0.691	0.814
	UA 2	0.944	9.298		
个人主义	COLL 1	0.856	17.429	0.662	0.854
	COLL 2	0.867	17.721		
	COLL 3	0.709	13.808		

在剔除个体创新性的第二个题项，社会影响的第三个题项，以及不确定性规避的第三个题项之后，各个潜变量所属的观测变

量因子载荷基本达到 0.7 的标准。同时根据因子载荷计算出的平均提取方差（AVE）和组合信度（CR）也都分别达到了大于 0.5 和大于 0.7 的标准。综上所述，可以认为数据样本具有良好的聚合效度。为了检验数据样本的区分效度，我们对平均提取方差值进行平方根处理，并将这个值和其与其他潜变量之间的相关系数进行比较，发现任一潜变量的平均提取方差值的平方根（表 4-12 中加粗部分）均大于其与其他潜变量之间的相关系数，据此可以认为样本数据具有良好的区分效度。

表 4-12　平均提取方差值的平方根及相关系数

	感知有用性	感知易用性	感知风险	个体创新性	社会影响	初次意愿	不确定性规避	个人主义
感知有用性	**0.815**							
感知易用性	0.578	**0.892**						
感知风险	0.330	0.221	**0.809**					
个体创新性	0.303	0.153	0.384	**0.806**				
社会影响	0.478	0.341	0.323	0.469	**0.826**			
初次使用意愿	0.623	0.387	0.445	0.474	0.623	**0.873**		
不确定性规避	−0.035	0.036	−0.160	−0.135	0.079	−0.151	**0.831**	
个人主义	0.166	0.118	0.051	−0.024	0.005	0.119	−0.110	**0.814**

综上所述，验证性因子分析的结果表明新的样本数据仍然具

有良好的区分效度和聚合效度。当然除此之外,在AMOS21.0软件中还给出了对于测量模型的多种模型拟合适配度指标。适配度指标(Goodness of Fit Indices)是评价假设的路径分析模型图与搜集的数据是否相互适配,而不是说明路径分析模型图的好坏,一个适配度完全符合评价标准的模型图不一定保证是个有用的模型,只能说研究者假设的模型图比较符合实际数据的现况。结构方程模型分析只能用来评估研究者所提的假设理论模型是否适切,但是究竟何者才是真正能够反映变量之间真实关系的模型,这一个结论并不能够从模型评价过程中得到答案,因为除了研究者所提出的理论模型之外,同样的一组显性变量可能有许多不同的模型组合,这些基于同样观察数据的基础假设模型可能都有理想的适配度,结构方程模型分析无法区别这些计量特征类似的理论模型何者为真。

在本文的数据分析中,我们将选取其中比较主流的七个指标作为评价结构方程模型拟合度的衡量标准。选取的指标依次为卡方自由度(χ^2/df)、比较适配度指标(GFI)、修正后的比较适配度指标(AGFI)、基准化适配度指标(NFI)、塔克-刘易斯指数(TLI)、比较适合度指标(CFI)和渐进残差均方和平方差(RMSEA)。本研究测量模型的验证性因子分析模型拟合适配度指标如下表所示。

表4-13 测量模型拟合适配度指标

指标	χ^2/df	GFI	AGFI	NFI	TLI	CFI	RMSEA
实际值	1.607	0.930	0.899	0.935	0.966	0.974	0.043
推荐值	小于3	大于0.9	大于0.8	大于0.9	大于0.9	大于0.9	小于0.08

从上表可以看出测量模型验证性因子分析的各项模型拟合适

配度指标均达到推荐标准，表明测量模型拟合优秀，分析结果可信有效。

四、假设模型分析

对于假设模型分析，我们也将采用AMOS21.0软件进行结构方程模型的分析。在社会科学例如心理学、教育学、管理学和市场营销等研究领域，当需要处理多个因变量或者多个自变量之间的相关关系时，特别是有时还会遇到在现实生活中无法直接用问卷测量的变量（即潜变量）时，通过传统的统计学分析方法是无法完全解决的或者容易出现统计偏差。在20世纪80年代，结构方程模型的出现顺利解决了上述问题，弥补了传统统计方法的不足，成为多元数据分析的重要工具。

传统的线性相关分析是针对两个或者两个以上的变量之间的关系进行统计分析的，变量与变量之间没有因果关系且是互相平等的，即线性相关分析无法反映出变量之间谁是自变量谁是因变量，需要进一步采用回归分析进行验证。而在回归分析中，模型已经定义了自变量和因变量，测量的目的是观察一单位的自变量发生改变时，是否引起因变量增加、减少或者无显著性变化，最终得出线性回归模型的方程。可以说回归分析弥补了传统线性相关性分析中无法确认变量之间因果关系的不足，但是这种分析仍然无法显示变量之间可能存在的非直接性即间接性关系，同时受到数据的影响，例如多重共线性、异方差等问题，将导致数据分析结果出现系统性误差。

依据以上理论和步骤，我们通过AMOS21.0结构方程模型软件对假设模型进行分析。图4-4是在AMOS21.0中显示出的最终模型。

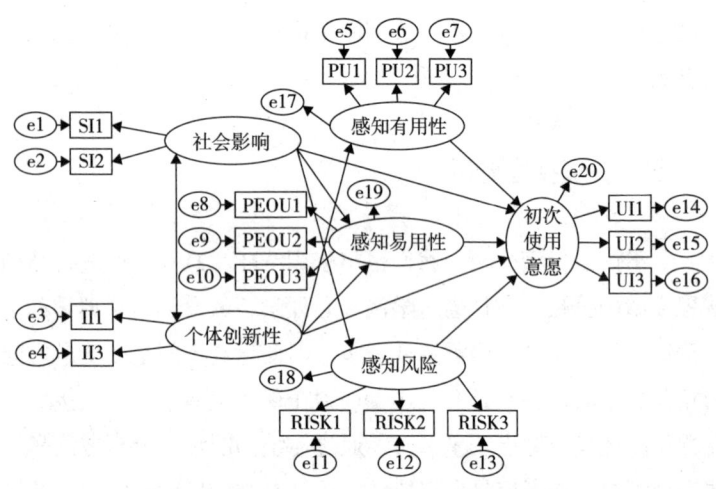

图 4-4 AMOS 中初次使用意愿的研究模型

根据图 4-4 模型我们将具体的样本数据输入并检验，通过最大似然法对上述模型进行了分析，得出最终结论如表 4-14 所示。

从表 4-14 可以看出，个体创新性对于感知风险有着显著的负向影响，影响系数为 -0.281，而个体创新性对于感知有用性和感知易用性的影响均不是显著的，由此得出假设 H5a 和假设 H5c 是不支持的，而假设 H5b 是得到数据支持的。社会影响对于感知有用性和感知易用性均有着显著的正向影响，其中社会影响对于感知有用性的影响系数为 0.491，社会影响对于感知易用性的影响系数为 0.410；而社会影响对于感知风险的影响是显著负向的，影响系数为 -0.220，由此得出假设 H4a、假设 H4b 和假设 H4c 均得到了数据支持。对于初次使用意愿的主效应影响中，感知有用性、感知风险、个体创新性和社会影响均有着显著的影响，其中感知有用性、个体创新性和社会影响均是显著正向，影响系数分别为 0.337、0.145 和 0.340，即从影响力度上来讲，社会影响对于个人使用移动旅游 APP 意愿的影响是最强的，其次是感知有用性，最小的是个体创新性；而感知风险对于初次使用意愿的影响是显著负向的，影响系数为 –0.163。综上所述，在主效应的检验中，假设 H1、假设 H3、假设 H4d 和假设 H5d 均得到了数据支持，而假设 2 没有被支持。

表 4-14 模型分析结果

路径	对应假设	标准化回归系数	临界比	P 值	检验结果
社会影响→感知有用性	H4a	0.491	6.235	***	支持
社会影响→感知风险	H4b	–0.220	–2.924	**	支持
社会影响→感知易用性	H4c	0.410	5.387	***	支持
个体创新性→感知有用性	H5a	0.085	1.177	0.239	不支持
个体创新性→感知风险	H5b	–0.281	3.620	***	支持
个体创新性→感知易用性	H5c	–0.015	–0.200	0.842	不支持
感知有用性→初次使用意愿	H1	0.337	5.499	***	支持
感知易用性→初次使用意愿	H2	0.022	0.442	0.659	不支持
感知风险→初次使用意愿	H3	–0.163	–3.065	**	支持
社会影响→初次使用意愿	H4d	0.340	4.464	***	支持
个体创新性→初次使用意愿	H5d	0.145	2.394	*	支持

注：$p<0.001$ 为 ***，$p<0.01$ 为 **，$p<0.05$ 为 *。

表4-15 假设模型拟合度适配指标

指标	χ^2/df	GFI	AGFI	NFI	TLI	CFI	RMSEA
实际值	2.409	0.920	0.882	0.931	0.946	0.958	0.066
推荐值	小于3	大于0.9	大于0.8	大于0.9	大于0.9	大于0.9	小于0.08

从表4-15假设模型的结构方程模型拟合适配度的各项指标中看出，卡方自由度为2.409，GFI为0.920，AGFI为0.882，NFI为0.931，TLI为0.946，CFI为0.958，RMSEA为0.066，这些值均达到了学术研究的要求，表明假设模型得到的路径结构可信有效。

为了进一步分析文化因素在其中起到的调节作用，笔者主要参照了肯尼和朱蒂（Kenny and Judd，1994）、温忠麟等（2005）、温忠麟和吴艳（2010）三文中提到的关于调节变量检验的方法。首先介绍一下调节变量，假设在一个模型中自变量设为X同时因变量设为Y，那么变量Y和变量X的关系是变量M的函数，称变量M为调节变量。换句话说，X与Y之间的相关关系受到了第三个变量，即调节变量M的影响。这种有调节变量的模型一般可以用图4-5来表示。

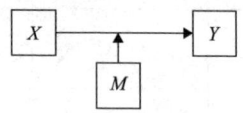

图4-5 调节模型

这种调节变量的变量类型可以是类别变量，例如性别、种族、国籍等，也可以是连续型变量，例如本研究中的文化维度变量等。同时它对于自变量和因变量之间关系的影响方向可以是正向或者负向。如果说自变量X和因变量Y之间的模型假设为：$Y=aX+e$，那么加入调节变量 M 后需要考虑的模型则变为：$Y=aX+bM+cXM+e$，对该式进行适当变形，可以写成 $Y=bM+(a+cM)X+e$。由此可以看出 Y 与 X 的关系由系数 $(a+cM)$ 所决定，而调节变量 M 的系数是由 c 来决定的，即系数 c 的大小以及方向决定了调节作用的强弱和正负。

那么具体用何种检验方法来正确分析这种调节效应，是要结合自变量 X 和调节变量 M 的变量类型来决定的，根据类别型变量和连续型变量一共可以有四种不同的组合，每种不同组合都有特定的检验方法（温忠麟等，2005）。（1）当自变量 X 和调节变量 M 都是类别型变量时，可以通过方差分析来检验，如果检验结果中交互效应是显著的，那么调节效应就是显著的。（2）当自变量 X 是连续型变量，而调节变量 M 是类别型变量时，需要使用分组回归的方法来检验调节作用。具体做法是按照调节变量 M 的类型进行分组，分别做自变量 X 对因变量 Y 的回归分析，若不同组之间的回归系数之间有着显著的差异性，那么就代表调节变量 M 确实发挥了调节作用。（3）当自变量 X 是类别型变量，而调节变量 M 是连续型变量时，具体的检验方法是首先将自变量 X 设置为哑变量，再将自变量和调节变量中心化，以模型为基础做层次回归模型的分析。在第一层模型中设置 Y 为因变量、X 和 M 均作为自变量，在第二层中则将 X、M 和 XM 的乘积项加入模型中；具体检验调节作用是否存在的方法有两种，第一种是比较第一层中的 R^2 和第二层中的 R^2 是否有显著差异，若第二层中的 R^2 显著高于第一层中的 R^2，那么就可以证明调节作用显著存在；第二种方法是直接看在第二层模型中乘积项 XM 前面的回归系数 c 是否显著，若显著则证明调节作用存在且 c 的系数正负决定了调节作用的方向。（4）当自变量 X 和调节变量 M 均是连续型变量时，具体检验方法是将自变量 X 和调节

变量 M 进行中心化,然后仍然以层次回归分析进行检验,同样若是乘积项 XM 前面的系数 c 显著,那么则证明了调节作用是存在的。

对于潜变量调节效应的检验则基本类似于上述方法,但也有一些不同的特点,特别是在结构方程模型中进行调节作用的检验。根据之前相关文献的总结,对于这类潜变量调节作用的分析大致上有三种不同的方法,即产生乘积指标的策略、参数约束方法和指标中心化与均值结构三种。学术界大多采用第一种方法,本研究也遵从了这一方法,下面简单介绍一下这种方法。由于潜变量是由多个观察变量所组成的,特别是当自变量 X 和调节变量 M 均是潜变量时,这种时候就需要决定乘积项是如何产生的,一般来说有下面两种配对策略。第一种将自变量 X 和调节变量 M 各自所属的指标(即观察变量)按照因子载荷系数的大小依次排列,然后分别做乘积配对以此来作为新的乘积变量的指标,即"大配大,小配小"的策略。第二种是将自变量 X 和调节变量 M 各自所属的指标依次做乘积,例如二者均有三个指标,那么新的乘积项就有九个指标作为其观察变量。这两种方法都有各自的优缺点,第一种方法可以很好地将自变量 X 和调节变量 M 中载荷因子较高的指标作为新乘积项的指标,这样有利于提高整体分析结果的可靠性,这一方法也得到了一些学者的认可。但是当自变量 X 和调节变量 M 各自的指标数量不同时就出现了问题,例如自变量 X 有两个指标,而调节变量 M 有三个指标时,如果要采用该种方法那么就必须对调节变量 M 中一个载荷系数最低的指标进行删除,再按照载荷系数的高低与自变量 X 中的两个指标进行匹配乘积。这就导致了调节变量的原始数据没有被充分利用而是被人为地删减,最终调节作用的结果也容易被质疑是否可靠。那么出现这种情况时,学者们建议使用第二种方法,即不需要考虑载荷系数的大小,而是将调节变量 M 中的三个指标和自变量 X 中的两个指标依次相乘得到六个指标,再将这六个指标作为自变量 X 和调节变量 Y 的乘积项 XM 的新指标。这样的做法就充分利用了样本数据,没有因为人为的删减数据而造成浪费,并且这样的分析结果也更加可信。在面对指标数量不一样的情况时,学者们建议采用第二种方法。本研究由于在前面的验证性因子分析的过程中,对题项进行了删减(个体创新性的第二个题项、社会影响的第三个题项以及不确定性规避的第三个题项),所以造成了自变量和调节变量之间指标不一样的情况。据此我们将采用第二种方法来分析模型中的调节作用。以不确定性规避对于感知风险和使用意愿之间关系的调节作用为例,在 AMOS21.0 中的具体分析模型如图 4-6 所示。

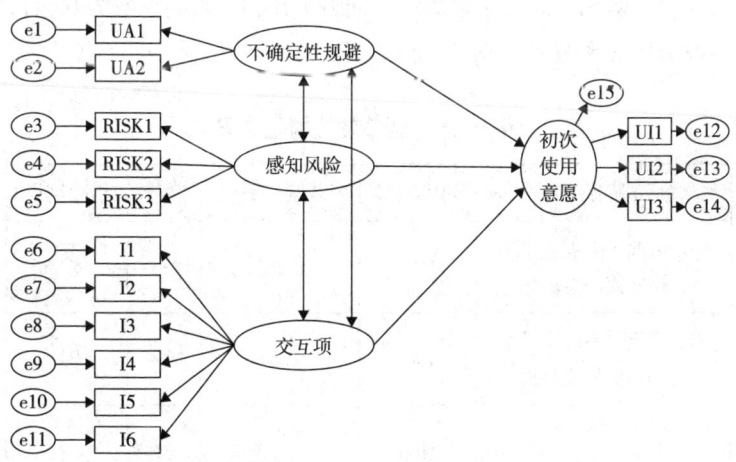

图 4-6 AMOS 中初次使用意愿的调节模型

图 4-6 中模型感知风险是自变量,使用意愿是因变量,不确定性规避是调节变量,交互项则是感知风险和不确定性规避

两个潜变量的乘积，其指标则是由不确定性规避两个指标 UA1 和 UA2 以及感知风险的三个指标 RISK1、RISK2 和 RISK3 两两交互相乘所得到的 I1、I2、I3、I4、I5 和 I6，最终调节作用是否存在即看交互项系数是否显著。通过这种方法我们对于不确定性规避和个人主义两个调节变量均依次在结构方程模型分析软件 AMOS21.0 中进行了检验，最终检验结果如表 4-16 所示。

从表 4-16 可以看出，个人主义在感知风险对于使用意愿的影响中起到了显著的正向调节作用，影响系数为 0.265，假设 H6a 得到样本数据的支持；个人主义在社会影响对于使用意愿的影响中起到了显著的负向调节作用，影响系数为 −0.119，假设 H6b 得到样本数据的支持；不确定性规避在感知风险对于使用意愿的影响中起到了显著的负向调节作用，影响系数为 −0.444，假设 H7a 得到样本数据的支持；不确定性规避在社会影响对于使用意愿的影响中起到了显著的正向调节作用，影响系数为 0.341，假设 H7b 得到样本数据的支持。

表 4-16　调节效应检验结果

路径	对应假设	标准回归系数	P 值	检验结果
感知风险 * 个人主义→初次使用意愿	H6a	0.265	***	支持
感知风险 * 不确定性规避→初次使用意愿	H7a	−0.444	***	支持
社会影响 * 个人主义→初次使用意愿	H6b	−0.119	**	支持
社会影响 * 不确定性规避→初次使用意愿	H7b	0.341	***	支持

注：$p<0.001$ 为 ***，$p<0.01$ 为 **，$p<0.05$ 为 *。

第六节 实证分析总结与讨论

一、研究总结

本章主要的研究问题是探索影响用户初次采纳旅游APP意愿的因素。在文献综述和逻辑推导的基础上,笔者选取了个体感知层面中感知有用性、感知易用性和感知风险三个变量,并且选取社会影响作为外部环境变量,个体创新性作为个人内在特质,同时以霍夫斯泰德文化维度中不确定性规避和个人主义作为调节变量,从而搭建起整体的研究模型。为了能够实证检验研究模型是否合理且有效,笔者进行了下面一系列的工作。

(1)在问卷量表设计方面,由于理论模型中涉及的所有变量均可以从前人文献中找到成熟的量表,所以在量表设计时参考了之前文献中的量表。同时由于参考的文献基本为英文文献,所以在整理过程中使用了"回译法",即先有一名研究生将英文题项翻译成中文题项,再由另一名研究生将中文题项翻译回英文题项,最后总结讨论其中的差异并完成初始调查问卷。为了保证调查问卷的有效性,在正式发放问卷之前还进行了小范围的前测,从前测的调查结果和数据情况对问卷中变量题项进行了进一步修正从而形成了最终调查问卷。在问卷发放过程方面,根据中国互联网信息中心提供的互联网络报告,选取了大学在校生和真实旅游者作为调查对象,经过了约两个星期的面对面实地问卷调查,共收集了323份有效问卷。

(2)在数据分析方面,我们参照了Anderson和Gerbing(1988)关于结构方程模型分析的两个步骤,即首先分析测量模型来检验样本数据的信度和效度,再对假设模型进行结构方程模型中的路径分析来检验假设是否成立。在分析样本数据的信度时，笔者采用了Cronbach's Alpha值来衡量变量的信度，经过SPSS21.0中的检验后发现模型中所有变量的信度值均大于0.7的标准值，表明样本数据整体具有良好的信度值。在分析样本数据的效度时，笔者分别采用了探索性因子分析和验证性因子分析来检验数据的区分效度和聚合效度。在第一次探索性因子分析中，通过KMO值和Bartlett检验证明了样本数据适合进行探索性因子分析，在接下来的解释总方差中证明了样本数据确实可以析出八个因子且总的解释力度达到了78.245%，基本达到研究要求，同时，之后的碎石图也侧面验证了样本数据析出的八个因子是存在的，即在析出第八个因子后整体曲线趋于平坦。并且在旋转后成分矩阵中，所有题项均按照不同因子分别进行了负荷，具体表现形式是题项在其理论上所属的因子中载荷系数超过了0.7，从而证明其具有良好的聚合效度，而在其非所属的因子上载荷系数则低于0.3，从而证明其具有良好的区分效度。在通过了探索性因子分析之后，笔者在AMOS21.0中又进行了一次验证性因子分析，虽然样本数据通过了探索性因子分析，但是在首次验证性因子分析中有三个题项，分别是个体创新性的第二个题项，社会影响的第三个题项以及不确定性规避的第三个题项，在其所属因子下的标准载荷只有0.536、0.606和0.643，均没有达到最低0.65的标准。根据前人文献中处理这种问题的方法，为了保证问卷的效度和后续假设模型中路径分析的准确性和整体模型的拟合适配度指标，笔者做出了删除这三个题项的决定。为了保证数据分析的完整性，笔者将删除这三个题项后的样本数据重新做了信度分析、探索性因子分析和验证性因子分析。首先，从信度方面来看，不确定性规避变量的信度值从0.808小幅度下降至0.795，个体创新性的信度值从0.760上升至0.787，社会影响的信度值从0.784上升至 0.807。其次，探索性因子分析中 KMO 值和 Bartlett 检验也均通过，析出的八个因子解释总方差也从第一次分析的 78.245% 上升至 81.699%，达到了学术界普遍认可的 80% 以上解释力度的标准，同时碎石图也再次表现出在析出第八个因子后整体曲线趋于平坦的趋势，最后旋转后的成分矩阵中也和第一次探索性因子分析结果基本一致，即题项在其理论上所属的因子中载荷系数超过了 0.7 从而证明其具有良好的聚合效度，而在其非所属的因子上载荷系数则低于 0.3 从而证明其具有良好的区分效度。在对删除部分题项之后的样本数据进行的验证性因子分析也表现出良好的结果，首先，各个潜变量的标准载荷均大于 0.65 的最低标准，同时平均提取方差（AVE）和组合信度（CR）均大于 0.5 和 0.7 的标准，这些表明样本数据具有良好的聚合效度。其次，各个潜变量的平均提取方差的平方根均大于其与其他潜变量之间的相关系数，表明样本数据具有良好的区分效度。至此，对测量模型的分析结果证明了样本数据具有良好的信度和效度，表明样本数据适合进行接下来的假设模型分析。在假设模型分析方面，笔者采用了 AMOS21.0 结构方程模型软件进行数据分析。首先是对模型中主效应的检验，从模型拟合适配度来看，整体模型适配度良好，结果可信。其次是采用潜变量交互乘积的方式检验模型中文化维度中不确定性规避和个人主义的调节作用。

（3）根据数据分析，最终结果显示：在主效应方面，个体创新性对于感知有用性和感知易用性的正向影响均不是显著的，而对感知风险的负向影响是显著的，其影响系数为 –0.281。社会影响对于感知有用性和感知易用性均有着显著的正向影响，其影响系数分别为 0.491 和 0.410，而社会影响对于感知风险的负向影响也被样本数据证实了是显著的，其影响系数为 –0.220。感知有用性、个体创新性和社会影响对于使用意愿均有着显著的正向影响，其影响系数分别为 0.337、0.145 和 0.340，按照影响力度大小依次为社会影响、感知有用性和个体创新性。感知风险对于使用意愿也有着显著的负向影响，其影响系数为 –0.163，而感知易用性对于使用意愿的正向影响则不是显著的。综上所述，假设 H1、假设 H3、假设 H4a、假设 H4b、假设 H4c、假设 H4d、假设 H5b 和假设 H5d 均被样本数据支持。而假设 H2、假设 H5a 和假设 H5c 则没有被样本数据支持。在调节效应方面，个人主义对于感知风险和使用意愿之间的关系起到了正向调节作用，影响系数为 0.265，个人主义对于社会影响和使用意愿之间的关系起到了负向调节作用，影响系数为 –0.119；不确定性规避对于感知风险和使用意愿之间的关系起到了负向调节作用，影响系数为 –0.444，不确定性规避对于社会影响和使用意愿之间的关系起到了正向调节作用，影响系数为 0.341。综上所述，假设 H6a、假设 H6b、假设 H7a 和假设 H7b 均得到了样本数据的支持。

二、结果讨论

对于上述实证研究结论，笔者将从下面几个方面进行讨论。

第一，感知有用性、个体创新性和社会影响对于旅游者初次使用移动旅游 APP 的意愿均有着显著的正向影响，同时感知风险对于初次使用意愿的负向影响也是显著的，而感知易用性的作用则没有被样本数据支持。首先，感知有用性、个体创新性和社会影响三者的作用在移动旅游 APP 的情景下仍然是显著的，这与之前相关研究的结论是一致的，其中社会影响的作用是最大的。可见现阶段个人采纳移动旅游 APP 的意愿在很大程度上受到周围群体意见和态度的影响，这可能是因为个人虽然对相关产品有一定了解，但是外出旅游为了保险起见，更加愿意去听从周围那些已经有过实际使用经验的人的建议。当然在互联网时代，这种社会影响的来源不仅仅是线下的亲人和朋友，也包括线上的朋友，在网络社交的过程中，他人的推荐也可能会影响到个人的行为决策。同时社交媒体的存在使得旅游也变相地成为一种"炫耀性消费"，例如在自己的社交主页上晒出来源于某个旅游APP生成的风景照片、行程路线和房间住宿等，也会让个人提升自己的社会形象。所以对于旅游运营商来说，不仅仅要做好线下的产品推广，也要关注线上特别是在著名的社交媒体以及社交网络上的营销推广，鼓励用户"晒出"自己的使用经历，从而扩大产品影响范围。另外，感知有用性的显著作用也充分表明了用户对于移动旅游APP实用性的看重。外出旅游会遇到很多日常生活中碰不到的问题，旅游APP能否切实有效地帮助旅游者解决这些问题是影响他们使用意愿的关键所在。其次，感知风险的作用在本文中被证实为负向显著，进一步肯定了之前部分文献研究中结论的正确性。这个结论表明运营商在设计开发移动旅游APP时一定要注意应用系统的安全性，特别是在各类网站经常被爆出用户隐私信息泄露的时代，一旦出现这种问题，不仅会导致公司名誉的损失，还会阻碍新用户的加入。最后，感知易用性对于初次使用意愿的作用是不显著的，笔者认为可能是因为大多数的用户在多年移动互联网的培养之下已经完全习惯并掌握了如何操作使用移动应用的方法，尽管旅游APP可能存在一定的特殊性，但是移动应用操作界面的"同质化"现象还是很严重的，用户不需要付出太多的时间和精力就可以熟练使用，所以易用性已经不再是影响新用户采纳旅游APP的主要影响因素之一了。

第二，社会影响对于三方面的个体感知均有着显著作用，而个体创新性则只对感知风险有显著的负向作用。从这个结论可以看出社会层面的影响要远大于个体内在特质的影响。周围群体的建议和推荐会显著提升个人对于旅游 APP 有用性和易用性的感知，并降低其对于风险的感知。这个结论又再次证明了上一条讨论中所陈述的观点，在当下运营商不仅要注重线下的产品推广还要关注线上的口碑营销，这样才能帮助潜在用户塑造正确的个体感知，从而吸引他们的加入。

第三，文化维度中的不确定性规避和个人主义均起到了显著的调节作用。对于不确定性规避较高的用户，社会影响的正向作用更大，同时感知风险的负向作用也更强；对于具有个人主义倾向的用户，社会影响的正向作用就相对较小同时感知风险的负向作用也更强。这点对于运营商来说也是比较具有实践意义的，在不同城市进行产品推广时不仅需要注意消费者的行为特征，还要将当地的文化因素考虑进去，针对不同的地域文化特色实施差异化的营销战略，从而更加融入到当地的市场竞争中去。

第七节　本章总结

本章主要探索了影响个人初次使用移动旅游 APP 意愿的因素，即旅游运营商面临的"拉新"问题。在研究中，笔者选取了个体感知层面的三个变量——感知有用性、感知易用性和感知风险作为核心解释变量，并且加入了外部环境变量——社会影响以及个人内在特质个体创新性来解释个人感知是如何形成的。此外笔者还考虑了文化因素在整体模型中可能存在的调节作用，并选取了霍夫斯泰德文化理论中的不确定性规避和个人主义分别作为感知风险、社会影响和初次使用意愿之间关系的调节变量。

通过问卷调查法面向潜在移动旅游 APP 使用者收集问卷数

据，历经半个月的实地面对面调查，共回收了323份有效问卷。在对测量模型的分析中，通过删除了三个潜变量的各自一个题项之后，样本数据表现出良好的信度和效度水平。在对假设模型的验证中，采用了结构方程模型的分析方法，结果发现感知有用性、个体创新性和社会影响均对初次使用意愿有着显著的正向影响，感知风险的显著负向影响也被证实，而感知易用性的作用则不被支持。同时社会影响对于个体感知的影响也被验证，而个体创新性则只对感知风险有显著影响。接下来在对调节变量的分析中，通过检验交互项显著性的方法，证实文化维度的调节作用也是显著存在的。

　　本章的研究结论有着重要的学术和实践意义。在学术方面，首先，扩充了个人采纳行为领域在旅游APP方面的研究；其次，文化维度的加入丰富了整体研究模型，在扩充文化研究的应用领域的同时也使得研究结论更加真实可信。在实践方面，不仅为旅游运营商如何解决"拉新"这个重要问题提供了明确的指导方向，而且指出，在针对不同地区进行产品营销推广时运营商需要根据当地文化特色做出差异化的战略导向，以期更好地吸引新用户的加入。

第五章

存活：旅游 APP 持续性使用意愿分析

第一节 研究假设

一、满意度

满意度是指个体对某个产品或者服务整体体验的评价和情感反应。在期望确认理论（Expectation Confirmation Theory，ECT）中满意度被定义为个人在使用产品前的预期期望与真实使用后的实际体验相比较而形成的心理落差。当个人使用产品前的预期期望高于实际体验，个人会获得消极的情感感受，即负面情感（不满意）；当个人使用产品前的预期期望低于实际体验，个人会获得积极的情感感受，即正面情感（满意）。根据期望确认理论，满意度的高低对于消费者下次再度购买或重复使用该产品及服务有着重要的影响。在之前关于信息系统采纳领域方面的研究中，满意度被认为是影响个人持续性使用意愿的重要因素，赵等（Chiu et al.，2007）以信息系统成功模型为研究框架，分析了用户对于网络学习系统的持续性使用意愿，实证结果发现满意度是持续性使用意愿的决定性影响要素。巴塔查尔吉（Bhattacherjee，2001）将技术接受模型中的感知有用性和期望确认理论中的期望确认作为影响消费者在采纳后阶段中的满意度的前因变量，并将满意度作为持续性使用意愿的唯一影响要素，实证结果也证实了该理论研究模型。文卡泰什等（Venkatesh et al.，2011）将使用前后两个阶段进行了整合，以电子政府网为研究背景跟踪调查了用户使用态度的变化，实证结果显示满意度在初次使用意愿和持续性使用意愿之间起到了重要的中介作用。

对于已经有旅游APP使用经验的旅游者来说，实际体验能否超过预期期望会显著地影响其是否愿意在以后的旅游过程中继续使用旅游 APP。这是因为旅游过程中旅游者会遇到很多问题，如果旅游 APP 可以帮助他们解决这些问题，那么其旅游体验会大大提升，进而对于该旅游 APP 的满意度也会增加，从而在以后的旅游过程中遇到类似问题都会倾向于继续使用该旅游 APP。基于此，提出假设：

假设 H1：满意度对于持续性使用意愿有着显著的正向影响。

二、信任

根据麦克奈特等（McKnight et al., 2002）提出的电子商务环境下的信任理论，信任是反映消费者对运营商未来可能会做出的某些行为的预期，包括能力、诚实和善心三个方面。能力是指运营商有足够的知识和技能去履行他们对消费者的承诺；诚实是指运营商不会欺骗自己的顾客，坚守道德底线；善心则是指运营商会考虑消费者利益，至少不会一味地只顾及自身利益。在互联网时代交易双方的信息不对称问题更加凸显，同时由于系统技术、市场规则和法律制度等方面的不完善以及地理位置上的距离，使得消费者很难维护自身的权利，所以交易过程中卖方的信誉度是非常重要的，高的信誉度会增加买方对其信任感，进而继续使用该运营商的产品和服务。杨（Yang, 2016）以跨渠道的购物环境为研究背景，分析了用户从网页购物转向移动端购物的过程，实证结果显示信任在其中起到了非常重要的作用，消费者更愿意在那些已经在网页端购物环境中有着良好表现的商家中挑选其在移动端的相关商品。周（Zhou, 2013）以信息系统成功模型为框架，分析了系统质量、信息质量和服务质量对于用户持续性使用意愿的影响，实证结果证实信任在其中起到了重要的中介作用。

对于旅游 APP 市场来说，目前有众多运营商提供了很多种不同的 APP 产品和服务，消费者持续性使用某种产品除了看重产品本身之外，还会考虑运营商本身的特质，例如信誉度、知名度等。这些特质会让旅游者对运营商有更加充分的认知和了解，即增加了信任感，只要运营商不做出有悖于其承诺的事情，旅游者会由于惯性而继续使用其产品和服务，对于旅游者来说也省去了在不同产品之间转换消耗的搜寻成本和学习成本。在现实生活中，运营商建立良好的形象对提升消费者信任感有非常重要的帮助，反之亦是如此。2014年携程、去哪儿等旅游网站对个人机票信息的泄露事件就使得顾客对其信任感丧失，进而使这些网站流失了大量忠实顾客。基于此，提出假设：

假设 H2：信任对于持续性使用意愿有着显著的正向影响。

三、服务质量

服务质量是指用户对运营商提供的服务水平的感知，主要包含五个维度，分别是可见性（Tangibility）、可靠性（Reliability）、响应性（Responsiveness）、保证性（Assurance）和移情性（Empathy），这五个维度分别表示了移动运营商要为消费者提供准时、及时和有效的服务，从而使用户认可其服务的质量。对于互联网运营商来说，消费者除了能够通过交易获得需要的产品或者服务，通常来说这些产品或者服务并不是垄断性的，即消费者可以从其他渠道获取类似的产品或者服务，还会有一些独有的好处，例如效率更高、售后服务更好和消费体验更佳等服务方面的利益。特别是在以用户为主的现代社会中，创造出一个服务良好、体验优秀的外部环境会使消费者对其有正面的评价和态度。在学术领域，扩展的信息系统成功模型也将服务质量纳入整体研究模型之中，认为其会和系统质量以及信息质量一起影响用户满意度和使用行为。郭应凤等（Kuo et al., 2009）以服务质量、感知价值和用户满意为研究框架分析了它们对于用户持续性购买移动增值业务的意愿，实证结果证实了服务质量对于用户满意度和持续性购买意愿均有着显著的正向作用。赵灵等（Zhao et al., 2012）将服务质量划分为交互质量、环境质量和产出质量三个维度，并分析了它们对特定交易满意度和累积满意度的影响，以及进而对个人持续性购买意愿的影响。

对于旅游运营商来说，服务质量的重要性是不言而喻的。在旅游过程中如何通过旅游APP向旅游者提供及时准确且高效的服务是必须要具备的能力，特别是当旅游者需要主动或被动修改旅游行程、线下旅行社无法完成线上承诺等问题出现时，如何及时准确地告知旅游者，并且有效快速地帮助旅游者解决问题就是服务质量的体现。若是无法提供高效优质的服务质量而导致旅游者旅游体验糟糕，那么旅游者继续使用该项产品的可能性就会非常低，并且对该公司的信任度也会随之降低，认为该公司没有足够的能力去实现承诺且不把顾客的利益放在心上。同时服务质量还会对产品的满意度产生影响，因为高效优质的服务质量会使得旅游者的实际体验上升，超过预期期望的可能性就越大。基于此，提出假设：

假设H3a：服务质量对于信任有着显著的正向影响。

假设H3b：服务质量对于满意度有着显著的正向影响。

假设H3c：服务质量对于持续性使用意愿有着显著的正向影响。

四、便利条件

便利条件最早是由文卡泰什（Venkatesh, 2003）等人在整合科技接受模型中基于前人的研究总结而提出的，它的定义是指个人感受到的来自外部环境的、对于其使用某项信息技术的支持程度，包括感知行为控制、促成条件和兼容性三个方面。当个人获得的支持程度越高，那么其使用意愿也就会越高。鲁等（Lu et al.，2008）在研究中国消费对于移动数据服务的使用意愿中，就将便利条件作为因变量加入整体模型之中，实证结论发现其对于使用意愿有着显著的正向影响。于（Yu，2012）基于整合科技接受模型探索了影响用户采纳移动银行业务的因素，实证结论发现便利对于实际采纳行为有着显著的正向影响。

在旅游背景下，便利条件对于移动旅游APP的持续性使用意愿有非常实际的影响。在旅游过程中，旅游者可能面临很多日常生活中无法接触到的问题，例如出国游中网络环境不支持旅游者随时上网、乡村旅游中手机信号出现问题和运营商没有配备相应的支持服务等。在旅游过程中能够充分有效地利用旅游APP获取帮助是旅游者持续性使用的先决条件之一，只有得到外界环境的充分支持以及充分的自身能力才能使消费者持续性使用旅游APP。同时便利的条件也会提升用户的使用体验从而使其获得更高的满意度。基于此，提出假设：

假设H4a：便利条件对于满意度有着显著的正向影响。

假设H4b：便利条件对于持续性使用意愿有着显著的正向影响。

五、转换成本

转换成本是指当消费者从使用一种产品或者服务转移到使用另一种产品或者服务的过程中所感知到的成本，它包含程序性成本、财务性成本和关系性成本三种类型。程序性成本是指消费者为了寻找新的替代性产品或者服务所消耗的时间成本和努力程度，对于旅游者来说掌握和学习一项旅游 APP 是需要耗费一定的时间和精力的，特别是在旅游过程中如何将此 APP 提供的帮助和实际遇到的问题相匹配从而提升旅游体验是需要有经验累积的，这个过程是非常漫长的。财务性成本是指消费者因为抛弃旧的产品或者服务所产生的财务性资源损失，例如现在的旅游 APP 大多都有积分返还的设置，而这类积分是可以冲抵现金的，以及长期使用积累的各种优惠券以及由于会员等级带来的等级权利等，如果旅游者使用新的产品或者服务，那么可能会导致这类财务性资源的损失并且需要重新积累。关系性成本是指消费者在情感或者心理上的损失，这是由于消费者长期使用某一种特定的产品或者服务造成的依赖性而导致的，同时也有可能是由于使用新产品或者服务而造成的不舒适感。在之前的文献研究中，转换成本被认为会在消费者忠诚度和满意度之间起到调节作用。

在移动旅游 APP 背景下，转换成本依然存在一定的作用。当转换成本较高时，由于行为习惯、惰性等原因，旅游者对于该旅游 APP 的服务质量、信任、满意度和便利条件方面的感知就会更加强烈，认同感和支持感也会更高，从而其持续性使用意愿也就会越强。相反当转换成本较低时，旅游者可以轻易在不同产品之间进行转移，这种情况下旅游 APP 和运营商本身的特质，就不再是吸引旅游者持续性使用的重要因素了，相反可能是低廉的价格、丰富的促销手段等外部因素而导致的。基于此，提出假设：

假设 H5a：转换成本在满意度和持续性使用意愿之间起到正向的调节作用。

假设 H5b：转换成本在信任和持续性使用意愿之间起到正向的调节作用。

假设 H5c：转换成本在服务质量和持续性使用意愿之间起到正向的调节作用。

假设 H5d：转换成本在便利条件和持续性使用意愿之间起到正向的调节作用。

第二节　研究模型

综上所述，本研究提出关于持续性使用意愿的理论研究模型，具体如图 5-1 所示。

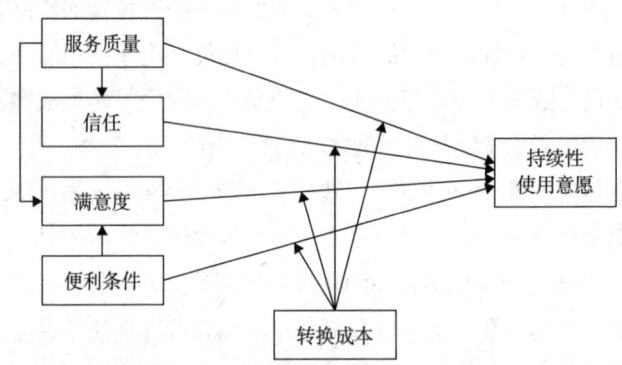

图 5-1　持续性使用意愿研究理论模型

第三节　量表设计与前测

参照前文对于初始意愿的研究范式，此阶段的研究也将采用问卷调查的方法进行样本数据的收集，再利用 SPSS21.0 和 AMOS21.0 等统计分析软件分别对测量模型和假设模型加以分析，以此来证明样本数据的信度和效度以及理论研究模型的正确性。本阶段的研究问题集中于移动旅游APP的现有用户对其持续性使用的影响因素分析，在前文中已经根据文献综述和逻辑推导给出了理论研究模型，此模型中涉及的所有变量均在之前的文献中已经存在着成熟的量表。下面将详细介绍问卷中各个潜变量的题项以及问卷的设计步骤。

一、潜变量题项设计

正如上段所述，本研究的理论模型中涉及的所有潜变量均是在之前研究基础上所搭建的，并且均有着成熟的量表，故笔者在进行问卷设计时，主要是将传统的问卷量表结合旅游APP的具体情境进行了适当的修改。在此阶段过程中，同样面临了上个阶段研究中的问题，即量表中的题项都是英文，为避免原始题项由于翻译可能造成的不准确，笔者仍然采用了"回译法"，具体步骤如下：首先，由一位母语为中文且英文水平达到英语六级的熟悉相关领域研究的研究生将原始量表翻译成中文；然后，由另外一名水平相当的研究生将翻译后的中文量表再次翻译成英文。最后，笔者和两位研究生一起将原始英文量表、翻译后的中文量表以及回译后的英文量表进行比较，共同探讨和寻找三者之间的差异，再结合具体的研究情景，从而确定合适的最终翻译以形成正式的中文量表。这里需要说明的一点是，此次问卷回译中两名翻译和上个阶段的翻译是不同人担任的，以此避免在翻译过程中出现惯性思维。问卷量表按照李克特五点量表，从"很不同意"到"非常同意"进行选择。初始统计问卷时也是按照这个顺序依次给予1~5分。初始模型中的各个潜变量测量题项如表5–1所示。

表 5-1 变量题项设计

构念	题项	测量内容
服务质量（SQ） （Zhou，2013）	SQ1	该旅游 APP 的服务非常及时
	SQ2	该旅游 APP 信息回复速度很及时
	SQ3	该旅游 APP 提供了专业的服务
信任（TR） （Lee & Turban，2011）	TR1	该旅游 APP 运营商会信守承诺
	TR2	该旅游 APP 运营商会考虑顾客的利益
	TR3	该旅游 APP 运营商可以确保其产品和服务的质量
满意度（CS） （McDougall & Levesque，2000）	CS1	我对在该 APP 上的使用经历非常满意
	CS2	我在该 APP 上的使用经历非常愉快
	CS3	我对该旅游 APP 非常满意
便利条件（FC） （Martín & Herrero，2012）	FC1	在旅游过程中使用旅游 APP 是没有阻碍或者困难的
	FC2	在旅游过程中使用旅游 APP 对我来说没有问题
	FC3	在旅游过程中使用旅游 APP 是很轻松的
转换成本（SC） （Burnham et al，2003）	SC1	选择其他旅游 APP 会花费我的时间和精力
	SC2	对于其他旅游 APP 能够带来更好的服务我不太确定
	SC3	如果放弃该旅游 APP，我会损失积累的优惠和权利
持续性意愿（CI） （Bhattacherjee，2001）	CI1	我将继续使用该旅游 APP
	CI2	我会把该旅游 APP 推荐给周围人
	CI3	我对该旅游 APP 有着正面的评价

二、问卷设计与前测

此次持续性使用意愿的问卷设计基本与上个阶段的问卷一致，问卷中的主体部分仍然是模型潜变量的各个题项。在问卷开端，我们也对旅游 APP 给出了一个较为宽泛的定义，即个人在旅游过程中为了即时获取所需的多样化的旅游信息而使用的旅游类移动软件,例如携程旅行、阿里旅行和航旅纵横等。在问卷后面,笔者同样加入了人口统计学相关变量,例如性别、年龄、收入水平和受教育背景等。

在初始问卷形成后,我们对问卷进行了小范围的前测,以期保证正式问卷发放后回收的数据有足够的信度和效度,从而为后面的实证分析结果提供良好的基础。问卷前测对象选择了有使用相关旅游 APP 经验的 20 位填写者,问卷形式为纸质版问卷。通过对样本数据的初步分析以及填写者对于题项设计的反馈信息,笔者对初始问卷又进行了小幅度的修改,从而形成了最终问卷。

第四节 正式问卷发放

由于此阶段的研究主要针对的是持续性使用意愿,所以在问卷发放上笔者选择了在杭州市内各大旅行社以及旅游景点针对实际旅游者进行面对面的问卷发放。为了保证问卷收集的质量,我们对此次的问卷发放协助员进行了集中培训,培训内容主要包括:(1)在问卷发放之前向被调查者说明问卷调查的主要内容并保证不会泄露其个人信息资料。(2)向被调查者询问他们在近半年内是否有旅游经验,并且在旅游过程中是否实际使用过旅游类 APP。在问卷填写完成后会给予填写者一份精美的小礼物以示感谢。

经过为期近一个月的努力调查,从 2016 年 3 月 10 日开始至 2016 年 4 月 8 日止,共收集了 406 份调查问卷,在对纸质版问卷进行登记后,剔除填写不完全以及答案完全相同等无效问卷共 114 份,最终用于接下来数据分析的有效问卷有 292 份,问卷回收率达到 71.9%。

第五节　数据分析

一、描述性统计分析

我们对样本数据的人口统计学变量进行了统计，具体结果如表 5-2 所示。在性别方面，男性数量为 158 人，占比 54.1%，女性数量为 134 人，占比 45.9%；在婚姻状况方面，未婚人数为 140 人，占比 47.9%，已婚人数为 152 人，占比 52.1%；在年龄方面，18～22 岁人数为 34 人，占比 11.6%，23～27 岁人数为 93 人，占比 31.8%，28～32 岁人数为 85 人，占比 29.1%，33～37 岁人数为 59 人，占比 20.2%，38 岁以上人数为 21 人，占比 7.3%；在教育程度方面，高中及以下人数为 68 人，占比 23.3%，本科人数为 166 人，占比 56.8%，研究生及以上人数为 58 人，占比 19.9%；三年内旅游次数为 1 次的人数为 32 人，占比 11%，2～4 次的人数为 152 人，占比 52.1%，5 次及以上的人数为 108 人，占比 36.9%；在旅游 APP 使用经验方面，1 年以下的人数为 103 人，占比 35.3%，1～3 年的为 134 人，占比 45.9%，3 年以上的为 55 人，占比 18.8%。从上面的数据可以看出，这次样本数据收集面向的群体与现实情况基本符合，证明调查问卷的发放是基本成功的。

表 5-2　持续性使用意愿研究样本的描述性人口统计特征

类别	选项	数量（人）	比例（%）
性别	男	158	54.1
	女	134	45.9
婚姻状况	未婚	140	47.9
	已婚	152	52.1

续表

类别	选项	数量（人）	比例（%）
年龄	18~22岁	34	11.6
	23~27岁	93	31.8
	28~32岁	85	29.1
	33~37岁	59	20.2
	38岁以上	21	7.3
教育程度	高中及以下	68	23.3
	本科	166	56.8
	研究生及以上	58	19.9
三年内旅游次数	1次	32	11
	2~4次	152	52.1
	5次及以上	108	36.9
旅游APP使用经验	1年以下	103	35.3
	1~3年	134	45.9
	3年以上	55	18.8

二、信度分析

关于信度的定义前文中已经有了较为详细的叙述和讨论，这里不再一一赘述。和前文分析一样，本阶段的研究仍然通过SPSS21.0中的Cronbach's Alpha值对样本数据的信度进行衡量。

表5-3 样本信度分析

潜变量	题项	删除此项后的Cronbach's Alpha值	变量的Cronbach's Alpha值
服务质量（SQ）	SQ1	0.780	0.850
	SQ2	0.767	
	SQ3	0.824	

续表

潜变量	题项	删除此项后的 Cronbach's Alpha 值	变量的 Cronbach's Alpha 值
信任（TR）	TR1	0.799	0.803
	TR2	0.690	
	TR3	0.692	
满意度（CS）	CS1	0.852	0.855
	CS2	0.743	
	CS3	0.798	
便利条件（FC）	FC1	0.732	0.831
	FC2	**0.843**	
	FC3	0.695	
转换成本（SC）	SC1	**0.849**	0.834
	SC2	0.677	
	SC3	0.769	
持续性使用意愿（CI）	CI1	**0.921**	0.918
	CI2	0.851	
	CI3	0.873	

从信度分析的结果来看，所有潜变量的 Cronbach α 系数均大于 0.7 的学术研究标准。其中服务质量的 Cronbach α 系数为 0.850，并且删除三个题项中的任意一个潜变量整体 Cronbach α 系数都会降低；信任的 Cronbach α 系数为 0.803，并且删除三个题项中的任意一个潜变量整体 Cronbach α 系数都会降低；满意度的 Cronbach α 系数为 0.855，并且删除三个题项中的任意一个潜变量整体 Cronbach α 系数都会降低；便利条件的 Cronbach α 系数为 0.831，但是删除便利条件的第二个题项后，潜变量便利条件整体的 Cronbach α 系数会提升至 0.843；转换成本的 Cronbach α 系

数为 0.834，但是在删除转换成本的第一个题项后，潜变量转换成本整体的 Cronbach α 系数会提升至 0.849；持续性使用意愿的 Cronbach α 系数为 0.918，在删除持续性使用意愿的第一个题项后该潜变量的整体 Cronbach α 系数会提升至 0.921。

虽然便利条件、转换成本和持续性使用意愿三个潜变量在删除各自的一个题项后会提升潜变量整体的 Cronbach α 系数，但是由于原有潜变量的 Cronbach α 系数就已经表现优秀，所以为了保证样本数据的完整性，笔者在此暂时不对样本数据进行删减。

三、效度分析

同信度分析一样，由于前文已经对效度分析的定义和方法做了详细的介绍，这里就不再具体叙述了。具体的效度分析步骤参照了前文的做法，即首先利用 SPSS 中的因子分析进行探索性因子分析，再通过 AMOS 进行验证性因子分析，从而证明样本数据具有良好的区分效度和聚合效度，适合继续做接下来的假设模型分析。下面将首先展示探索性因子分析的结果。

表 5-4　KMO-Bartlett 检验结果

取样足够度的 Kaiser-Meyer-Olkin 度量		0.845
Bartlett 的球形度检验	近似卡方	3098.777
	df	153
	Sig.	0.000

由上表可见，本文样本数据的 KMO 值达到 0.845，同时 Bartlett 值达到 3098.777 且显著性小于 0.001，拒绝 Bartlett 球体检验的原假设。这个结果表明样本数据的相关矩阵有公因子，适合

接下来的探索性因子分析。

接下来是对所有变量题项运用主成分抽取和最大方差旋转法进行探索性因子分析,具体结果如表5-5所示。

通过主成分分析法中依据特征值大于1的方法,共析出五个特征值大于1的因子。第一个主成分的特征根为6.444,它解释了旋转后总方差的35.000%;第二个主成分的特征根为2.360,它解释了旋转后总方差的13.114%;第三个主成分的特征根为1.803,它解释了旋转后总方差的10.019%;第四个主成分的特征根为1.468,它解释了旋转后总方差的8.157%;第五个主成分的特征根为1.198,它解释了旋转后总方差的6.658%。这五个因子累积的解释量达到了73.748%,这个解释力度并不是特别的优秀。同时按照假设模型,本研究应该包含六个变量。当按照固定因子法对数据进行因子分析时,可以发现,第六个主成分的特征根为0.883,它可以解释旋转后总方差的4.903%,从而累积的解释量达到78.650%,基本满足学术研究的标准。

表5-5 样本解释总方差

成分	初始特征值			提取平方和载入			旋转平方和载入		
	合计	方差的(%)	累积(%)	合计	方差的(%)	累积(%)	合计	方差的(%)	累积(%)
1	6.444	35.800	35.800	6.444	35.800	35.800	2.479	13.770	13.770
2	2.360	13.114	48.914	2.360	13.114	48.914	2.448	13.599	27.369
3	1.803	10.019	58.933	1.803	10.019	58.933	2.425	13.470	40.839
4	1.468	8.157	67.090	1.468	8.157	67.090	2.300	12.778	53.618
5	1.198	6.658	73.748	1.198	6.658	73.747	2.257	12.539	66.157
6	0.883	4.903	78.650	0.883	4.903	78.650	2.249	12.493	78.650

续表

成分	初始特征值			提取平方和载入			旋转平方和载入		
	合计	方差的(%)	累积(%)	合计	方差的(%)	累积(%)	合计	方差的(%)	累积(%)
7	0.536	2.976	81.627						
8	0.484	2.689	84.316						
9	0.463	2.570	86.886						
10	0.396	2.198	89.084						
11	0.358	1.988	91.072						
12	0.327	1.817	92.889						
13	0.283	1.571	94.460						
14	0.261	1.451	95.911						
15	0.235	1.308	97.219						
16	0.192	1.064	98.283						
17	0.178	0.991	99.274						
18	0.131	0.726	100.000						

从表5-6旋转成分矩阵结果可以看出（这里为了凸显出题项和因子之间的从属关系，隐去了因子载荷系数小于0.3的系数），每个变量的题项都聚合到了同一个因子之下（表5-6中加粗部分），并且在该因子下的因子载荷系数都高于0.7，这表明数据具有良好的聚合效度。同时每个题项在其他因子下的载荷系数都低于0.3，这表明数据具有良好的区分效度。从上述统计分析结果可以看出，本文的样本数据基本通过了探索性因子分析，具有良好的效度。为了进一步证明数据的效度，将通过验证性因子分析的方法加以验证。

表 5-6　旋转成分矩阵结果

	成分					
	1	2	3	4	5	6
服务质量 1		0.862				
服务质量 2		0.808				
服务质量 3		0.814				
转换成本 1				0.822		
转换成本 2				0.899		
转换成本 3				0.854		
满意度 1			0.804			
满意度 2			0.869			
满意度 3			0.836			
信任 1						0.771
信任 2						0.762
信任 3						0.794
便利条件 1					0.791	
便利条件 2					0.845	
便利条件 3					0.835	
持续性意愿 1	0.776					
持续性意愿 2	0.787					
持续性意愿 3	0.808					

从表 5-7 可以看出，潜变量信任的第一个题项、便利条件的第二个题项和转换成本的第一个题项的标准因子载荷均小于 0.65 的最低标准（表中加粗部分）。根据之前文献中提到的做法，这里必须要对上述三个题项进行删除以保证接下来的假设模型分析结果具有足够的信度和效度。所以在接下来的分析中，笔者将以删除这三个题项的样本数据为准。同时由于样本数据发生了变

化，所以上述的分析结果必须要重新进行。

首先从信度分析开始，从表5-3可以看出，在删除信任的第一个题项后，整体Cronbach's Alpha值从原来的0.803下降到0.799，在删除便利条件的第二个题项后整体Cronbach's Alpha值从原来的0.831上升至0.843，在删除转换成本的第一个题项后整体Cronbach's Alpha值从原来的0.834上升至0.849。在删除各自题项后只有信任的Cronbach's Alpha值下降了，但是仍然保持了较高的信度。整体问卷样本的信度值仍然十分优秀。

表5-7 验证性因子分析结果

潜变量	观测变量	标准负载
服务质量（SQ）	SQ 1	0.735
	SQ 2	0.864
	SQ 3	0.828
信任（TR）	TR 1	**0.653**
	TR 2	0.784
	TR 3	0.819
满意度（CS）	CS 1	0.736
	CS 2	0.907
	CS 3	0.820
便利条件（FC）	FC 1	0.930
	FC 2	**0.638**
	FC 3	0.785
转换成本（SC）	SC 1	**0.646**
	SC 2	0.938
	SC 3	0.787
持续性使用意愿（CI）	CI 1	0.831
	CI 2	0.937
	CI 3	0.904

接下来是对新的样本数据进行探索性因子分析。

表 5-8　KMO-Bartlett 检验结果

取样足够度的 Kaiser-Meyer-Olkin 度量		0.823
Bartlett 的球形度检验	近似卡方	2632.352
	df	105
	Sig.	0.000

由表 5-8 可见，本研究样本数据的 KMO 值达到 0.823，同时 Bartlett 值达到 2632.352 且显著性小于 0.001，拒绝 Bartlett 球体检验的原假设。这个结果表明样本数据的相关矩阵有公因子，适合接下来的探索性因子分析。

通过主成分分析法中依据特征值大于 1 的方法，共析出四个特征值大于 1 的因子（见表 5-9）。第一个主成分的特征根为 5.985，它解释了旋转后总方差的 39.903%；第二个主成分的特征根为 1.910，它解释了旋转后总方差的 12.736%；第三个主成分的特征根为 1.607，它解释了旋转后总方差的 10.715%；第四个主成分的特征根为 1.264，它解释了旋转后总方差的 8.424%。这四个因子累积的解释量达到了 71.778%，这个解释力度并不是特别的优秀。同时按照假设模型，本研究应该包含六个变量。当按照固定因子法对数据进行因子分析时，可以发现，第五个主成分的特征根为 0.967，它可以解释旋转后总方差的 6.447%，第六个主成分的特征根为 0.755，它可以解释旋转后总方差的 5.033%；加上这两个主成分，累积的解释量达到 83.258%，基本满足学术研究的标准。

表5-9 样本解释总方差

成分	初始特征值			提取平方和载入			旋转平方和载入		
	合计	方差的(%)	累积(%)	合计	方差的(%)	累积(%)	合计	方差的(%)	累积(%)
1	5.985	39.903	39.903	5.985	39.903	39.903	2.428	16.186	16.186
2	1.910	12.736	52.639	1.910	12.736	52.639	2.419	16.127	32.313
3	1.607	10.715	63.354	1.607	10.715	63.354	2.417	16.114	48.427
4	1.264	8.424	71.778	1.264	8.424	71.778	1.789	11.928	60.355
5	0.967	6.447	78.225	0.967	6.447	78.225	1.762	11.745	72.099
6	0.755	5.033	83.258	0.755	5.033	83.258	1.674	11.158	83.258
7	0.446	2.972	86.229						
8	0.386	2.573	88.802						
9	0.342	2.278	91.080						
10	0.308	2.052	93.132						
11	0.272	1.814	94.946						
12	0.246	1.641	96.587						
13	0.195	1.297	97.884						
14	0.185	1.231	99.115						
15	0.133	0.885	100.000						

表5-10 旋转成分矩阵结果

	成分					
	1	2	3	4	5	6
服务质量1			**0.869**			
服务质量2			**0.808**			
服务质量3			**0.815**			

续表

	成分					
	1	2	3	4	5	6
转换成本 2					0.915	
转换成本 3					0.925	
满意度 1	0.810					
满意度 2	0.870					
满意度 3	0.841					
信任 2						0.804
信任 3						0.851
便利条件 1				0.870		
便利条件 3				0.885		
持续性意愿 1		0.769				
持续性意愿 2		0.820				
持续性意愿 3		0.832				

利用正交旋转法得到的旋转后成分矩阵显示（见表5–10），每个变量的题项都聚合到了同一个因子之下（表中加粗部分），并且在该因子下的因子载荷系数都高于0.7，这表明数据具有良好的聚合效度。同时每个题项在其他因子下的载荷系数都低于0.3（表中已经自动删除小于0.3的载荷系数），这表明数据具有良好的区分效度。从这个结果可以看出，析出的第一个因子是满意度，析出的第二个因子是持续性使用意愿，析出的第三个因子是服务质量，析出的第四个因子是便利条件，析出的第五个因子是转换成本，析出的第六个因子是信任。上述结果表明，删除后的样本数据仍然通过了探索性因子分析的检验，接下来是验证性因子分析检验。

表 5-11 验证性因子分析结果 II

潜变量	观测变量	标准负载	T 值	平均提取方差	组合信度
服务质量（SQ）	SQ1	0.735	13.812	0.657	0.851
	SQ2	0.864	17.230		
	SQ3	0.828	16.227		
信任（TR）	TR2	0.819	15.081	0.671	0.803
	TR3	0.819	14.954		
满意度（CS）	CS1	0.731	13.881	0.678	0.862
	CS2	0.905	18.565		
	CS3	0.825	16.304		
便利条件（FC）	FC1	0.920	16.087	0.732	0.845
	FC3	0.786	13.725		
转换成本（SC）	SC2	0.955	10.541	0.755	0.859
	SC3	0.773	9.476		
持续性使用意愿（CI）	CI1	0.830	17.145	0.795	0.921
	CI2	0.937	20.863		
	CI3	0.904	19.628		

表 5-12 平均提取方差值的平方根及相关系数

	服务质量	信任	满意度	便利条件	转换成本	持续性使用意愿
服务质量	**0.811**					
信任	0.492	**0.819**				
满意度	0.350	0.446	**0.823**			
便利条件	0.341	0.570	0.372	**0.856**		
转换成本	−0.140	−0.040	−0.236	−0.098	**0.869**	
持续性使用意愿	0.647	0.668	0.542	0.515	−0.235	**0.892**

在剔除信任的第一个题项，便利条件的第二个题项，以及转换成本的第一个题项之后，各个潜变量所属的观测变量因子载荷基本达到 0.7 的标准。同时根据因子载荷计算出的平均提取方差（AVE）和组合信度（CR）也都分别达到了大于 0.5 和大于 0.7 的标准（见表 5-11）。综上所述，可以认为数据样本具有良好的聚合效度。为了检验数据样本的区分效度，我们对平均提取方差值进行平方根处理，并将这个值和其与其他潜变量之间的相关系数进行比较，发现任一潜变量的平均提取方差值的平方根（表 5-12 中加粗部分）均大于其与其他潜变量之间的相关系数，据此可以认为样本数据具有良好的区分效度。

表 5-13　测量模型拟合适配度指标

指标	χ^2/df	GFI	AGFI	NFI	TLI	CFI	RMSEA
实际值	1.513	0.953	0.921	0.959	0.979	0.986	0.042
推荐值	小于 3	大于 0.9	大于 0.8	大于 0.9	大于 0.9	大于 0.9	小于 0.08

从表 5-13 可以看出，测量模型验证性因子分析的各项模型拟合适配度指标均达到推荐标准，表明测量模型拟合优秀，分析结果可信有效。

四、假设模型分析

接下来是对假设模型的验证，笔者仍然采用了 AMOS21.0 软件进行结构方程模型的分析。具体分析步骤和方法已经在前文中具体叙述，这里就不再一一阐述。下面将直接给出具体的分析结果。首先是对模型中主效应的分析结果。

表 5-14　模型分析结果

路径	对应假设	标准化回归系数	临界比	P 值	检验结果
满意度→ 持续性使用意愿	H1	0.241	4.534	***	支持
信任→ 持续性使用意愿	H2	0.319	5.236	***	支持
服务质量→信任	H3a	0.513	7.072	***	支持
服务质量→ 满意度	H3b	0.276	4.053	***	支持
服务质量→ 持续性使用意愿	H3c	0.374	5.788	***	支持
便利条件→ 满意度	H4a	0.289	4.453	***	支持
便利条件→ 持续性使用意愿	H4b	0.149	3.045	**	支持

注：$p<0.001$ 为 ***，$p<0.01$ 为 **，$p<0.05$ 为 *。

从表 5-14 中可以看出满意度、信任、服务质量和便利条件均对用户的持续性使用意愿有着显著的正向影响，影响系数分别为 0.241、0.319、0.374 和 0.149，假设 H1、假设 H2、假设 H3c 和假设 H4b 均得到了样本数据的支持。服务质量对于信任和满意度的正向影响也均为显著，影响系数分别为 0.513 和 0.276，假设 H3a 和假设 H3b 均得到了样本数据的支持。同时便利条件对于满意度也有着显著的正向影响，影响系数达到了 0.289，假设 H4a 得到了样本数据的支持。

表 5-15　假设模型拟合度适配指标

指标	χ^2/df	GFI	AGFI	NFI	TLI	CFI	RMSEA
实际值	2.800	0.923	0.877	0.933	0.939	0.956	0.079

续表

指标	χ^2/df	GFI	AGFI	NFI	TLI	CFI	RMSEA
推荐值	小于3	大于0.9	大于0.8	大于0.9	大于0.9	大于0.9	小于0.08

表 5-15 为分析测量模型后的各项模型拟合适配度指标，从实际值和推荐值的比较中可以发现，所有指标均达到了标准，表明上述模型结果真实可信。

接着是对转换成本在模型中调节作用的检验，检验方法和前文对于文化维度的方法基本一致，仍然是将自变量和调节变量中所有题项一一相乘，从而得到交互项的观测变量，再检验加入交互项后的整体模型中，交互项对于因变量是否存在显著的影响，以此来判断调节作用是否显著，具体结果如表 5-16 所示。

表 5-16 调节效应检验结果

路径	对应假设	标准回归系数	P 值	检验结果
转换成本 * 满意度→ 持续性使用意愿	H5a	0.164	*	支持
转换成本 * 信任→ 持续性使用意愿	H5b	0.307	***	支持
转换成本 * 服务质量→ 持续性使用意愿	H5c	0.194	***	支持
转换成本 * 便利条件→ 持续性使用意愿	H5d	0.083	0.241	不支持

注：$p<0.001$ 为 ***，$p<0.01$ 为 **，$p<0.05$ 为 *。

从表 5-16 可以看出，转换成本在满意度和持续性使用意愿之间起到了正向调节作用，影响系数为 0.164，假设 H5a 得到了支持；转换成本在信任和持续性使用意愿之间起到了正向调节作用，影响系数为 0.307，假设 H5b 得到了支持；转换成本在服务质量和持续性使用意愿之间起到了正向调节作用，影响系数为 0.194，假设 H5c 得到了支持；转换成本在便利条件和持续性使用意愿之间的调节作用则没有被支持，假设 H5d 没有得到支持。

第六节　实证分析总结与讨论

一、研究总结

本章节主要的研究问题是旅游 APP 的持续性使用意愿分析。在文献回顾和逻辑推导的基础上，笔者构建了研究模型。在模型中，满意度、信任、服务质量和便利条件被认为是影响个人持续性使用旅游 APP 意愿的主要因素，同时转换成本也被作为调节变量加入整体模型之中。为了实证分析该研究模型的准确性，笔者在各个旅行社和旅游景点面向实际有过旅游 APP 使用经验的旅游者发放调查问卷，在历时 1 个月的时间里共收集了 292 份有效问卷。

样本数据在通过信度和效度检验后，笔者运用结构方程模型的方法对研究模型进行了实证检验，检验结果表明：满意度、信任、服务质量和便利条件均对用户的持续性使用意愿有着显著的正向影响，影响力度大小依次为服务质量、信任、满意度和便利条件，同时服务质量对满意度和信任的正向关系以及便利条件对于满意度的正向关系也被证实是显著正向的。对于转换成本的调节作用，在满意度、信任和服务质量对持续性使用意愿的关系中被证实是显著正向的，而在便利条件对持续性使用意愿的关系中则是不显著的。

二、结果讨论

对于上述实证研究结论,笔者将从下面几个方面进行讨论。

第一,满意度、信任、服务质量和便利条件均对持续性使用意愿有着显著的正向影响,在影响力度上依次为服务质量、信任、满意度和便利条件。移动旅游APP作为一项搭载在移动终端上的应用,通过移动互联网用户可以随时随地获取相应信息和服务,这点优势与旅游行业的特点正好相匹配。在现实生活中,旅游者在陌生的旅游地可能会遇到移动信号不稳定、网络覆盖范围不够大等客观限制因素,这些因素导致运营商承诺的服务无法及时完成,从而降低了用户的服务质量体验。在这方面,旅游运营商不仅需要通过改善移动应用、优化网络配置等方式来提升服务质量,而且在遇到特别事项时,例如天气、自然灾害等不可抗力因素导致旅游行程更改取消等,需要以短信或电话的方式及时通知用户,而不是仅仅通过APP客户端推送相关信息。最后旅游运营商不仅要注重线上APP的服务,而且需要将线下服务作为其有效的补充,在热门旅游景点和旅游城市需要考虑建立线下的实体门店,为旅游者提供更加完整优秀的服务。同时,旅游运营商需要管理好自身的言行,特别是在社交网络和社交媒体盛行的时代,相关负面新闻的传播速度和影响范围都变得更快更广,如何保证自身的信誉度和正面形象将关系到实际使用用户对于其信任程度,进而影响用户的持续性使用意愿。便利条件的显著性也证明了旅游运营商要做好相关配套性服务的安排,这样才能让用户在有充足外界支持的情况下随时随地使用旅游APP,增加他们的持续性使用意愿。

第二,服务质量对于信任和满意度有着显著的正向影响,便利条件对于满意度有着显著的正向影响。这个结论与之前文献的研究结论是一致的,说明对于旅游运营商来说,踏实做好服务、完善用户体验才是提升用户满意度最重要的因素。在旅游运营商层出不穷的时代下，服务质量的提升还会提升用户对其信任程度，在现代社会用户越来越注重个人隐私信息和财务信息等方面保密性的情况下，信任对于降低不安全感、建立长久的服务关系来说是非常重要的。

第三，转换成本在服务质量、信任和满意度对持续性使用意愿的关系中均起到正向调节作用，但是在便利条件和持续性使用意愿中的调节作用则是不显著的。首先，从用户角度来说，转换成本是一种时间、精力和财务上的累计投入，从开始寻找某种旅游APP到熟悉用户界面操作，再到注册成为会员提供个人信息，这些都是需要耗费时间和精力的。同时一般来说，旅游APP中会有累积积分和优惠券返还给有过购买经验的用户，这些是财务上的累计投入，当这种投入随着时间累积得越高时，个人与旅游APP之间的依赖关系就越强，越不会轻易地舍弃该旅游APP。其次，转换成本越高，意味着用户寻找其他替代的旅游APP需要付出更高的搜寻成本，同时替代的旅游APP能否提供更好的体验和服务也是未知的，所以即使该旅游APP可能略逊于其他新兴产品，但是高转换成本以及未知的风险可能会带来负的净效用，从而切断旅游者转投其他产品的意愿，继续使用该旅游APP。基于此，当转换成本高的时候，用户使用的原有APP的服务质量、信任和满意度就会越增强其对该APP的持续性使用意愿，从而不会轻易地转移。

第七节　本章总结

本章节主要研究了影响旅游者持续性使用移动旅游APP的因素，即旅游运营商面临的"存活"问题。在文献综述和逻辑推导的基础上本章节搭建了较为完善的理论研究模型，同时面向有过旅游 APP 使用经验的真实旅游者发放了调查问卷，共回收了 292 份有效问卷。在结构方程模型分析方法的帮助下，我们得出了下列实证结论：（1）满意度、信任、服务质量和便利条件对于持续性使用意愿均有着显著的正向影响。（2）服务质量对于满意度和信任有着显著的正向影响，便利条件对于满意度也有着显著的正向影响。（3）转换成本在满意度、信任和服务质量对于持续性使用意愿的关系之中扮演了正向调节变量的角色，而在便利条件和持续性使用意愿之间则没有显著的调节作用。

　　本章节的研究结论在学术和实践两方面均有着非常重要的意义。在学术方面，相比于初次采纳阶段来说，用户在有了实际的使用经验后对旅游 APP 的感知和态度均会发生变化，那么探索使用后阶段的持续性使用意愿就有着非常重要的意义，同时也扩展了用户采纳后行为在移动旅游 APP 领域的应用。在实践方面，随着智能手机的普及，可以说旅游市场的未来发展方向已经慢慢转移到了移动端。为了能够更好地抢夺移动市场，各大旅游运营商可以说使出了浑身解数，但是由于旅游 APP 本身的同质性导致市场竞争异常激烈，从而不可避免地出现了价格战。虽然说价格战使消费者获得收益，但对于运营商来说，直接导致了运营成本的上升，不利于整体旅游市场的发展。有研究显示获取一个新用户的成本是维持一个老用户成本的 5 倍。所以对于各大运营商来说，价格战并不是长久之计，在引入新用户的同时，如何留住老用户，加强他们的使用黏性是非常关键的问题，因为这样不仅会节省运营成本，还可以稳步扩展市场份额。本章节的研究结论也表明运营商应该更加关注旅游 APP 产品本身，提升服务质量，提升用户满意度，配置好外部使用环境，并且建立良好的品牌认知度，从而培养用户的持续性使用行为，进而让整体移动旅游市场朝着更加健康、更加平稳的方向发展下去。

第六章

促活：旅游 APP 系统设计对于使用意愿的影响分析

第一节　研究假设

一、个体感知

在此研究中，个体感知包括了感知有用性、感知易用性、满意度和感知趣味性四个变量。其中感知有用性、感知易用性和满意度均已经在前面章节进行了详细的介绍，这里就不再具体阐述，接下来主要讨论感知趣味性这个变量。所谓感知趣味性是指个人在参与特定活动的过程中感受到的愉悦程度。穆恩和基姆（Moon and Kim，2001）对于感知趣味性进行了细致的划分，他们认为感知趣味性应该从三个方面来衡量：第一是用户在和信息技术系统交互的过程中注意力被吸引的程度；第二是用户在互动过程中感受到的有趣程度；第三则是用户对于这个互动过程的内在享受程度。对于一些具有享乐性质的信息技术来说，例如移动游戏、音乐等应用，影响用户使用意愿的不仅仅是这些工具带来的实质性帮助和价值，还有它们给人们带来的在情感上的愉悦感，因此感知趣味性在用户采纳意愿的研究中被当作是一个非常重要的变量，特别是当用户需要和该产品产生一定的交互互动时。童（Thong et al.，2006）以期望确认理论为研究框架，发现感知趣味性对于个人持续性使用移动互联网的意愿有着显著的正向影响。刘和李（Liu and Li，2011）的研究证实了用户对于移动游戏的感知趣味性会对其采纳意愿有着显著的影响。鲁等（Lu et al.，2009）以计划行为理论和沉浸理论为研究框架，揭示了感知趣味性对于个人使用即时通信软件的意愿有着显著的正向影响。

移动旅游APP可以帮助旅游者在旅游前规划自己的旅游行

程、查找旅游信息，在旅游中了解当地旅游信息、查询旅游线路，在旅游后记录旅游体验、分享旅游经历，个人无论以何种目的使用，都是需要和APP进行充分的交互互动，所以在整体过程中必然涉及了个人情感在其中。特别是针对旅游这一背景来说，经常会引起愉悦、沉浸等享受型情感，所以感知趣味性对于个人持续性使用移动旅游APP来说有着重要作用。基于此，提出假设：

假设H1：感知有用性对于使用意愿有着显著的正向影响。
假设H2：感知易用性对于使用意愿有着显著的正向影响。
假设H3：感知趣味性对于使用意愿有着显著的正向影响。
假设H4：满意度对于使用意愿有着显著的正向影响。

二、系统设计

在本研究中对于移动旅游APP的系统设计笔者将采用信息系统成功模型来作为主要的理论框架。信息系统成功模型是由德洛内和麦克莱恩在1992年提出的，他们在前人研究的基础上将影响一个信息系统能否成功的主要因素归结为信息质量和系统质量，由这两个因素影响用户的使用情况及满意度。在早期相关研究中，信息系统被认作是会影响到组织层面绩效甚至对整个社会产生作用。但是在现代社会中，随着智能手机的普及和移动互联网络的出现，信息系统的面向对象开始转向个人，各种移动端应用开始影响个人的生活和工作，这类应用虽然小巧精炼，但是具备了一个完整的信息系统所应该具备的各项条件。在学术研究中，学者们也开始使用信息系统成功模型来分析用户对于移动应用的采纳意愿。在此背景下，系统质量主要用来衡量移动应用的反应速度、操作简洁性、界面导航、功能灵活性和界面美观等方面，信息质量则是用来衡量移动应用提供信息的相关性、充足性、准确性和及时性等方面。郑等（Zheng et al.，2013）以信息系统成功模型为研究框架分析了用户对于在线信息交换类虚拟社区的持续性参与意愿，发现信息质量和系统质量会显著正向影响用户的满意度和感知价值，进而提升他们的持续性共享知识的意愿。王等（Wang et al.，2016）将信息系统成功模型和承诺—信任理论相结合，通过团购网站系统设计体现出来的信息质量、系统质量和服务质量来分析用户对于其网站的信任和承诺水平对于其参与团购意愿的影响。对于旅游者来说，在旅游过程中使用移动旅游APP是必须要与其进行充分的交互互动才能完成相应的交易和服务。那么旅游者的个体感知必然会受到来自移动旅游APP的客观的系统设计的影响。例如高的系统质量会充分满足旅游者多样化的功能需求，减少操作流程并有着较为美观的产品界面，同时高效优质的信息质量也会为旅游者提供充足且准确的旅游信息，并会及时向旅游者发送通知。这种基于系统设计的客观因素显然会影响用户对于移动旅游APP的感知有用性、感知易用性、感知趣味性和满意度这些个体层面感知的形成。基于此，提出假设：

假设H5a：信息质量对于感知有用性有着显著的正向影响。
假设H5b：信息质量对于感知易用性有着显著的正向影响。
假设H5c：信息质量对于感知趣味性有着显著的正向影响。
假设H5d：信息质量对于满意度有着显著的正向影响。
假设H6a：系统质量对于感知有用性有着显著的正向影响。
假设H6b：系统质量对于感知易用性有着显著的正向影响。
假设H6c：系统质量对于感知趣味性有着显著的正向影响。
假设H6d：系统质量对于满意度有着显著的正向影响。

第二节 理论研究模型

综上所述，本研究提出了关于移动旅游 APP 系统设计对于用户使用意愿的理论研究模型，具体如图 6-1 所示。

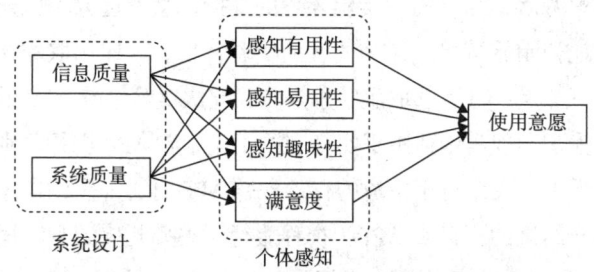

图 6-1 系统设计对用户使用意愿影响研究理论模型

第三节 实验设计与前测

本研究中实验的主要目的就是为了分析旅游 APP 作为一个搭载在移动端的应用信息系统，其设计方式和界面内容对于用户使用意愿的影响。结合上文的文献综述和理论分析，本章节主要采用了信息系统成功模型作为研究框架，其中包含的主要自变量分别是信息质量和系统质量，信息质量是指系统可以确保信息在传递过程中按照其原意进行传输，系统质量则是指系统能够准确有效地生产信息。在具体衡量这两个维度方面，一般来说信息质量包括系统提供信息的准确性、时效性、完整性、相关性和持续性等指标，而系统质量的具体指标则包括功能性、可靠性、灵活性、整合性和重要性等指标。为了能够实际操作出信息质量和系统质量的不同水平,笔者与他人合作设计了四种不同的旅游APP系统界面。下面对整个实验设计过程中的具体步骤和细节进行阐述。

首先需要确定选择何种类型的旅游APP作为实验背景。在经过充分思考后,结合周围实验环境的支持,笔者选取了杭州西溪国家湿地公园旅游景点作为此次的实验背景。这样选取的原因主要有以下几点:(1)选取旅游景点作为此次实验旅游APP的主要框架是为了和现实生活中真实存在的主流旅游APP进行区别。在现实生活中,大众对于主流的移动旅游APP有着一定的印象,例如前文介绍过的预订类APP(携程旅行、去哪儿旅游和阿里旅游等)、攻略类(旅游攻略、大拇指旅游等)、分享类(面包旅行、在路上等)和工具类APP(航旅纵横、高铁管家等),如果在实验中参照或者模仿这种类型的旅游APP作为实验背景,来设计相关的旅游APP系统和界面展示,那么就不免会对实验者产生不可控制的影响,例如品牌效应、个人偏好等原因,从而造成实验偏差,影响实验结论的准确性和可信性。为此笔者在充分考虑后,选取了旅游景点作为此次实验的具体背景。在实际生活中,专门为某一个旅游景点设计的旅游APP并不多见,正是这样可以避免由于生活环境中的实际经验,来评判实验中使用的旅游APP。(2)考虑到实际情况和个人能力,并且结合后续的实验开展和实验对象的选取,笔者最终选取了杭州市著名旅游景点——西溪国家湿地公园作为实验背景。这里对西溪湿地做一个简单的介绍。

西溪国家湿地公园坐落于浙江省杭州市区西部,离杭州主城区武林门只有6公里,距西湖仅5公里,公园总面积约为11.5平方公里,分为东部湿地生态保护培育区、中部湿地生态旅游休闲区和西部湿地生态景观封育区。西溪国家湿地公园是一个集城市湿地、农耕湿地、文化湿地于一体的国家湿地公园。2009年11月3日，公园被列入国际重要湿地名录。2012年1月10日，被评为国家AAAAA级旅游景区。西溪国家湿地公园在空间布局上可归纳为"三区、一廊、三带"。"三区"是指：东部东起紫金港路绿带西侧，南起沿山河，北至文新路延伸段，西部的界线为千斤漾至包家塘港（蒋村港），总面积约2.70平方公里，基本是鱼塘湿地，有少量河港，区内旅游资源极少，实行完全封闭；西部东起长家滩港，南起五常大道，西至绕城公路绿地东侧，北至新开河，总面积约2.80平方公里。该区也属鱼塘湿地，河港较少，历史人文旅游资源也不多，实现一定年限的全封闭保护，营造原始湿生沼泽地；中部东起千斤漾至包家塘港，南起沿山河，北至文新路延伸段，西部的界线北段起自绕城公路绿化带东侧、向南折至年家港（新开河）、朝天幕港，再往南至长家滩，总面积约5.90平方公里，除鱼塘湿地外，河网稠密，湿地自然景观最为明显，且历史人文遗址较多，为湿地生态旅游休闲区。"一廊"是一条50米宽的多层式绿色景观长廊，长廊环绕保护区，由常绿高乔木、低乔木、灌木、草本植物、水边植物五个层次组成。"三带"指的是紫金港路"都市林阴风情带"、沿山河"滨水湿地景观带"、五常港"运河田园风光带"。西溪国家湿地公园有"三堤十景"，三堤分别是福堤、绿堤、寿堤，十景分别是秋芦飞雪、火柿映波、龙舟盛会、莲滩鹭影、洪园余韵、蒹葭泛月、渔村烟雨、曲水寻梅、高庄晨迹、河渚听曲。

　　从上述对于西溪国家湿地公园的简单介绍中可以看出，西溪国家湿地公园景区内空间范围很大，并且景区内有着很多美丽的自然和人文景观，非常适合开发一个导游性质的景区内旅游APP。基于此，笔者和相关技术人员共同开发了四款不同的、以西溪国家湿地公园为背景的旅游APP，这四款不同功能设计和界面内容的旅游APP，正好对应了高低信息质量和高低系统质量之间的四种不同组合，即高信息质量和高系统质量，低信息质量和高系统质量，高信息质量和低系统质量，低信息质量和低系统质量。当然需要说明的一点是由于仅仅是用于实验研究，而非实际运营之用，所以在很多地方该APP距离真实APP有较大差距。下面的几张截图分别展示了不同组别之间，在系统设计和内容展示方面的差异和区别。

图6-2代表了低信息质量和低系统质量的组合，下面将具体介绍该系统包含的系统功能和信息内容：（1）首先，可以看到在界面的最上方是一个搜索栏，在搜索栏最左方有搜索内容所属项目的选择，共包括"景点""购物""公交站""公共设施"以及"全部"五个选项，实验者可以根据搜索需求自行选择。同时在搜索内容中实验者也可以自行输入任何内容，在点击搜索按钮后，系统会跳转到实验者输入内容

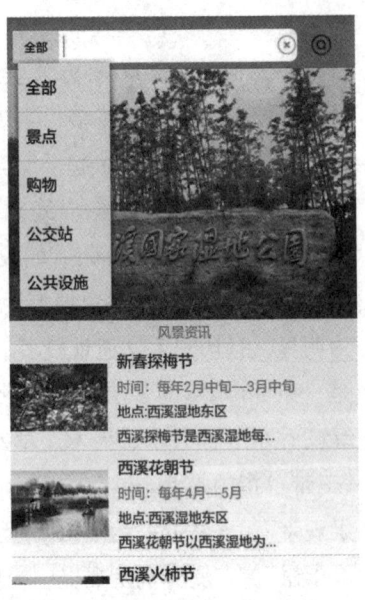

图6-2 低信息质量和低系统质量

在百度地图中的具体位置。（2）其次，在搜索栏的下方是有关西溪国家湿地公园的风景图片，共七张，实验者可以通过左右滑动来查看，所展示的图片都是西溪国家湿地公园中具有代表性的景点和风景图片。（3）最后图片展示的下方是关于西溪国家湿地公园中特色景点、相关旅游攻略方面的简单介绍，这些简单介绍都是可以点击的，点击后会有一个更加详细的介绍出现在手机界面

上,进入此界面阅读完毕后,可以单击左上方的返回按钮,重新返回到主界面,继续浏览其他内容,这部分内容被归结到"风景资讯"这一板块中。

这三个方面的内容是在低信息质量和低系统质量的组合中所展示的主要内容。其中内容一代表了低的系统质量,这个系统设计功能性较为单一,实验者必须要通过自主性搜索,才能得到想要的内容,在灵活性上也有一定的欠缺,无法满足多样化的需求。同时,由于只有单一的搜索功能,对于实验者在系统可靠性方面的感知产生,也造成了一定的障碍和困难。内容二和内容三则是体现了低的信息质量,首先该旅游景点 APP 提供的信息内容主要集中于图片(内容二)和文字(内容三),其次这些信息大多比较单一,且给人以比较死板的特征,并且这类信息大多可以从网上,例如景点官方网站、第三方搜索网站上获得,对于实验者来说获得信息的时效性、完整性和相关性较低,从而代表了较低的信息质量。

图 6-3、图 6-4、图 6-5 三张截图代表了低信息质量和高系统质量水平下的系统设计和界面内容。由于和第一组都是同处于低信息质量水平下,所以本组在信息质量这个维度中没有做出改变,下面将具体介绍该组在系统质量方面做出的更改,在主界面最下面加入了新的界面功能选择栏,共

图 6-3 低信息质量和高系统质量 A

 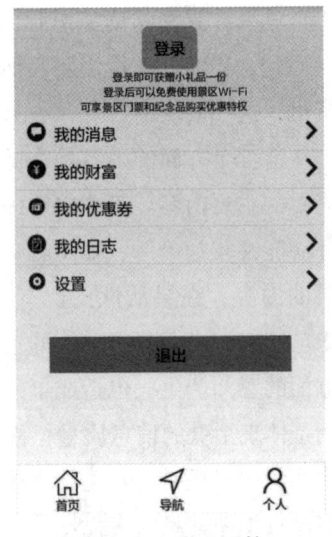

图6-4 低信息质量和高系统质量B　　图6-5 登录系统

包括"首页""导航"和"个人"三个方面：（1）在"首页"界面中就是原主界面的显示内容。（2）在"导航"界面中主要加入了地图要素，正如前文对西溪国家湿地公园的简要介绍中所提到的，西溪国家湿地公园占地面积很大，景点分布比较分散，加入地图导航这项功能，可以方便旅游者在景区内的观光和游览，同时在景点内的游玩过程中这一功能也完全可以代替地图导航类旅游APP的作用，极大地丰富了该实验旅游APP的功能多样性和灵活性，同时配合在"导航"界面中的搜索栏，可以更加完善地点搜索和周围各种相关旅游信息的定位，使得前文提到的系统质量变得更加可靠。（3）在"个人"界面中，主要是个人账号的登录以及账号设置。在"登录"按钮下方，文字提示了如果实验者愿意在该旅游APP类进行个人信息的注册，可以获得小礼品一份，并且登录后，可以凭借个人信息免费使用景区内的Wi-Fi，最后凭借会员信息，可以享受景区内部分纪念品和未来门票购买的优惠特权。为了更加逼真，实验者在点击登录按钮后系统会跳转到登录界面，在登录界面包含了用户名和密码两个文本信息输入栏，实验者可以在其中输入一定的信息。在"登录"按钮的下方还有"我的消息""我的财富""我的优惠券""我的日志"和"设置"这五个方面的功能，其中"我的消息"是指个人在成功登录后系统会向个人账号推送一些景点信息，例如景点、位置和相关旅游信息等；"我的财富"则是个人通过购买门票和景点纪念品累积下来的积分，当积分累积到一定程度后，可以免费兑换一些精美小礼品；"我的优惠券"中存放的是个人首次注册会员后，系统自动赠送的以及后续系统推送的相关优惠券，这些优惠券可以用来购买景点纪念品，获取打折优惠，同时部分优惠券会提供未来门票的折扣；"我的日志"则是提供一些景点信息供旅游者记录，例如已经去过的景点，还有哪些景点未去过，以及旅游日志的记录等；"设置"则是旅游者根据自己个人偏好对系统进行一些设定和控制。由于本文中设计的关于西溪国家湿地公园的景点旅游APP，只是为了实验目的而非正式投入运营，所以上述的五个功能只起到了展示作用，并没有什么特殊内容，实验者在实验过程中，只能看见上述功能，却无法点击使用。

本组实验代表的是低信息质量和高系统质量，所以在信息质量维度方面，仍然维持了在第一组中的展示方式，而在系统质量维度方面，为了表现出高水平和低水平的区别，笔者在设计时，加入了上述三方面的改进，加入了"首页""导航"和"个人"三个界面，每个界面都包含了特定的功能和作用，在上文都有一一具体阐述。这些功能的加入使得整体系统变得更加丰富，也更加贴合了实际使用过程，同时多种功能的相辅相成，也使得系统传递的信息更加真实可信。基于此，笔者认为这种设计，可以充分体现出该组别的系统中高水平的系统质量。

图 6-6　高信息质量和低系统质量 A

图 6-7　高信息质量和低系统质量 B

图 6-8　高信息质量和低系统质量 C

图 6-6、图 6-7、图 6-8 代表了高信息质量和低系统质量水平下的系统设计和界面内容。由于和第一组都是同处于低系统质量水平下，所以本组在系统质量这个维度中没有做出改变，下面将具体介绍该组在信息质量方面做出的更改。为了体现出系统展示的信息在准确性、时效性、完整性和相关性等方面的优势，笔者做出了以下几方面的改动，在"首页"

中除了顶部搜索栏、部分景区图片展示和"风景资讯"三个模块，还加入了"大区模块选择"和"休闲之所"两方面的信息：（1）首先"大区模型选择"功能中包括了"风景""美食""住宿""出行""购物"以及"更多"六个按钮，实验者可以任意进行点击，当点击进入某一个具体模块后，都会出现地图信息界面，并且在地图中标注有相关信息的具体地理位置，例如点击"美食"模块，会在地图出现10多个在杭州市内离西溪国家湿地公园距离较近的餐饮饭馆，其他模块也都有同样作用。（2）在接下来的"休闲之所"模块中，则更加具体地介绍了一些与旅游相关的信息，例如"星巴克咖啡""西轩酒店""保利影院""佳食纷美食广场""外婆家"和"西溪宾馆"等，在每一个具体推荐信息中，还用一些简单的词语进行了描述，例如在星巴克咖啡中介绍了消费者的平均消费"15元每位"，在西轩酒店则表明了酒店房价正在促销优惠"标间特价"，保利影院则标注了当时正在上映的热门电影《神探夏洛克》，在佳食纷美食广场则突出了其特点"欢乐吃不停"，在外婆家中突出其特色菜品"冬日温暖水饺"，而最后的西溪宾馆则是强调了酒店特色"舒适与风景同在"。（3）在下方的功能界面选择中，相比于第一组系统设计，笔者还加入了"景点评价"界面。在这个界面中，主要展示了之前有过在西溪国家湿地公园游览经验的游客对于该景点的评价，这些评价包含了文字信息和图片信息。实验者可以通过这种类似于电子商务网站上用户评价的系统，获取来自真实游客的反馈，从而进一步了解景点相关旅游信息。

本组实验代表的是高信息质量和低系统质量，所以在系统质量维度方面，仍然维持了在第一组中的展示方式，而在信息质量维度方面，为了表现出高水平和低水平的区别，笔者在设计时加入了上述三方面的改进，即在主界面中加入了"大区模块选择"

和"休闲之所"两方面的旅游相关信息,同时又在功能界面中加入了"景点评价"的内容,以过往旅游者对于西溪国家湿地公园的评价为主要展示内容,这类信息可以说更加适合真实旅游者,相关性更强。这三个方面的改进大大提升了系统提供的信息在准确性、时效性、完整性和相关性等方面的质量。基于此,笔者认为这种设计可以充分体现出该组别的系统中高水平的信息质量。

图6-9代表了高信息质量和高系统质量水平下的系统设计和界面内容。由于在第二组和第三组均已经说明了高信息质量水平和高系统质量水平是如何在此次实验中被展示的,所以在此组中笔者就是将上述两方面进行了整合,即同时包括了高信息质量水平的设计以及高系统质量水平的设计。这里就不再一一具体阐述了。

综上所述,以上图片展示了四种不同类型的实验旅游APP的系统设计和界面展示,分别代表了低信息质量和低系统质量水平、低信息质量和高系统质量水平、高信息质量和低系统质量水平以及高信息质量和高系统质量水平四种不同组合。

图6-9 高信息质量和高系统质量

为了保证实验设计的准确性,能够达到实验的预期目标,笔者进行了小规模的实验前测。笔者选取了浙江某高校的在校学生和学校老师共计20人,平均分成四组,即每组5人。每组分别尝试体验其中一种旅游APP,在充分体验完成后,笔者和他们依次进行访谈，访谈内容基本围绕着旅游APP的信息质量和系统质量两方面。根据他们的评价和反馈，整理完成后笔者发现实验设计基本上凸显出了实验目的，能够区分出来高低不同水平下的信息质量和系统质量。

在实验系统设计完成之后，作者又对实验完成后需要被实验者填写的问卷进行了设计。在问卷设计方面，由于本文理论研究模型中选择的变量基本都是国内外研究中已经非常成熟的量表，同时为了保证问卷题项在翻译过程中仍然有较高的信度，笔者参照了在初始使用意愿中问卷设计的方法，即回译法。具体步骤如下：首先，由一位母语为中文且英文水平达到英语六级的熟悉相关领域研究的研究生将原始量表翻译成中文，然后，由另外一名水平相当的研究生将翻译后的中文量表再次翻译成英文。接下来笔者和两位研究生一起将原始英文量表、翻译后的中文量表以及回译后的英文量表进行比较，共同探讨和寻找三者之间的差异，再结合具体的实验背景，从而确定合适的最终翻译以形成正式的中文量表。这里需要说明的一点是，此次问卷回译中的两名翻译员和上两个研究中使用的翻译员是完全不同的人，以此避免在翻译过程中出现惯性思维。具体量表题项如下：

表6-1 系统设计对使用意愿影响研究的变量题项设计

变量名	测量题项
感知有用性 （Yi et al., 2006）	我觉得该款旅游APP在游览西溪的过程中是很有用的
	我觉得该款旅游APP有效地提升了我在西溪旅游的体验
	有了该款旅游APP，整个西溪旅游的过程会变得更加方便快捷
感知易用性 （Yi et al., 2006）	学习如何使用该款旅游APP对我来说很容易
	熟练掌握该款旅游APP的各项功能对我来说很容易
	以现有的知识我完全可以使用该款旅游APP

续表

变量名	测量题项
感知趣味性（Venkatesh, 2012）	该款旅游 APP 的界面设计很有趣
	该款旅游 APP 的用户互动很有趣
	我非常享受和该款旅游 APP 的交互互动
满意度（McDougall & Levesque, 2000）	我对在该款旅游 APP 上的使用经历和体验非常满意
	我在该款旅游 APP 上的使用经历和体验非常愉悦
	总体上来说，我对该款旅游 APP 非常满意
使用意愿（Lu et al., 2008）	我会考虑使用该款旅游 APP
	我有意愿去使用该款旅游 APP
	在未来的西溪旅游过程中，我会尝试使用该款旅游 APP

在初始问卷形成后，我们对问卷进行了小范围的前测，这样做的目的是为了在正式发放问卷时，能够保证问卷数据的信度和效度，从而为数据处理和分析结果提供良好的基础。问卷前测对象选择了浙江省某高校的在校老师和学生，发放形式主要为纸质版问卷。总共发放了 20 份问卷，全部有效回收。通过 SPSS21.0 对样本数据进行了信度和效度分析，分析结果基本达到研究要求。在数据分析之外，笔者还和问卷填写者进行了简单的访谈，访谈内容集中于问卷题项设计是否合理、有无改进意见和理解是否存在困难等方面。在进一步修正和整理后，形成了最终实验中需要使用的问卷。至此整个实验需要使用的旅游 APP 系统和问卷均已经设计并进行了相应的前测，接下来就是正式进行实验的环节。

第四节　实验过程

在前面的章节中我们已经对实验过程中需要使用的旅游 APP 系统进行了设计，同时相应的问卷也已经准备完毕，接下来就是正式的实验过程。为了保证实验的顺利进行，笔者在浙江某高校进行了充足的实验前期准备。

首先是实验者的挑选。笔者在此高校的旅游相关专业发出了实验者招聘信息，在招聘信息中明确指出此次实验是为了展示某款正处在调试阶段尚未投入运营的西溪国家湿地公园的旅游景点 APP，实验者无须有相关使用经验只要拥有一台 Android（安卓）系统的移动手机即可（本文设计的四种系统均只能在 Android 系统中安装使用，IOS 系统不能使用），整个实验过程大约持续 30 分钟至 40 分钟，实验者在参与完实验后可以获得 5 元的现金奖励或者精美小礼品一份。经过近半个月的时间，结合本次实验的具体情况，笔者共挑选了 200 名实验者，按照四个不同的系统组合，每组有 50 名实验者。

正式实验开始之前，作者专门挑选了一间可以容纳下 50 名实验者并且校园 Wi-Fi 信号优秀的教室，分上下午两个半天，共进行 4 场实验。每次实验正式开始之前，笔者会在 50 名实验者到齐之后让每位实验者首先连接上校园 Wi-Fi，进入笔者事先建立好的 QQ 群中，在群中发送此次实验需要体验的旅游 APP 版本，所有实验者要根据要求进行下载和安装。这里需要说明的一点是，在实际实验过程中有的学生手机出现了技术层面的问题，而导致无法正确安装实验需要体验的旅游 APP，遇到这种情况笔者会将事先已经安装好相应版本的手机借给该位同学暂时使用。在所有实验者完成下载和安装后，实验才会正式开始，每位实验者拥有15分钟的体验时间,可以充分体验完或者提前结束体验。在体验结束后实验者举手示意,相关人员会将问卷发送到实验者手中,实验者根据体验结果完成问卷的填写。每场实验从准备阶段到最终结束基本都在40到50分钟内完成。由于是在一天内完成了四场实验,所以我们在每场实验结束后都告诫实验参与者在当天不要向他人透露和交流实验内容和问卷内容,以此保证后续的实验者对实验仍然处于不知情状态。在实验招聘信息中承诺的现金奖励或者精美礼品都会在每场实验结束后立即兑现。

第五节 数据分析

一、实验数据分析

1. 不同组别的差异检验

在实验结束后,笔者对实验数据进行了统计。在正式开始统计分析之前,需要对实验参与者的一些人口统计学变量以及移动APP使用经验等变量进行分析,从而确保这些因素在不同组别之间的差异不会导致实验结果的差异。经过初步统计,本次实验中参与的男性人数为97名,女性人数为103名,基本为各占50%的比例。年龄方面由于基本为在校大学生,18岁及以下人数为49名,18~19岁人数为67名,19~20岁人数为50名,21岁及以上人数为34名。在移动手机APP使用经验上来说,有1年及以下APP使用经验的人数为8名,有1~2年APP使用经验的人数为46名,有2~3年APP使用经验的人数为81名,有3~4年APP使用经验的人数为51名,有4年以上APP使用经验的人数为 14 名。为了证明不同组别之间实验者在上述三个因素方面不存在显著差异，笔者采用了方差分析的方法来验证。下列三个表格依次为性别、年龄和移动手机 APP 使用经验三个方面的方差分析结果。

表 6-2　单因素方差分析结果——性别

	平方和	df	均方	F	显著性
组间	0.495	3	0.165	0.654	0.581
组内	49.460	196	0.252		
总数	49.955	199			

表 6-3　单因素方差分析结果——年龄

	平方和	df	均方	F	显著性
组间	1.615	3	0.538	0.503	0.680
组内	209.580	196	1.069		
总数	211.195	199			

表 6-4　单因素方差分析结果——使用经验

	平方和	df	均方	F	显著性
组间	5.335	3	1.778	1.956	0.122
组内	178.220	196	0.909		
总数	183.555	199			

从上面的三个表格可以看出，无论是性别、年龄这类人口统计变量，还是移动手机 APP 使用经验，在四个不同组别间的差异均不是显著的，所以这些控制因素不会对本文的实验结果产生影响。接下来将开始对实验部分的研究模型进行统计分析。

2. 实验研究模型的统计分析

根据实验设计，笔者按照高低将信息质量 × 系统质量分别组合，即第一组高信息质量和高系统质量，第二组低信息质量和高系统质量，第三组高信息质量和低系统质量，第四组低信息质量和低系统质量四个不同组。在这部分将首先分析理论模型中的前半部分，即信息质量和系统质量对于感知有用性、感知易用性、感知趣味性和满意度四个变量的作用。笔者将首先对实验回收的样本数据进行信度和效度的分析，然后再利用方差分析中的单因素方差分析（ANOVA）和多因素方差分析（MANOVA）分别对假设模型进行检验。

表6-5 四组间变量平均值和标准差的比较

组别	感知有用性	感知易用性	感知趣味性	满意度
高信息质量 高系统质量	4.260 （0.618）	4.127 （0.802）	3.400 （0.548）	3.647 （0.533）
低信息质量 高系统质量	4.154 （0.774）	3.366 （0.714）	3.253 （0.733）	3.573 （0.783）
低系统质量 高信息质量	4.173 （0.757）	3.980 （0.714）	3.227 （0.664）	3.560 （0.758）
低信息质量 低系统质量	3.280 （0.675）	4.107 （0.672）	2.920 （0.627）	2.993 （0.740）

在正式开始分析之前，笔者首先对四个不同组别下实验者在感知有用性、感知易用性、感知趣味性和满意度四个变量维度下的评分进行平均值和标准差之间的比较，以此来表示实验结果确实达到了实验目标以及实验得到的数据适合用于接下来一系列的数据分析。

从表6-5可以看出：（1）在感知有用性这个变量维度上，第一组高信息质量和高系统质量的得分最高，接下来的排名依次是第三组低系统质量和高信息质量、第二组低信息质量和高系统质量以及第四组低信息质量和低系统质量。（2）在感知易用性这个变量维度上，仍然是第一组高信息质量和高系统质量的得分最高，接下来的排名依次是第四组低信息质量和低系统质量、第三组低系统质量和高信息质量以及第二组低信息质量和高系统质量。（3）在感知趣味性这个变量维度上，平均得分最高的仍然是第一组高信息质量和高系统质量，接下来的排名次序依次为第二组低信息质量和高系统质量、第三组低系统质量和高信息质量以及第四组低信息质量和低系统质量。（4）在满意度这个维度上，平均得分最高的还是第一组高信息质量和高系统质量，接下来的排名次序依次为第二组低信息质量和高系统质量、第三组低系统质量和高信息质量以及第四组低信息质量和低系统质量。从中可以看出，第一组高信息质量和高系统质量在每个变量维度上都表现良好，而第四组低信息质量和低系统质量在感知有用性、感知趣味性和满意度三个维度上均为最差的，但是值得注意的是在感知易用性这个维度上，第四组的表现要好于第二组和第三组。对于这个结果笔者认为这是由于第四组界面由于在信息质量和系统质量上均表现较低，导致整体界面单一且操作简单从而使得实验者关于易用性方面的感知比较高，所以这一结果可以说是意料之外情理之中的。同时从上表还可以看出在感知趣味性和满意度这两个变量维度上实验者的平均打分要明显小于感知有用性和感知易用性两个变量维度。笔者对此现象尝试给出一定的解释，首先，关于感知趣味性变量维度评分较低，可能存在以下两个方面的原因：（1）由于在开始系统设计时没有考虑到加入一些动画片段、漫画风格等娱乐因素以及整体界面过于正式，从而导致实验者确实没有感知到很多的趣味性，继而评分整体偏低。（2）在实验开始笔者已经向所有实验者进行了提前说明，即本次实验是关于移动旅游APP方面的，并且在开始实验后实验者接触的移动应用的内容都是关于旅游方面的。由于旅游方面的内容，特别是用于浏览景点信息方面的界面，本身就缺乏一定的趣味性，并且旅游者使用此类移动旅游应用的原始目的就是想要获取真实有效的信息，所以对于趣味性可能不存在特别的期待，进而导致实验者对于感知趣味性的评分较低。其次，关于满意度评分较低，可能是由于为本次实验设计的四种不同类型移动旅游APP确实比较简陋，在内容、功能和信息上都比较单一，特别是相对于实验者在日常生活中使用的其他类型的移动应用来说，这些缺点就更加突出。所以导致了满意度这个变量维度上评分也偏低。

综上所述，从表6-5可以看出在四种不同组别下感知有用性、感知易用性、感知趣味性和满意度均有着不同的高低排序，这种排序情况在理论方面和逻辑方面基本上符合实验设计的目的，由此可以侧面证明本次实验是基本成功的，达到了预期目标，并且样本数据适合接下来的一系列的实证分析。

3. 单因素方差分析

接下来我们将首先使用方差分析来判断每个组别在不同变量维度表现出来的差异，是否在统计学意义上是显著的，即从上面的表格只能看出哪个组别较高，哪个组别较低，但是这种高低差别之间是否是统计意义上显著的需要用方差分析来验证。

首先简单介绍一下方差分析，方差分析是从观测变量的方差入手，研究诸多控制变量中哪些变量，是对观测变量有显著影响的变量，对观测变量有显著影响的各个控制变量的不同水平，以及各水平之间的交互搭配是如何影响观测变量的。方差分析认为观测变量值的变化受两类因素的影响：第一类是控制因素（控制变量）不同水平所产生的影响；第二类是随机因素（随机变量）所产生的影响。这里随机因素是指那些人为很难控制的因素，主要指实验过程中的抽取误差。同时方差分析认为，如果控制变量的不同水平对观测变量产生了显著影响，那么，它和随机变量共同作用，必然使得观测变量值有显著变动；反之，如果控制变量的不同水平，没有对观测变量值有显著影响，那么，观测变量值的变动，就不会明显地体现出来，其变动可以归结为由随机变量的影响造成的。换句话说，如果观测变量值在某控制变量的各个水平中出现了明显波动，则认为该控制变量是影响观测变量的主要因素；反之，如果观测变量值在某控制变量的各个水平中，没有出现明显波动，则认为该控制变量没有对观测变量产生重要影响，观测变量的数据波动是由抽样误差造成的。

那么，要如何判断控制变量的不同水平下，观测变量值是否产生了明显波动，判断的原则是：如果控制变量各水平下的观测变量总体的分布，出现了显著差异，则认为观测变量值发生了明显波动，意味着控制变量的不同水平，对观测变量产生了显著影响；反之，如果控制变量各水平下的观测变量总体的分布，没有显著差异，则认为观测变量值没有发生明显波动，意味着控制变量的不同水平，对观测变量没有产生显著影响。方差分析正是通过推断控制变量各水平下，观测变量的总体分布，是否有显著差异，来实现其分析目标的。与此同时，方差分析对观测变量各总体的分布，有以下两个基本假设前提：第一，观测变量各总体应服从正态分布。第二，观测变量各总体的方差应相同。基于上述两个基本假设，方差分析对各总体分布，是否有显著影响的推断，就转化成对各总体均值是否存在显著差异的推断了。总之，方差分析从对观测变量的方差分解入手，通过推断控制变量各水平下，各观测变量总体的均值是否存在显著差异，分析控制变量是否给观测变量带来了显著影响，进而再对控制变量各个水平对观测变量影响的程度进行剖析。

在方差分析中有一种分析方式被称作单因素方差分析，单因素方差分析用来研究一个控制变量的不同水平是否对观测变量产生了显著影响。这里，由于仅研究单个因素对观测变量的影响，因此成为单因素方差分析。单因素方差分析的基本思想为：第一步，明确观测变量和控制变量。第二步，剖析观测变量的方差。第三步，比较观测变量总离差平方和各部分所占的比例。

在方差分析中，认为观测变量值的变动会受控制变量和随机变量两方面的影响。据此，单因素方差分析将观测变量总的离差平方和分解为组间离差平方和（Between Groups）与组内离差平方和两部分，用数学形式表述为：$SST=SSA+SSE$。式中，SST 为观测变量总离差平方和；SSA 为组间离差平方和，是由控制变量的不同水平造成的变差；SSE 为组内离差平方和，是由抽样误差引起的变差。

SST 的数学定义为：

$$SST = \sum_{i=1}^{k} \sum_{j=1}^{n_i} (x_{ij} - \bar{x})^2$$

其中，式中 k 为控制变量的水平数；x_{ij} 为控制变量第 i 个水平下第 j 个样本值；n_i 为控制变量第 i 个水平下的样本量；$\bar{x}$ 为观测变量均值。

SSA 的数学定义为：

$$SSA = \sum_{i=1}^{k} n_i (\bar{x}_i - \bar{x})^2$$

其中，式中的 $\bar{x}_i$ 为控制变量第 i 个水平下观测变量的样本均值。可见，组间离差平方和是各水平组均值与总均值离差的平方和，反映了控制变量不同水平对观测变量的影响。

SSE 的数学定义为：

$$SSE = \sum_{i=1}^{k} \sum_{j=1}^{n_i} (x_{ij} - \bar{x}_i)^2$$

接下来，通过比较观测变量总离差平方和各部分所占的比例，推断控制变量是否给观测变量带来了显著影响。在观测变量总离差平方和中，如果组间离差平方所占比例较大，则说明观测变量的变动主要是由控制变量引起的，可以主要由控制变量来解释，控制变量给观测变量带来了显著影响；反之，如果组间离差平方所占比例较小，则说明观测变量的变动不是主要由控制变量所引起的，不可以主要由控制变量来解释，控制变量的不同水平没有给观测变量带来显著影响，观测变量的变动是由随机变量因素所引起的。

单因素方差分析是方差分析的一种，而方差分析问题属于推断统计中的假设检验问题，其基本步骤与假设检验完全一致。单因素方差分析的主要步骤包括：

第一步，提出原假设。单因素方差分析的原假设 H0 是：控制变量不同水平下观测变量各总体的均值无显著差异，控制变量不同水平下的效应同时为 0，记为 $a1=a2=a3=\cdots=ak=0$，意味着控制变量不同水平的变化没有对观测变量产生显著影响。

第二步，选择检验统计量。方差分析采用的检验统计量 F 是统计量，数学定义为：

$$F = \frac{SSA/(k-1)}{SSE/(n-k)} = \frac{MSA}{MSE}$$

式中，n 为样本总量；$k-1$ 和 $n-k$ 分别为 SSA 和 SSE 的自由度；MSA 是平均组间平方和；MSE 是平均组内平方和，其目的是消除水平数和样本量对分析带来的影响。可见，这里 F 统计量的构造方式完全体现了前面提及的单因素方差分析的基本思想。F 统计量服从（$k-1$，$n-k$）个自由度的 F 分布。

第三步，计算检验统计量的观测值和概率 P 值。该步骤的目的是计算检验统计量的观测值和相应的概率 P 值。SPSS 自动将相关数据代入上式中，从而计算出 F 统计量的观测值和对应的概率 P 值。从结果可以看出，如果控制变量对观测变量造成了显著影响，观测变量总的变差中，控制变量影响所占的比例相对于随机变量必然比较大，F 值显著大于 1；反之，如果控制变量没有对观测变量造成显著影响，观测变量的变差应归结为由随机变量造成的，F 值接近 1。

第四步，给定显著性水平 α，与检验统计量的概率 P 值做比较，从而最后做出决策。如果概率 P 值小于显著性水平 α，则应该拒绝原假设，认为控制变量不同水平下观测变量各总体的均值存在显著差异，控制变量的各个效应不同时为 0，控制变量的不同水平对观测变量产生了显著影响；反之，如果概率 P 值大于显著性水平 α，则不应该拒绝原假设，认为控制变量不同水平下观测变量总体的均值无显著差异，控制变量的各个效应同时为 0，控制变量的不同水平对观测变量没有产生显著影响。

下面将按照上述方法和步骤，对实验数据进行单因素方差分析。首先将四个组别统一整合在一起进行分析，表 6-6 是单因素方差分析的结果。

表 6-6　单因素方差分析结果

		平方和	df	均方	F	显著性
感知易用性	组间	19.272	3	6.424	12.159	0.000
	组内	103.553	196	0.528		
	总数	122.825	199			
感知有用性	组间	31.809	3	10.603	21.093	0.000
	组内	98.522	196	0.503		
	总数	130.330	199			

续表

		平方和	df	均方	F	显著性
满意度	组间	13.718	3	4.573	9.548	0.000
	组内	93.862	196	0.479		
	总数	107.580	199			
感知趣味性	组间	6.098	3	2.033	5.233	0.002
	组内	76.124	196	0.388		
	总数	82.222	199			

按照不同组别对感知有用性、感知易用性、感知趣味性和满意度进行单因素分析的检验。从上表的结果可以看出，在这四个变量维度下其差异性均是显著的，进一步表明实验设计的效果确实被体现出来，达到了实验目的。为了进一步体现差异性，笔者分别按照信息质量和系统质量将四个组别进行两两整合，例如为了比较信息质量高低的差异性，将第一组高信息质量和高系统质量与第三组高信息质量和低系统质量，整合成一组代表高信息质量的系统设计，同时将第二组低信息质量和高系统质量与第四组低信息质量和低系统质量，整合成另一组来代表低信息质量的系统设计，从而来对比在信息质量这个单一实验控制变量下，高低两组之间是否存在显著的差异性。类比此比较方法，笔者又根据系统质量的高低，对原始样本数据进行了整合，即将第一组高信息质量和高系统质量与第二组低信息质量和高系统质量相结合，代表高系统质量的系统设计，而将第三组高信息质量和低系统质量和第四组低信息质量和低系统质量相整合，代表低系统质量的系统设计，从而来对比在系统质量这个单一实验控制变量下，系统质量高低两组之间，是否存在显著的差异性。表 6-7 和表 6-8 分别展示了以信息质量和系统质量为控制变量的单因素方差分析结果。

表 6-7 单因素方差分析结果——信息质量

		平方和	df	均方	F	显著性
感知易用性	组间	5.021	1	5.021	8.440	0.004
	组内	117.804	198	0.595		
	总数	122.825	199			
感知有用性	组间	12.505	1	12.505	21.014	0.000
	组内	117.825	198	0.595		
	总数	130.330	199			
满意度	组间	5.120	1	5.120	9.894	0.002
	组内	102.460	198	0.517		
	总数	107.580	199			
感知趣味性	组间	2.569	1	2.569	6.386	0.012
	组内	79.653	198	0.402		
	总数	82.222	199			

在信息质量方面，从表 6-7 可以看出在感知有用性、感知易用性、感知趣味性和满意度四个变量维度下两个高低不同的组别均体现出显著的差异性。这表明实验设计中关于信息质量方面的控制确实起到了作用，不同组别的实验者确实感知到了来自系统设计中的信息质量的差异性。

表 6-8 单因素方差分析结果——系统质量

		平方和	df	均方	F	显著性
感知易用性	组间	4.407	1	4.407	7.370	0.007
	组内	118.418	198	0.598		
	总数	122.825	199			
感知有用性	组间	11.554	1	11.554	19.260	0.000
	组内	118.776	198	0.600		
	总数	130.330	199			

续表

		平方和	df	均方	F	显著性
满意度	组间	5.556	1	5.556	10.782	0.001
	组内	102.024	198	0.515		
	总数	107.580	199			
感知趣味性	组间	3.209	1	3.209	8.041	0.005
	组内	79.013	198	0.399		
	总数	82.222	199			

同样在系统质量方面，从表6-8可以看出在感知有用性、感知易用性、感知趣味性和满意度四个变量维度下，两个高低不同的组别均体现出显著的差异性。这表明实验设计中关于系统质量方面的控制也起到了作用，不同组别的实验者也感知到了来自系统设计中的系统质量的差异性。

从上述分析结果可以看出，本实验研究中实验设计确实起到了作用，无论是在整体四个组别中，还是在信息质量这个单一维度下或是系统质量这个单一维度下，四个观测变量感知有用性、感知易用性、感知趣味性和满意度均有着显著的差异。同时根据这四个观测变量在不同控制环境下，即组别、均值的差距可以看出，实验的实际结果与实验前的预期结果基本吻合。那么接下来就需要通过多因素方差分析，来分析系统质量和信息质量这两个实验变量的影响。

4. 多因素方差分析

由于本实验模型中包含四个因变量，即感知有用性、感知易用性、感知趣味性以及满意度，所以本文采用的是多因素方差分析（MANOVA，Multivariate Analysis of Variance）。

首先简单介绍一下多因素方差分析。多因素方差分析用来研究两个及两个以上控制变量是否对观测变量产生显著影响。由于研究多个因素对观测变量的影响，因此称为多因素方差分析。多因素方差分析不仅能够分析多个因素对观测变量的独立影响，更能够分析多个控制因素的交互作用，能否对观测变量的分布产生显著影响，进而找到利于观测变量的最优组合。

多因素方差分析的第一步，是确定观测变量和若干个控制变量。接下来第二步，就是剖析观测变量的方差。在多因素方差分析中，观测变量值的变动会受到以下三个方面的影响：(1)控制变量独立作用的影响。控制变量独立作用的影响，是指单个控制变量独立作用对观测变量的影响。(2)控制变量交互作用的影响。控制变量交互作用的影响是指多个控制变量不同水平相互搭配后，对观测变量产生的影响。这些因素的共同作用，是否会对观测变量带来影响是多因素方差分析的重要内容。(3)随机因素的影响。随机因素的影响主要是指抽样误差带来的影响。第三步是分别比较观测变量总离差平方和各部分所占的比例，推断控制变量以及控制变量的交互作用，是否给观测变量带来了显著影响。在观测变量总离差平方和中，如果 SSA 所占比例较大，则说明控制变量 A 是引起观测变量变动的主要因素之一，观测变量的变动可以部分地由控制变量 A 来解释；反之，如果 SSA 所占比例较小，则说明控制变量 A 不是引起观测变量变动的主要因素之一，观测变量的变动无法通过控制变量 A 来解释。对 SSB 和 $SSAB$ 同理。SPSS 提供了诸多比较检验方法，其差异主要体现在检验统计量的构造上。它们有些适用于各总体方差相等的条件下，有些则适用于方差不等的条件下。

第一，LSD 方法。LSD 方法称为最小显著性差异（Least Significant Difference）法。最小显著性差异法的字面就体现了其检验敏感性高的特点，即水平间的均值只要存在一定程度的微小差异就可能被检验出来。LSD 方法的检验统计量为 t 统计量，正是如此，它利用全部观测变量值，而非仅使用某两组的数据，这里的 t 统计量服从 $n-k$ 个自由度的 t 分布。LSD 方法适用于各总体方差相等的情况，但它并没有对犯第一类错误的概率问题加以有效控制。

第二，Bonferroni 方法。Bonferroni 方法即邦弗伦尼法，是事后比较方法中的一种。Bonferroni 方法与 LSD 方法基本相同，不同的是 Bonferroni 对犯第一类错误的概率进行了控制。在每一次两两组的检验中，它将显著性水平 α 除以两两检验的总次数 N（即 α/N），使得显著性水平缩小到原有的 $1/N$，从而总体上控制了犯第一类错误的概率。

第三，Thkey 方法。Thkey 方法即图基法，也是事后比较方法中的一种。与 LSD 方法有所不同，Tukey 方法中采用的检验统计量是 q 统计量。从数学公式中可以看出，Tukey 方法仅适用于各水平下观测值个数相等的情况，这点比 LSD 方法要求苛刻。q 统计量服从 $(k, n-k)$ 个自由度的 q 分布。同时，与 LSD 方法相比，Tukey 方法对犯第一类错误概率的问题给予了较为有效的处理。在相同的显著性水平下，由于 q 分布的临界值远远大于 t 分布的临界值，这使得检验变量的某观测值可能会大于 t 分布的临界值但却小于 q 分布的临界值。于是，q 检验拒绝原假设的可能性较 t 检验降低了，进而从另一个角度保证了犯第一类错误的概率总体上不增大。Tukey 方法适用于各总体方法相等的情况。

第四，S-N-K 方法。S-N-K（Student Newman-Keuls）方法是一种有效划分相似性子集的方法。该方法适合于各水平观测值个数相等的情况，其基本思路是：第一，确定显著性水平 α，并依据 LSD 方法计算临界值 d，作为衡量两组间均值是否存在显著差异的标准。第二，将各水平均值按升序排序，并计算相邻两水平均值之差，然后与 d 比较。如果小于 d 就为一个相似子集，否则将其划分为不同的两个子集。第三,在第二步中,如果每组都不超过两个水平,则相似性子集划分结束;如果有的子集超过了两个水平,则需要对它们进行下面第四步的分析。第四,分析超过两个水平的子集。

上述这些方法只是方差分析中较为常用的几种,不同方法之间没有对错之分,只是适用于不同场景之下。同时如上文所述,本文的实验研究模型中由于涉及四个不同组别,要对不同组别下的因变量即观测变量:感知有用性、感知易用性、感知趣味性以及满意度进行分析,所以本文将通过 MANOVA 对整体模型进行整合分析。下面将列出分析结果。

从表 6-9 的结果可以看出,在系统质量这个维度上,其对于感知有用性($p<0.001$,***)、感知易用性($p<0.01$,**)、感知趣味性($p<0.01$,**)以及满意度($p<0.01$,**)均有着显著的影响,而在信息质量这个维度上,其对于感知有用性($p<0.001$,***)、感知易用性($p<0.01$,**)、感知趣味性($p<0.05$,*)以及满意度($p<0.01$,**)均有着显著的影响。除此之外,笔者还检验了系统质量和信息质量之间的交互作用对于这四个维度的影响,其中对于感知有用性($p<0.001$,***)、感知易用性($p<0.001$,***)以及满意度($p<0.05$,*)均有着显著的影响,但是对于感知趣味性的影响则不是显著的。

表6-9 主体效应检验结果

源	因变量	III 型平方和	df	均方	F	Sig.
校正模型	感知易用性	19.272[a]	3	6.424	12.159	0.000
	感知有用性	31.809[b]	3	10.603	21.093	0.000
	感知趣味性	6.098[c]	3	2.033	5.233	0.002
	满意度	13.718[d]	3	4.573	9.548	0.000

续表

源	因变量	III 型平方和	df	均方	F	Sig.
截距	感知易用性	3033.816	1	3033.816	5742.259	0.000
	感知有用性	3147.180	1	3147.180	6261.042	0.000
	感知趣味性	2048.000	1	2048.000	5273.050	0.000
	满意度	2371.309	1	2371.309	4951.689	0.000
系统质量	感知易用性	4.407	1	4.407	8.342	0.004
	感知有用性	11.554	1	11.554	22.985	0.000
	感知趣味性	3.209	1	3.209	8.262	0.004
	满意度	5.556	1	5.556	11.601	0.001
信息质量	感知易用性	5.021	1	5.021	9.504	0.002
	感知有用性	12.505	1	12.505	24.878	0.000
	感知趣味性	2.569	1	2.569	6.614	0.011
	满意度	5.120	1	5.120	10.691	0.001
系统质量*信息质量	感知易用性	9.843	1	9.843	18.631	0.000
	感知有用性	7.750	1	7.750	15.418	0.000
	感知趣味性	0.320	1	0.320	0.824	0.365
	满意度	3.042	1	3.042	6.353	0.013
误差	感知易用性	103.553	196	0.528		
	感知有用性	98.522	196	0.503		
	感知趣味性	76.124	196	0.388		
	满意度	93.862	196	0.479		
总计	感知易用性	3156.641	200			
	感知有用性	3277.510	200			
	感知趣味性	2130.222	200			
	满意度	2478.889	200			

续表

源	因变量	III 型平方和	df	均方	F	Sig.
校正的总计	感知易用性	122.825	199			
	感知有用性	130.330	199			
	感知趣味性	82.222	199			
	满意度	107.580	199			
a. R 方 = 0.157（调整 R 方 = 0.144）							
b. R 方 = 0.244（调整 R 方 = 0.232）							
c. R 方 = 0.074（调整 R 方 = 0.060）							
d. R 方 = 0.128（调整 R 方 = 0.114）							

接下来的四张图将展示不同水平下的信息质量和系统质量的不同组合对于感知有用性、感知易用性、感知趣味性以及满意度的影响方向。

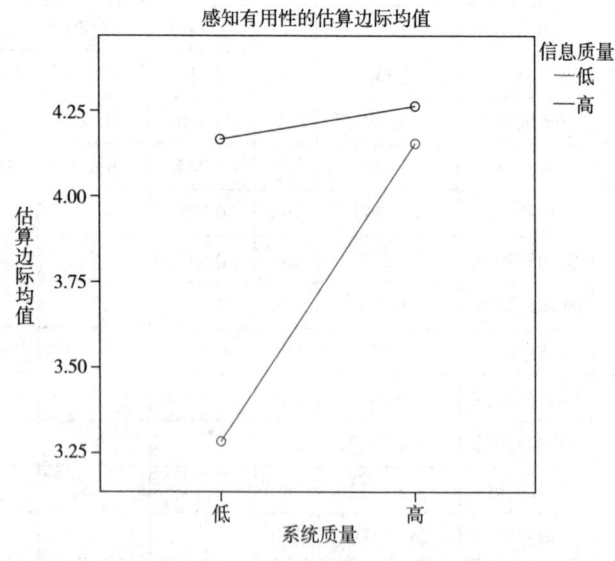

图 6-10　组间比较——感知有用性

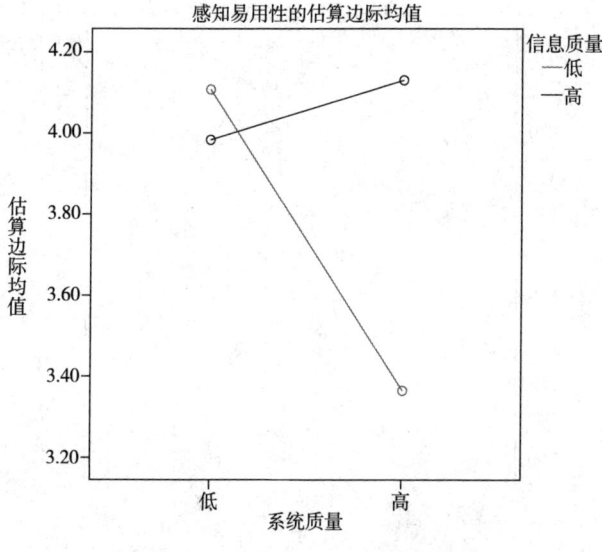

图 6-11　组间比较——感知易用性

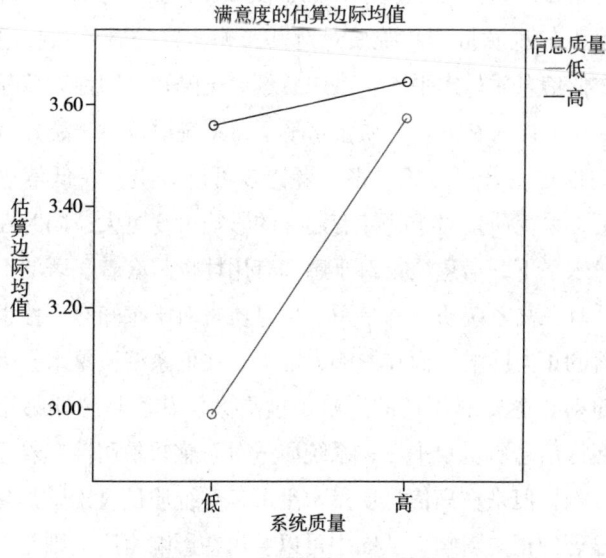

图 6-12　组间比较——满意度

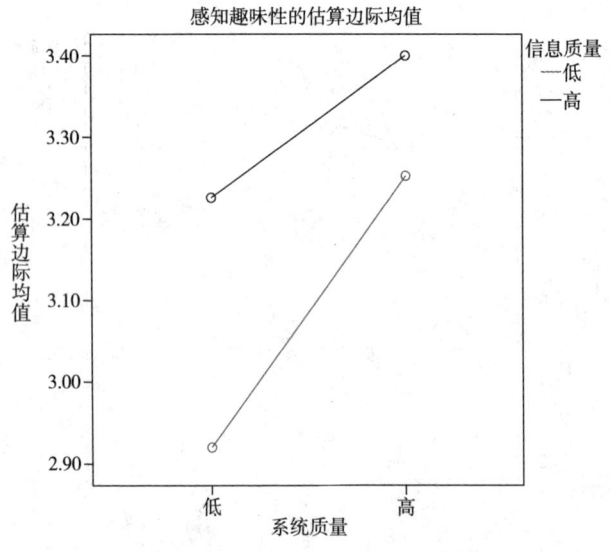

图 6-13 组间比较——感知趣味性

图 6-10、图 6-11、图 6-12、图 6-13 分别展示了在每个单一维度下信息质量和系统质量对其影响。首先看感知有用性维度，在低信息质量水平下，系统质量对于感知有用性有着显著的正向影响，同时在高信息质量水平下，系统质量对于感知有用性的影响也是显著正向的，将二者比较可以看出，在低信息质量水平下，系统质量对于感知有用性的影响力度更大；同时在低系统质量水平下，信息质量对于感知有用性也是有着显著的正向影响，并且在高系统质量水平下，信息质量对于感知有用性也是有着显著的正向影响，而在影响力度上，在低系统质量水平下，信息质量对于感知有用性的影响力度更大。其次是感知易用性维度，在低信息质量水平下，系统质量对于感知易用性有着显著的负向影响，但是在高信息质量水平下，系统质量对于感知易用性有着显著的正向影响，从图中可以看出在影响力度上则是负向影

响的斜率要大于正向影响的斜率。同时在低系统质量水平下，信息质量对于感知易用性也是存在显著的负向影响，而在高系统质量水平下，信息质量对于感知易用性的影响就变为正向影响，在影响力度上，高系统质量水平下的正向影响则要远大于低系统质量水平下的负向影响。再次是感知趣味性维度，在低信息质量水平下，系统质量对于感知趣味性的影响是显著正向的，而在高信息质量水平下，系统质量对于感知趣味性的影响仍然是显著正向的，从图中斜率可以看出，在低信息质量水平下，系统质量的提升对于感知趣味性的作用更大。在低系统质量水平下，信息质量对于感知趣味性存在显著的正向影响，而在高系统质量水平下，信息质量对于感知趣味性仍然是显著的正向影响，在图中两条曲线在垂直方面的差距上来看，在低系统质量水平下，信息质量对于感知趣味性的影响力度更大。最后是满意度维度，在低信息质量水平下，系统质量对于满意度的影响是显著正向的，在高质量水平下，系统质量对于满意度的影响也是显著正向的，从图中斜率可以看出在低信息质量水平下，系统质量对于满意度的影响力度更大。在低系统质量水平下，信息质量对于满意度是存在显著正向影响的，在高系统质量下，信息质量对于满意度仍然是显著正向的影响，从图中两条曲线在垂直方向上的差距可以看出，在低系统质量水平下，信息质量对于满意度的影响力度更大。

综合以上对于实验数据的分析，可以总结出假设 H5a、假设 H5c 和假设 H5d 均是被数据支持的，假设 H6a、假设 H6c 和假设 H6d 也是被数据支持的。但是假设 H5b 和假设 H6b 则是没有被支持的。接下来是对研究模型中后半部分，即感知有用性、感知易用性、感知趣味性和满意度对于用户使用意愿的影响，进行相关问卷数据的分析。

二、问卷数据分析

这部分的问卷数据分析的步骤和方法基本参照初始使用意愿中所使用的步骤和方法,具体内容将不再一一具体阐述。首先是对问卷样本数据进行信度和效度分析,信度值将使用 Cronbach's Alpha 值来衡量,效度值则是通过探索性因子分析以及验证性因子分析来证实样本数据具有良好的区分效度和聚合效度。其次是通过结构方程模型的方式来验证假设模型中对于各条路径的假设分析是否成立,并且通过结构方程模型适配度指标来判断模型拟合优度,最后得到实证结论。

表 6-10 是问卷数据的信度分析结果。

表 6-10 样本信度分析

潜变量	题项	删除此项后的 Cronbach's Alpha 值	变量的 Cronbach's Alpha 值
感知有用性 (PU)	PU1	0.780	0.859
	PU2	0.851	
	PU3	0.773	
感知易用性 (PEOU)	PEOU1	0.857	0.877
	PEOU2	0.819	
	PEOU3	0.798	
感知趣味性 (PE)	PE1	0.683	0.770
	PE2	0.597	
	PE3	0.781	
满意度 (SAT)	SAT1	0.760	0.820
	SAT2	0.724	
	SAT3	0.773	
使用意愿 (UI)	UI1	0.917	0.910
	UI2	0.820	
	UI3	0.870	

从表 6-10 可以看出，感知有用性的 Cronbach's Alpha 值达到了 0.859，并且在删除其中任何一个题项之后 Cronbach's Alpha 值并没有得到显著提升；感知易用性的 Cronbach's Alpha 值达到了 0.877，并且在删除其中任何一个题项之后 Cronbach's Alpha 值并没有得到显著提升；感知趣味性的 Cronbach's Alpha 值达到了 0.770，但是在删除感知趣味性第三个题项后，该变量的整体 Cronbach's Alpha 值提升到 0.781，不过这个提升可以说并不是特别明显；满意度的 Cronbach's Alpha 值达到了 0.820，并且在删除其中任何一个题项之后 Cronbach's Alpha 值并没有得到显著提升；使用意愿的 Cronbach's Alpha 值达到了 0.910，但是在删除使用意愿第一个题项后，该变量的整体 Cronbach's Alpha 值提升到了 0.917，这个提升也并不是很大。总结性来说，感知有用性、感知易用性、感知趣味性、满意度和使用意愿五个变量的 Cronbach's Alpha 值均达到了 0.7，符合学术研究的标准，但是在这五个变量中，只有感知有用性、感知易用性和满意度三个变量在剔除其中任何一个题项之后其 Cronbach's Alpha 值没有上升，而在感知趣味性和使用意愿这两个变量中在分别剔除其所属的第三个题项和第一个题项之后其 Cronbach's Alpha 值有了小幅度的上升，在学术界可以依据此理由对这两个题项进行剔除，但是为了保证问卷数据的完整性，笔者在这里并没有对数据做出删除的调整，如果在后期的探索性因子和验证因子分析中样本数据出现问题，笔者会再考虑做出调整。

在样本数据通过了信度分析之后，将继续使用 SPSS21.0 进行探索性因子分析。具体结构如下面图表所示。

表6-11 KMO-Bartlett检验结果

取样足够度的Kaiser-Meyer-Olkin度量		0.792
Bartlett的球形度检验	近似卡方	1615.644
	df	105
	Sig.	0.000

由表6-12可见,本文样本数据的KMO值达到0.792,同时Bartlett值达到1615.644且显著性小于0.001,拒绝Bartlett球体检验的原假设。这个结果表明样本数据的相关矩阵有公因子,适合继续做接下来的探索性因子分析。

通过主成分分析法中依据特征值大于1的方法,共析出五个特征值大于1的因子。第一个主成分的特征根为4.878,它解释了旋转后总方差的32.519%;第二个主成分的特征根为2.424,它解释了旋转后总方差的16.160%;第三个主成分的特征根为1.745,它解释了旋转后总方差的11.631%;第四个主成分的特征根为1.464,它解释了旋转后总方差的9.758%;第五个主成分的特征根为1.188,它解释了旋转后总方差的7.919%。这五个特征根大于1的因子累积的解释量达到了77.987%,可以说这样的解释量基本达到了学术界的要求。

表6-12 样本解释总方差

成分	初始特征值			提取平方和载入			旋转平方和载入		
	合计	方差的(%)	累积(%)	合计	方差的(%)	累积(%)	合计	方差的(%)	累积(%)
1	4.878	32.519	32.519	4.878	32.519	32.519	2.564	17.093	17.093
2	2.424	16.160	48.679	2.424	16.160	48.679	2.440	16.268	33.361
3	1.745	11.631	60.310	1.745	11.631	60.310	2.373	15.819	49.180

续表

成分	初始特征值			提取平方和载入			旋转平方和载入		
	合计	方差的（%）	累积（%）	合计	方差的（%）	累积（%）	合计	方差的（%）	累积（%）
4	1.464	9.758	70.068	1.464	9.758	70.068	2.233	14.885	64.065
5	1.188	7.919	77.987	1.188	7.919	77.987	2.088	13.922	77.987
6	0.627	4.181	82.168						
7	0.460	3.069	85.236						
8	0.414	2.762	87.999						
9	0.352	2.343	90.342						
10	0.326	2.176	92.518						
11	0.298	1.985	94.503						
12	0.265	1.767	96.270						
13	0.223	1.484	97.754						
14	0.206	1.373	99.127						
15	0.131	0.873	100.000						

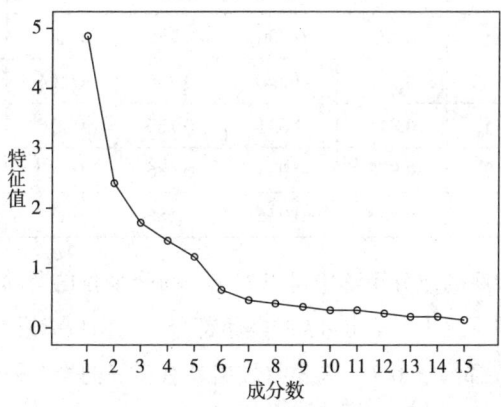

图6-14 系统设计对使用意愿影响研究的碎石图

从图 6-14 的结果也可以看出，样本数据在通过主成分分析法析出五个特征根大于 1 的因子后整体曲线从陡峭变得较为平坦，侧面证明了析出五个因子是正确的，这与理论模型中提出的变量数量也是吻合的。

表 6-13 旋转成分矩阵结果

	成分				
	1	2	3	4	5
感知趣味性 1	0.068	−0.043	0.156	0.079	**0.820**
感知趣味性 2	0.072	0.154	0.171	0.154	**0.830**
感知趣味性 3	0.068	0.054	−0.030	0.065	**0.782**
满意度 1	0.160	−0.043	0.249	**0.810**	0.022
满意度 2	0.197	0.081	0.242	**0.779**	0.174
满意度 3	0.121	0.060	0.116	**0.841**	0.139
感知易用性 1	−0.049	**0.877**	−0.032	0.132	−0.003
感知易用性 2	0.064	**0.896**	0.077	−0.064	0.063
感知易用性 3	0.080	**0.905**	−0.003	0.019	0.095
感知有用性 1	0.178	0.033	**0.835**	0.251	0.093
感知有用性 2	0.255	0.056	**0.796**	0.145	0.104
感知有用性 3	0.122	−0.041	**0.866**	0.206	0.110
使用意愿 1	**0.843**	0.031	0.163	0.218	0.084
使用意愿 2	**0.925**	0.035	0.186	0.120	0.038
使用意愿 3	**0.883**	0.036	0.185	0.137	0.116

从旋转后的成分矩阵中可以看出，每个变量的题项都聚合到了同一个因子之下（表 6-13 中加粗部分），并且在该因子下的因子载荷系数都高于 0.7，这表明数据具有良好的聚合效度。同时每个题项在其他因子下的载荷系数都低于 0.3，这表明数据具有

良好的区分效度。同时从结果中可以看出，析出的第一个因子是变量使用意愿，析出的第二个因子是变量感知易用性，析出的第三个因子是变量感知有用性，析出的第四个因子是变量满意度，析出的第五个因子是变量感知趣味性。从上述统计分析结果可以看出，本文的样本数据基本通过了探索性因子分析，具有良好的效度。为了进一步证明数据的效度，我们将通过软件AMOS21.0中验证性因子分析的方法加以验证，具体结果如表6-14所示。

表6-14 验证性因子分析结果

潜变量	观测变量	标准载荷	T值	平均提取方差	组合信度
感知有用性	PU1	0.866	14.424	0.680	0.864
	PU2	0.748	11.780		
	PU3	0.854	14.124		
感知易用性	PEOU1	0.783	12.566	0.707	0.878
	PEOU2	0.845	13.901		
	PEOU3	0.891	14.972		
感知趣味性	PE1	0.702	9.970	0.630	0.835
	PE2	0.914	13.154		
	PE3	0.750	11.805		
满意度	SAT1	0.765	11.736	0.603	0.819
	SAT2	0.835	13.168		
	SAT3	0.725	11.226		
使用意愿	UI1	0.805	13.471	0.780	0.914
	UI2	0.953	17.484		
	UI3	0.885	15.511		

从表6-14可以看出，感知有用性、感知易用性、感知趣味性、满意度和使用意愿各个潜变量中的所有题项在其所属的变量中标准因子载荷均超过了0.7，并且依据标准因子载荷计算出的

平均提取方差（AVE）和组合信度（CR）均超过了规定标准 0.5 和 0.7，这些结果表明样本数据具有良好的聚合效度。

表 6-15　平均提取方差值的平方根及相关系数

	感知有用性	感知易用性	感知趣味性	满意度	使用意愿
感知有用性	**0.825**				
感知易用性	0.057	**0.841**			
感知趣味性	0.341	0.205	**0.794**		
满意度	0.582	0.106	0.366	**0.777**	
使用意愿	0.450	0.104	0.219	0.424	**0.883**

表 6-15 是各个潜变量的 AVE 平方根（表中加粗部分）与其和其他潜变量之间相关关系的对比，从结果可以看出在各个潜变量中前者均大于后者，这表明样本数据具有良好的区分效度。通过上述两张表格的分析结果可以看出样本数据同时具有良好的聚合效度和区分效度。

表 6-16　测量模型拟合适配度指标

指标	χ^2/df	GFI	AGFI	NFI	TLI	CFI	RMSEA
实际值	1.337	0.930	0.899	0.935	0.966	0.974	0.043
推荐值	小于 3	大于 0.9	大于 0.8	大于 0.9	大于 0.9	大于 0.9	小于 0.08

从表 6-16 测量模型的结构方程模型拟合适配度的各项指标中看出，卡方自由度比为 1.337，GFI 为 0.930，AGFI 为 0.899，NFI 为 0.935，TLI 为 0.966，CFI 为 0.974，RMSEA 为 0.043，这些值均达到了学术研究的要求，表明测量模型得到的数据分析结果可信有效，整体样本数据通过了检验，适合进行假设模型的分析。

以上信度和效度分析验证了样本数据确实可信有效，可以进行接下来假设模型中各条假设路径的分析。为了验证前文提出的各项假设，笔者采用了结构方程模型分析软件 AMOS21.0 进行分析，最终分析结果如表 6-17 所示。

表 6-17 模型分析结果

路径	对应假设	标准化回归系数	临界比	P 值	检验结果
感知有用性→使用意愿	H1	0.305	3.184	**	支持
感知易用性→使用意愿	H2	0.058	0.816	0.414	不支持
感知趣味性→使用意愿	H3	0.018	0.222	0.824	不支持
满意度→使用意愿	H4	0.234	2.362	*	支持

注：$p<0.001$ 为 ***，$p<0.01$ 为 **，$p<0.05$ 为 *。

从表 6-17 可以看出，感知有用性和满意度对于使用意愿均有着显著的正向影响，从影响系数上来看感知有用性的 $\beta=0.329$ 而满意度的 $\beta=0.255$，即感知有用性对于使用意愿的影响力度更大，从而验证了假设 H3 和假设 H6 得到了样本数据的支持。而感知易用性和感知趣味性对于使用意愿的影响均不是显著的，即假设 H4 和 H5 没有得到支持。

表 6-18 假设模型拟合度适配指标

指标	χ^2/df	GFI	AGFI	NFI	TLI	CFI	RMSEA
实际值	1.337	0.936	0.903	0.936	0.977	0.983	0.041
推荐值	小于 3	大于 0.9	大于 0.8	大于 0.9	大于 0.9	大于 0.9	小于 0.08

从表 6-18 假设模型的结构方程模型拟合适配度的各项指标

中看出,卡方自由度比为 1.337,GFI 为 0.936,AGFI 为 0.903,NFI 为 0.936,TLI 为 0.977,CFI 为 0.938,RMSEA 为 0.041,这些值均达到了学术研究的要求,表明假设模型得到的路径分析结果真实可信,模型构建正确有效。

第六节 实证分析总结与讨论

一、研究总结

综合以上实验数据和问卷数据的分析结果,下面对该部分的实证结果做出总结。笔者以西溪湿地公园为背景,设计出了四种不同的移动旅游 APP 界面,分别体现了信息质量和系统质量在高低两种不同水平下的组合,即第一组高信息质量和高系统质量,第二组低信息质量和高系统质量,第三组高信息质量和低系统质量,第四组低信息质量和低系统质量。在实验过程中,分别向每组各 50 名实验者展示并让他们自由体验 15 分钟,在体验完成后再进行问卷的填写。在对问卷进行统计分析和整理后,笔者首先通过方差分析对四个组别间人口统计学变量进行了检验,结果发现不同组别间的人口统计变量没有显著差异,表明这些变量对于研究结论不会造成影响。接下来,笔者先对理论模型中前半部分进行了实验数据的分析,再对后半部分模型进行了传统的结构方程模型分析。

对于前半部分的数据分析,首先,笔者采用了单因素方差分析对不同组别是否存在显著差异进行了验证。为了保证严谨性和正确性,对数据进行了两种整合方式,四个不同组别以及信息质量和系统质量两个不同组别，进而分别验证其中的差异性。从结果来看，无论是在哪种数据整合方式下，实验者填写的数据在感知有用性、感知易用性、感知趣味性以及满意度这四个维度中均体现出显著的差异性，从而表明实验的实际效果基本与预期结果一致，实验操作确实起到了作用。其次，笔者通过均值的比较后发现，在高信息质量和高系统质量水平下，感知有用性、感知易用性、感知趣味性和满意度均为最大，而在低信息质量和低系统质量水平下，感知有用性、感知趣味性和满意度均为最低，但是其感知易用性的平均水平却仅次于高信息质量和高系统质量水平。这个结果可能是由于低信息质量和低系统质量的系统设计较为单一、简略，操作起来非常简单且学习成本较低，从而使实验者对其感知易用性有较高的认知。最后，为了验证理论模型中提出的相关假设，即系统设计中的信息质量和系统质量对于感知有用性、感知易用性、感知趣味性和满意度均有着显著的正向作用，笔者通过多因素方差分析法对假设模型进行了分析，从结果可以看出，信息质量对于感知有用性、感知趣味性和满意度均有着显著的正向影响，同时系统质量对于感知有用性、感知趣味性和满意度也有着显著的正向影响，即假设 H5a、假设 H5c、假设 H5d、假设 H6a、假设 H6c 和假设 H6d 均得到了数据样本的支持，而无论是信息质量还是系统质量对于感知易用性的影响均不是显著的，即假设 H5b 和假设 H6b 均没有得到数据样本的支持。

对于后半部分理论模型的分析，笔者采用了传统的结构方程模型来进行分析，分析的步骤基本参照了前文关于初始采纳意愿的分析过程，即首先对样本数据的信度和效度进行验证，再对假设模型进行路径分析。在信度方面，模型中包含的五个潜变量，感知有用性、感知易用性、感知趣味性和满意度的 Cronbach's Alpha 值均达到了 0.7 的标准，表明样本数据具有良好的信度。

在效度方面，笔者分别采用了探索性因子分析和验证性因子分析来验证。在探索性因子分析中，KMO 值和 Bartlett 检验均通过，后续通过主成分分析法析出的五个特征值大于 1 的因子对于总方差的累积解释量达到 77.987%，基本达到了学术界关于总方差解释量的标准，同时利用最大方差法得到的旋转后成分矩阵也显示不同潜变量所属的题项均聚合到了同一个因子之下，并且在该因子下的标准载荷均超过 0.7 而在其他因子下的标准载荷均小于 0.3，表明了样本数据在探索性因子分析的方法下具有良好的聚合效度和区分效度。为了验证这一结果，笔者又采用了验证性因子分析来进一步确认，首先每个题项在其所属的潜变量下标准载荷均超过了 0.7，同时每个潜变量的平均提取方差（AVE）和组合信度（CR）分别大于 0.5 和 0.7 的标准值，这表明样本数据具有良好的聚合效度；而在后面潜变量平均提取方差的平方根与其和其他潜变量之间的相关系数比较中，前者均要大于后者，证明了样本数据具有良好的区分效度；最后关于测量模型的结构方程模型拟合适配度指标也均有着良好的表现，各项指标均达到了学术研究标准。在接下来的假设模型路径分析中，笔者采用了结构方程模型来检验，最终分析结果表明感知有用性和满意度对于用户使用意愿均有着显著的正向影响，在影响力度上感知有用性更大，即假设 H1 和假设 H4 均得到了样本数据的支持，而感知易用性和感知趣味性对于用户使用意愿的影响则没有被支持，即假设 H2 和假设 H3 没有得到样本数据的支持。

二、结果讨论

对于上述实证研究结论，笔者将从下列两个方面进行讨论。第一，在四个实验组别中，高信息质量和高系统质量在感知有用性、感知易用性、感知趣味性和满意度中均获得了最高的评分。从这个结果可以看出，在移动旅游APP系统设计中尽可能地提供有效、准确且充足的信息，对于用户的个体感知均有着显著提升。同时从多样的功能设计、灵活的界面整合和清晰的操作按钮等方面表现出的高系统质量，也会增强用户的个体感知。这里注意到在感知易用性这个维度上，实验组别中低信息质量和低系统质量的得分，只是略微低于高信息质量和高系统质量，要高于剩下两个组别。这个结论也反映了如果旅游运营商不能同时在这两方面做到高水平，那么单纯地提升其中一个方面只会导致更坏的结果。接下来的多因素方差分析，也证实信息质量和系统质量对于感知有用性、感知趣味性和满意度均有着显著的正向作用，同时对于感知易用性的作用均不显著。这个结果也侧面证明了第一个结论的准确性。从最后得到的四个图中可以清晰看出，在感知有用性、感知趣味性和满意度这三个维度上，当信息质量和系统质量均处于较低的水平上时，只要提升它们二者中任意一个的水平都会获得非常显著的回报。但是当进一步提升另一个的水平时，在感知有用性和满意度两个维度上获得的回报就比较有限，而在感知趣味性上仍然可以获得较大的回报。

第二，感知有用性和满意度对于使用意愿有着显著的影响，而感知趣味性和感知易用性的影响均不是显著的。从这个结论可以看出用户在使用移动旅游APP时最为关注的是其实用性，这点与之前的结论也是吻合的。移动旅游APP最主要的作用就是帮助旅游者在旅游过程中解决一些非常实际的问题，相对来说其操作的简易性和系统的趣味性对于使用者来说并没有充足的吸引力。同时结合第一条结论来说，运营商在对移动旅游APP进行系统设计时，需要注意提升应用的信息质量和系统质量，这样可以间接提升用户的使用意愿。

第七节 本章总结

本章节主要分析了旅游 APP 系统设计对于用户使用意愿的影响。在理论模型构建中，主要选取了信息系统成功模型作为主要研究框架，并且结合具体的研究背景添加了个人感知层面的三个变量——感知有用性、感知易用性和感知趣味性到整体模型之中。

在研究方法上本章节使用了实验法和问卷调查法，通过设计出四种体现出不同信息质量和系统质量相组合的以西溪国家湿地公园为背景的旅游 APP 供实验参与者体验，实验参与者在体验完成后完成问卷调查，最终共收集了 200 份有效问卷。通过方差分析的方法对研究模型进行了实证检验，结果发现系统设计中的信息质量和系统质量对于个人的感知有用性、感知趣味性和满意度均有着显著的正向影响，而对感知易用性的正向影响是不显著的。同时，通过对研究模型后半部分的分析可以看出，感知有用性和满意度对于用户使用意愿均有着显著的正向影响。这个结果也表明通过提升系统设计中的信息质量和系统质量是会间接影响到用户使用意愿的。

本章节的研究在学术和实践两方面均有着重要意义。在学术方面，首先是丰富了信息系统成功模型在个人层面以及旅游研究中的应用，其次是通过实验法和问卷调查法相结合的方式得出的结论也更加真实可信且具有良好的外延性。在实践方面，由于受限于移动端设备的设备尺寸等客观因素，如何在有限的空间内向用户展示一个具有良好系统设计的移动旅游 APP 对于运营商来说是非常重要的，而本章的研究结论正好为其提供了建议性的指导，同时也证明了系统设计对于吸引用户使用具有重要的作用。

第七章
研究总结与未来展望

第一节 研究结论

本研究以智慧旅游为研究背景，分析了影响用户采纳移动旅游APP的因素。为了能够具体地分析用户行为，笔者将整个采纳行为划分为使用前和使用后两个阶段，进而分别搭建相关研究模型。同时又从系统设计的角度出发，以信息系统成功模型为研究基础构建了相应的理论研究模型来进一步分析移动旅游APP的相关系统设计是如何影响用户的使用意愿。为了能够详细分析上述问题，在本研究的第二章笔者对现有的与移动旅游APP相关的国内外文献进行了较为细致的整理。从文献梳理的结果可以看出，目前以移动旅游APP为主题的学术研究还不是很多，同时在理论基础方面还大部分是以技术接受模型和整合科技接受模型为主，整体模型构建较为简单，并没有对信息技术采纳方面的理论做一个较为完整的梳理和整合，也没有考虑到文化因素在模型中的作用。

为了能够全面了解和熟悉信息技术采纳方面的相关理论，同时为之后的模型构建打下基础，笔者分别对理性行为理论、计划行为理论、技术接受模型及其扩展、整合科技接受模型和信息系统成功模型这些经典理论进行了深入透彻的理论分析和文献综述；最后还对文化相关的理论，特别是霍夫斯泰德文化理论进行了讨论。在对这些理论深入整理分析后，笔者以移动旅游APP本身具有的特点为基础，结合逻辑推导对本研究的三个研究问题分别搭建了相应的研究模型。

一、"拉新"研究总结

针对移动旅游 APP 使用前阶段的用户来说，这部分群体并没有实际的相关使用经验，其个人感知的形成会受到来自外部环境即社会影响以及个人内在特质即个体创新性两方面的影响。在个体感知层面，笔者选取了感知有用性、感知易用性和感知风险三个变量，这是因为对于那些没有实际使用经验的用户来说，移动旅游 APP 是一个全新的信息技术，其能否为用户的旅游行程提供真正有效的帮助并且是否需要用户付出大量的时间和精力成本来学习操作使用移动旅游 APP 会显著地影响到用户的使用意愿，同时由于移动旅游 APP 的功能中会涉及个人隐私信息、财务信息等敏感内容的交互，所以用户的感知风险可能会成为阻碍其使用的因素。除此之外，为了能够结合中国旅游情景，笔者还选取了霍夫斯泰德文化维度中的个人主义和不确定性规避作为调节变量加入到整体之中。为了能够实证检验理论研究模型，通过问卷调查法共收集了 323 份有效问卷。经过结构方程模型的检验，最终结论显示，社会影响对于个人感知三方面的形成均有着显著的影响，而个体创新性则只会降低个人的感知风险，对于感知有用性和感知易用性的影响是不显著的。在对初次使用意愿的分析中，社会影响、个体创新性、感知有用性和感知风险均有着显著的影响，而感知易用性的作用是不显著的。文化变量中的个人主义和不确定性规避的调节作用也被证实是确实存在且与假设方向是一致的。

二、"留存"研究总结

在接下来对于使用后阶段的用户持续性使用意愿探索研究

中，针对用户已经有了实际使用体验的情况，笔者选取了满意度、信任、服务质量和便利条件四个主要影响因素，同时将转换成本作为整体模型的调节变量。满意度是用来衡量用户在实际使用移动旅游 APP 后对整体产品的评价和态度；信任则是用来衡量用户对于移动旅游 APP 运营商的认可程度；服务质量是凸显出移动旅游 APP 作为一款旅游行业产品，需要为旅游者提供及时准确且高效的服务的重要性。便利条件则是强调在旅游者旅游过程中是否具有完善的外部环境支持来让其使用移动旅游 APP。转换成本在整体模型中扮演调节变量的角色，强调的是运营商需要通过一些移动旅游 APP 内部的功能设置建立起转换壁垒，培养使用惯性，从而让用户可以"绑定"在自己的移动旅游 APP 产品上。在面向实际旅游者发放调查问卷后，通过结构方程模型的分析，最终得出的结论证实了满意度、信任、服务质量和便利条件对于持续性使用意愿的显著正向影响，以及变量之间的相互关系。转换成本则在满意度、信任和服务质量对于持续性使用意愿之间的关系中起到了正向调节作用，可见当建立起转换壁垒后用户对于本产品的满意度、服务质量感知和信任感知都会加强其持续性使用意愿，但是转换成本在便利条件和持续性使用意愿之间的调节作用则不是显著的。

三、"促活"研究总结

最后在关于系统设计的研究中，以信息系统成功模型为理论基础，从信息质量和系统质量两个维度来探索移动旅游 APP 的系统设计是如何影响用户的个人感知，进而影响其使用意愿的。由于此研究问题关注的是移动旅游 APP 系统本身，如果仅仅通过问卷调查的方式来获取数据可能会使研究结论存在误差，所以在研究方法上采取了实验室实验的方法。在实验操作中以杭州西溪湿地国家公园为背景，分别将信息质量和系统质量以高低水平不同进行了组合，进而设计出了四种不同形式的移动旅游 APP 系统。在实验过程中，随机挑选的 200 名实验者按照四种组合平均划分，分别体验其中的一种系统，在实验完成后再根据实际操作体验进行问卷的填写。通过单因素方差分析以及多元方差分析，对实验数据进行了实证分析，最终结论发现信息质量和系统质量对于感知有用性、感知趣味性和满意度均有着显著的正向作用，而对于感知易用性的作用虽是显著，但是在影响方向上却是不一致的。这点也说明了在感知易用性上，仅仅提升信息质量和系统质量中某一个维度并不能带来用户对于系统易用性的感知，只有做到两全其美才能让用户的感知易用性得到提升。在对个人感知和使用意愿之间关系的分析中，感知有用性和满意度对于用户的使用意愿是存在显著的正向影响的。

第二节　不足与展望

本研究通过实证分析，对影响用户采纳移动旅游 APP 方面的使用意愿进行了较为详细的探索，在学术研究和社会实践两方面都有着较为突出的创新和贡献。在今后的研究中仍然可以关注下列几个方面的研究方向。

第一，在使用前和使用后两个阶段是否存在其他因素影响用户的使用意愿。在本研究中，笔者在文献综述和理论推导的基础上分别构建了两个阶段的研究模型，最终结果也显示研究模型有着很理想的解释力度，但是仍然可能存在其他因素会对模型产生影响。例如有研究指出在用户使用前阶段，信任是一个非常重要的影响因素，它会对用户感知的形成产生直接的作用（Kim et al.，2008）；用户之前的行为习惯对于使用意愿也存在着影响（Lin & Wang，2006），那些偏好通过线下旅行社规划旅游行程的个人可能不会轻易改变自己的行为习惯，相反那些有过线上旅游网站使用经验的个人可能因为方便快捷更倾向于使用移动旅游APP；不同类型和品牌的移动旅游APP之间存在一定差异，对于用户的使用意愿也会造成影响。如前文所述目前移动旅游APP可以分为预订型、工具型、分享型和攻略型四种，不同类型的APP有着不同的侧重点，因而用户感知的形成也有着不同，进而对使用意愿也会造成影响。例如预订型和工具型移动旅游APP，在此类APP使用过程中可能会涉及个人财务和隐私信息等方面，那么用户对于这类APP的风险感知可能对于使用意愿的影响就更大。而使用分享型和攻略型移动旅游APP的用户则可能更加关注APP系统操作的简洁性和所提供信息内容的有用性。同时品牌作用也是不可忽视的，特别是对于那些有着电脑端线上旅游网站使用经验的群体来说，他们已经建立起一定的品牌认知和品牌忠诚度，那么这些因素势必会影响其在选择移动端旅游APP时的决策。

第二，本研究在信息系统成功理论的基础上对移动旅游APP系统设计的作用进行了探讨，通过实验法对信息质量和系统质量这两个维度分别进行了实验操作最终得到相应结论。虽然说实验法在研究方法上更加贴近实际生活，但是由于笔者能力有限，实验中使用的移动旅游APP仅仅是模拟设计出来的，并不是真实的杭州西溪国家湿地公园的官方移动应用，所以与实际状况仍然存在一定的差距。未来可以考虑与正式运营的移动旅游APP合作，从而能够获得更加丰富的一手数据来用于分析，同时面向的实验对象也是真实的旅游者而非学生群体，最终得到的结论会更加具有普适性和可靠性。

　　第三，本文是在中国情景下开展的研究，所以将文化背景作为调节变量加入到了整体研究模型之中，未来可以进一步考虑跨文化场景下的对比研究。例如在 IT 技术发展成熟度更高的欧美国家，其用户的个人主义水平可能较之中国用户更高，而不确定性规避的水平则可能相对较低，那么在不同的文化场景下，文化的调节作用也可能会有着不同的影响；同时欧美用户和中国用户在对待移动旅游 APP 时其本身感知对于使用意愿的作用也可能有着显著差异。

参考文献

[1] Agarwal R, Prasad J. The antecedents and consequents of user perceptions in information technology adoption [J]. Decision support systems, 1998, 22(1): 15-29.

[2] Agarwal R, Karahanna E. Time flies when you're having fun: Cognitive absorption and beliefs about information technology usage [J]. MIS quarterly, 2000, 24(4): 665-694.

[3] Alzu'Bi S K, Hassan S. Factor Affecting the Success of Mobile Learning Implementation: A Study Jordanian Universities [J]. Asian Journal of Information Technology, 2016, 15(1): 113-121.

[4] Ajzen I, Fishbein M. Understanding attitudes and predicting social behavior [M]. NJ: Prentice-Hall, 1980: 112-149.

[5] Ajzen I. From intentions to actions: A theory of planned behavior [M]. Springer Berlin Heidelberg, New York, 1985: 11-39.

[6] Ajzen I. The theory of planned behavior [J]. Organizational behavior and human decision processes, 1991, 50(2): 179-211.

[7] Ajzen I, Fishbein M. Attitudes and the attitude-behavior relation: Reasoned and automatic processes [J]. European review of social psychology, 2000, 11(1): 1-33.

[8] Aldas-Manzano J, Lassala-Navarre C, Ruiz-Mafe C, et al. The role of consumer innovativeness and perceived risk in online

banking usage [J]. International Journal of Bank Marketing, 2009, 27(1): 53-75.

[9] Anderson J C, Gerbing D W. Structural equation modeling in practice: A review and recommended two-step approach [J]. Psychological bulletin, 1988, 103(3): 411.

[10] Andreev P, Pliskin N, Rafaeli S. Drivers and inhibitors of mobile-payment adoption by smartphone users [J]. International Journal of E-Business Research (IJEBR), 2012, 8(3): 50-67.

[11] Armitage C J, Conner M, Norman P. Differential effects of mood on information processing: Evidence from the theories of reasoned action and planned behaviour [J]. European Journal of Social Psychology, 1999, 29(4): 419-433.

[12] Armitage C J, Conner M. Efficacy of the theory of planned behaviour: A meta-analytic review [J]. British journal of social psychology, 2001, 40(4): 471-499.

[13] Bandura A. Social Learning Theory [M]. Englewood Cliffs, NJ: Prentice Hall, 1977: 102-125.

[14] Baptista G, Oliveira T. Understanding mobile banking: The unified theory of acceptance and use of technology combined with cultural moderators [J]. Computers in Human Behavior, 2015(50): 418-430.

[15] Bauer R A. Consumer Behavior as Risk Taking: Dynamic Marketing for a Changing World [M]. Proceedings of the 43rd Conference of the American Marketing Chicago: American Marketing Association, 1960: 389-398.

[16] Bauer H H, Reichardt T, Barnes S J, et al. Driving consumer

acceptance of mobile marketing: A theoretical framework and empirical study [J]. Journal of electronic commerce research, 2005, 6(3): 181.

[17] Bertan S, Bayram M, Ozturk A B, et al. Factors influencing hotel managers' perceptions regarding the use of mobile apps to gain a competitive advantage [J]. Asia-Pacific Journal of Innovation in Hospitality and Tourism, 2016, 5(1): 59-74.

[18] Bhattacherjee A. Understanding information systems continuance: an expectation-confirmation model [J]. MIS quarterly, 2001, 25(3): 351-370.

[19] Burnham T A, Frels J K, Mahajan V. Consumer switching costs: a typology, antecedents, and consequences [J]. Journal of the Academy of Marketing Science, 2003, 31(2): 109-126.

[20] Car T, Pilepić L, Šimunić M. Mobile technologies and supply chain management-lessons for the hospitality industry [J]. Tourism and hospitality management, 2014, 20(2): 207-219.

[21] Chen M M, Murphy H C, Knecht S. An importance performance analysis of smartphone applications for hotel chains [J]. Journal of hospitality and tourism management, 2016(29): 69-79.

[22] Chen L D, Tan J. Technology Adaptation in E-commerce: Key Determinants of Virtual Stores Acceptance [J]. European Management Journal, 2004, 22(1): 74-86.

[23] Chen C W D, Cheng C Y J. Understanding consumer intention in online shopping: a respecification and validation of the DeLone and McLean model [J]. Behaviour & Information Technology, 2009, 28(4): 335-345.

[24] Cheung C M K, Lee M K O. A theoretical model of intentional

social action in online social networks [J]. Decision support systems, 2010, 49(1): 24-30.

[25] Chiu C M, Chiu C S, Chang H C. Examining the integrated influence of fairness and quality on learners' satisfaction and Web-based learning continuance intention [J]. Information systems journal, 2007, 17(3): 271-287.

[26] Chong A Y L, Ngai E W T. What Influences Travellers' Adoption of a Location-based Social Media Service for Their Travel Planning? [C]. PACIS. 2013: 210.

[27] Conner M, Armitage C J. Extending the theory of planned behavior: A review and avenues for further research [J]. Journal of applied social psychology, 1998 (28): 1429-1464.

[28] Crespo Á H, del Bosque I R. The effect of innovativeness on the adoption of B2C e-commerce: A model based on the Theory of Planned Behaviour [J]. Computers in Human Behavior, 2008, 24(6): 2830-2847.

[29] Davis F D. Perceived usefulness, perceived ease of use, and user acceptance of information technology [J]. MIS quarterly, 1989, 13(3): 319-340.

[30] Davis F D, Bagozzi R P, Warshaw P R. Extrinsic and intrinsic motivation to use computers in the workplace1 [J]. Journal of applied social psychology, 1992, 22(14): 1111-1132.

[31] Davis F D, Venkatesh V. A critical assessment of potential measurement biases in the technology acceptance model: three experiments [J]. International Journal of Human-Computer Studies, 1996, 45(1): 19-45.

[32] DeLone W H, McLean E R. Information systems success: The

quest for the dependent variable [J]. Information systems research, 1992, 3(1): 60-95.

[33] Delone W H, Mclean E R. Measuring e-commerce success: Applying the DeLone & McLean information systems success model [J]. International Journal of Electronic Commerce, 2004, 9(1): 31-47.

[34] Egger R. The impact of near field communication on tourism [J]. Journal of Hospitality & Tourism Technology, 2013, 4(2): 119-133.

[35] Eriksson N. User categories of mobile travel services [J]. Journal of Hospitality and Tourism Technology, 2014, 5(1): 17-30.

[36] Escobar-Rodríguez T, Carvajal-Trujillo E. Online purchasing tickets for low cost carriers: An application of the unified theory of acceptance and use of technology (UTAUT) model [J]. Tourism Management, 2014 (43): 70-88.

[37] Fishbein M, Ajzen I. Belief, attitude, intention and behavior: An introduction to theory and research [M]. MA: Addison-Wesley, 1975: 25-59.

[38] Fong L H N, Lam L W, Law R. How locus of control shapes intention to reuse mobile apps for making hotel reservations: Evidence from chinese consumers [J]. Tourism Management, 2017(61): 331-342.

[39] French D P, Sutton S, Hennings S J, et al. The importance of affective beliefs and attitudes in the theory of planned behavior: predicting intention to increase physical activity [J]. Journal of Applied Social Psychology, 2005, 35(9): 1824-1848.

[40] Gao L, Bai X. An empirical study on continuance intention of mobile social networking services: Integrating the IS success model, network externalities and flow theory [J]. Asia Pacific Journal of Marketing and Logistics, 2014, 26(2): 168-189.

[41] Gefen D, Straub D W. The relative importance of perceived ease of use in IS adoption: A study of e-commerce adoption [J]. Journal of the Association for information systems, 2000, 1(1): 8.

[42] Glass G V. Primary, secondary, and meta-analysis of research [J]. Educational researcher, 1976, 5(10): 3-8.

[43] Hansen T, Jensen J M L, Solgaard H S. Predicting online grocery buying intention: a comparison of the theory of reasoned action and the theory of planned behavior [J]. International Journal of Information Management, 2004, 24(6): 539-550.

[44] Hansen T. Consumer values, the theory of planned behavior and online grocery shopping [J]. International Journal of Consumer Studies, 2008, 32(2): 128-137.

[45] Hirunyawipada T, Paswan A K. Consumer innovativeness and perceived risk: implications for high technology product adoption [J]. Journal of Consumer Marketing, 2006, 23(4): 182-198.

[46] Hofstede G. Culture's consequences: International differences in work related values [M]. Beverly Hills, CA: Sage Publications, 1980.

[47] Hofstede G, Bond M H. The Confucius connection: From cultural roots to economic growth [J]. Organizational dynamics, 1988, 16(4): 5-21.

[48] Hsu M H, Yen C H, Chiu C M, et al. A longitudinal investigation

of continued online shopping behavior: An extension of the theory of planned behavior [J]. International Journal of Human-Computer Studies, 2006, 64(9): 889-904.

[49] Huang Y C, Backman K F, Backman S J, et al. Exploring the Implications of Virtual Reality Technology in Tourism Marketing: An Integrated Research Framework [J]. International Journal of Tourism Research, 2016, 18(2): 116-128.

[50] Im I, Hong S, Kang M S. An international comparison of technology adoption: Testing the UTAUT model [J]. Information & management, 2011, 48(1): 1-8.

[51] Jeong M, Lee M, Nagesvaran B. Employees' use of mobile devices and their perceived outcomes in the workplace: A case of luxury hotel [J]. International Journal of Hospitality Management, 2016(57): 40-51.

[52] Jung T, Chung N, Leue M C. The determinants of recommendations to use augmented reality technologies: The case of a Korean theme park [J]. Tourism management, 2015(49): 75-86.

[53] Jung S Y, Kim J, Farrish J. In-room technology trends and their implications for enhancing guest experiences and revenue [J]. Journal of Hospitality and Tourism Technology, 2014, 5(3): 210-228.

[54] Kenny D A, Judd C M. A general procedure for the estimation of interdependence. [J]. Psychological Bulletin, 1996, 119(1): 138-148.

[55] Kijsanayotin B, Pannarunothai S, Speedie S M. Factors influencing health information technology adoption in Thailand's

community health centers: Applying the UTAUT model [J]. International journal of medical informatics, 2009, 78(6): 404-416.

[56] Kim D Y, Park J, Morrison A M. A model of traveller acceptance of mobile technology [J]. International Journal of Tourism Research, 2008, 10(5): 393-407.

[57] Kim D J, Ferrin D L, Rao H R. A trust-based consumer decision-making model in electronic commerce: The role of trust, perceived risk, and their antecedents [J]. Decision support systems, 2008, 44(2): 544-564.

[58] Kim J, Ahn K, Chung N. Examining the factors affecting perceived enjoyment and usage intention of ubiquitous tour information services: A service quality perspective [J]. Asia Pacific Journal of Tourism Research, 2013, 18(6): 598-617.

[59] Kim M J, Kim W G, Kim J M, et al. Does knowledge matter to seniors' usage of mobile devices? Focusing on motivation and attachment [J]. International Journal of Contemporary Hospitality Management, 2016, 28(8): 1702-1727.

[60] Kim M J, Chung N, Lee C K, et al. Motivations and Use Context in Mobile Tourism Shopping: Applying Contingency and Task-Technology Fit Theories [J]. International Journal of Tourism Research, 2015, 17(1): 13-24.

[61] Kim J, Kizildag M. M-learning: Next generation hotel training system [J]. Journal of Hospitality and Tourism Technology, 2011, 2(1): 6-33.

[62] Kim J, Connolly D J, Blum S. Mobile technology: an exploratory study of hotel managers [J]. International Journal

of Hospitality & Tourism Administration, 2014, 15(4): 417-446.

[63] Kuo Y F, Wu C M, Deng W J. The relationships among service quality, perceived value, customer satisfaction, and post-purchase intention in mobile value-added services [J]. Computers in human behavior, 2009, 25(4): 887-896.

[64] Lai I K W. Traveler acceptance of an app-based mobile tour guide [J]. Journal of Hospitality & Tourism Research, 2015, 39(3): 401-432.

[65] Law R, Leung R, Lo A, et al. Distribution channel in hospitality and tourism: Revisiting disintermediation from the perspectives of hotels and travel agencies [J]. International Journal of Contemporary Hospitality Management, 2015, 27(3): 431-452.

[66] Lee S, Hwang J, Hyun M Y. Mobile services as a marketing tool to enhance restaurant revenue: An exploratory study [J]. Journal of Hospitality Marketing & Management, 2010, 19(5): 464-479.

[67] Lee J, Lee J, Feick L. The impact of switching costs on the customer satisfaction-loyalty link: mobile phone service in France [J]. Journal of services marketing, 2001, 15(1): 35-48.

[68] Lee Y, Kozar K A, Larsen K R T. The technology acceptance model: Past, present, and future [J]. Communications of the Association for information systems, 2003, 12(1): 50.

[69] Lee I, Choi B, Kim J, et al. Culture-technology fit: Effects of cultural characteristics on the post-adoption beliefs of mobile Internet users [J]. International Journal of Electronic Commerce, 2007, 11(4): 11-51.

[70] Lee R, Murphy J, Swilley E. The moderating influence of

hedonic consumption in an extended theory of planned behaviour [J]. The Service Industries Journal, 2009, 29(4): 539-555.

[71] Lee H, Chung N, Jung T. Examining the cultural differences in acceptance of mobile augmented reality: Comparison of South Korea and Ireland [M] //Information and Communication Technologies in Tourism 2015. Springer International Publishing, 2015: 477-491.

[72] Legris P, Ingham J, Collerette P. Why do people use information technology? A critical review of the technology acceptance model [J]. Information & management, 2003, 40(3): 191-204.

[73] Liang T P, Ho Y T, Li Y W, et al. What drives social commerce: The role of social support and relationship quality [J]. International Journal of Electronic Commerce, 2011, 16(2): 69-90.

[74] Liao C, Lin H N, Liu Y P. Predicting the use of pirated software: A contingency model integrating perceived risk with the theory of planned behavior [J]. Journal of Business Ethics, 2010, 91(2): 237-252.

[75] Lim S, Xue L, Yen C C, et al. A study on Singaporean women's acceptance of using mobile phones to seek health information [J]. International journal of medical informatics, 2011, 80(12): 189-202.

[76] Lin J C C, Lu H. Towards an understanding of the behavioural intention to use a web site [J]. International journal of information management, 2000, 20(3): 197-208.

[77] Lin H H, Wang Y S. An examination of the determinants of customer loyalty in mobile commerce contexts [J]. Information & management, 2006, 43(3): 271-282.

[78] Lin S W. Identifying the critical success factors and an optimal solution for mobile technology adoption in travel agencies [J]. International Journal of Tourism Research, 2017, 19(2): 127-144.

[79] Liu Y, Li H. Exploring the impact of use context on mobile hedonic services adoption: An empirical study on mobile gaming in China [J]. Computers in Human Behavior, 2011, 27(2): 890-898.

[80] Lowe R, Eves F, Carroll D. The influence of affective and instrumental beliefs on exercise intentions and behavior: A longitudinal analysis [J]. Journal of Applied Social Psychology, 2002(32): 1241-1252.

[81] Lu J, Liu C, Yu C S, et al. Determinants of accepting wireless mobile data services in China [J]. Information & Management, 2008, 45(1): 52-64.

[82] Lu Y, Zhou T, Wang B. Exploring Chinese users' acceptance of instant messaging using the theory of planned behavior, the technology acceptance model, and the flow theory [J]. Computers in human behavior, 2009, 25(1): 29-39.

[83] Lu J, Mao Z, Wang M, et al. Goodbye maps, hello apps? Exploring the influential determinants of travel app adoption [J]. Current Issues in Tourism, 2015, 18(11): 1059-1079.

[84] Makki A M, Singh D, Ozturk A B. Hotel Tonight usage and hotel profitability [J]. Journal of Hospitality and Tourism Technology, 2016, 7(3): 313-327.

[85] Ma Q, Liu L. The technology acceptance model: A meta-analysis of empirical findings [J]. Journal of Organizational and End

User Computing (JOEUC), 2004, 16(1): 59-72.

[86] Mason R O. Measuring information output: A communication systems approach [J]. Information & management, 1978, 1(4): 219-234.

[87] Mathieson K. Predicting user intentions: comparing the technology acceptance model with the theory of planned behavior [J]. Information systems research, 1991, 2(3): 173-191.

[88] McKnight D H, Choudhury V, Kacmar C. Developing and validating trust measures for e-commerce: An integrative typology [J]. Information systems research, 2002, 13(3): 334-359.

[89] Meehan K, Lunney T, Curran K, et al. Aggregating social media data with temporal and environmental context for recommendation in a mobile tour guide system [J]. Journal of Hospitality and Tourism Technology, 2016, 7(3): 281-299.

[90] Meng B, Kim M H, Hwang Y H. Users and non-users of smartphones for travel: differences in factors influencing the adoption decision [J]. Asia Pacific Journal of Tourism Research, 2015, 20(10): 1094-1110.

[91] Moon J W, Kim Y G. Extending the TAM for a World-Wide-Web context [J]. Information & management, 2001, 38(4): 217-230.

[92] Morosan C. When tradition meets the new technology: An examination of the antecedents of attitudes and intentions to use mobile devices in private clubs [J]. International Journal of Hospitality Management, 2014(42): 126-136.

[93] Mo Kwon J, Bae J, Blum S C. Mobile applications in the hospitality industry [J]. Journal of Hospitality and Tourism Technology, 2013, 4(1): 81-92.

[94] Morosan C, DeFranco A. It's about time: Revisiting UTAUT2 to examine consumers' intentions to use NFC mobile payments in hotels [J]. International Journal of Hospitality Management, 2016(53): 17-29.

[95] Morosan C. Toward an integrated model of adoption of mobile phones for purchasing ancillary services in air travel [J]. International journal of contemporary hospitality management, 2013, 26(2): 246-271.

[96] No E, Kim J K. Determinants of the adoption for travel information on smartphone [J]. International Journal of Tourism Research, 2014, 16(6): 534-545.

[97] Nyheim P, Xu S, Zhang L, et al. Predictors of avoidance towards personalization of restaurant smartphone advertising: A study from the Millennials' perspective [J]. Journal of Hospitality and Tourism Technology, 2015, 6(2): 145-159.

[98] Okazaki S, Campo S, Andreu L, et al. A latent class analysis of Spanish travelers' mobile internet usage in travel planning and execution [J]. Cornell Hospitality Quarterly, 2015, 56(2): 191-201.

[99] Okumus B, Bilgihan A, Ozturk A B. Factors affecting the acceptance of smartphone diet applications [J]. Journal of Hospitality Marketing & Management, 2016, 25(6): 726-747.

[100] Okumus B, Bilgihan A. Proposing a model to test smartphone users' intention to use smart applications when ordering

food in restaurants [J]. Journal of Hospitality and Tourism Technology, 2014, 5(1): 31-49.

[101] Oliver R L. A cognitive model of the antecedents and consequences of satisfaction decisions [J]. Journal of marketing research, 1980, 17(4): 460-469.

[102] O'Regan M, Chang H. Smartphone adoption amongst Chinese youth during leisure-based tourism: Challenges and opportunities [J]. Journal of China Tourism Research, 2015, 11(3): 238-254.

[103] Ozturk A B, Nusair K, Okumus F, et al. The role of utilitarian and hedonic values on users' continued usage intention in a mobile hotel booking environment [J]. International Journal of Hospitality Management, 2016(57): 106-115.

[104] Ozturk A B, Bilgihan A, Salehi-Esfahani S, et al. Understanding the mobile payment technology acceptance based on valence theory: A case of restaurant transactions [J]. International Journal of Contemporary Hospitality Management, 2017, 29(8): 2027-2049.

[105] Parasuraman A, Zeithaml V A, Malhotra A. ES-QUAL a multiple-item scale for assessing electronic service quality [J]. Journal of service research, 2005, 7(3): 213-233.

[106] Park H S. Relationships Among Attitude and Subjective Norms: Testing the Theory of Reasoned Action Across Cultures [J]. Communication Studies, 2000, 51(2): 162-175.

[107] Park S, Huang Y. Motivators and inhibitors in booking a hotel via smartphones [J]. International Journal of Contemporary Hospitality Management, 2017, 29(1): 161-178.

[108] Pavlou P A. Consumer acceptance of electronic commerce: Integrating trust and risk with the technology acceptance model [J]. International journal of electronic commerce, 2003, 7(3): 101-134.

[109] Pesonen J, Horster E. Near field communication technology in tourism [J]. Tourism Management Perspectives, 2012(4): 11-18.

[110] Ponte E B, Carvajal-Trujillo E, Escobar-Rodríguez T. Influence of trust and perceived value on the intention to purchase travel online: Integrating the effects of assurance on trust antecedents [J]. Tourism Management, 2015(47): 286-302.

[111] Qin M, Tang C H H, Jang S S, et al. Mobile app introduction and shareholder returns [J]. Journal of Hospitality and Tourism Management, 2017(31): 173-180.

[112] Rivera M, Croes R, Zhong Y Y. Developing mobile services: A look at first-time and repeat visitors in a small island destination [J]. International Journal of Contemporary Hospitality Management, 2016, 28(12): 2721-2747.

[113] San Martín H, Herrero Á. Influence of the user's psychological factors on the online purchase intention in rural tourism: Integrating innovativeness to the UTAUT framework [J]. Tourism Management, 2012, 33(2): 341-350.

[114] Schepers J, Wetzels M. A meta-analysis of the technology acceptance model: Investigating subjective norm and moderation effects [J]. Information & Management, 2007, 44(1): 90-103.

[115] Seddon P B. A respecification and extension of the DeLone

and McLean model of IS success [J]. Information systems research, 1997, 8(3): 240-253.

[116] Shannon C E. A mathematical theory of communication [J]. ACM SIGMOBILE Mobile Computing and Communications Review, 2001, 5(1): 3-55.

[117] Song J. Trust in health infomediaries [J]. Decision support systems, 2007, 43(2): 390-407.

[118] Srite M, Karahanna E. The role of espoused national cultural values in technology acceptance [J]. MIS quarterly, 2006,30(3): 679-704.

[119] Teo T S H, Srivastava S C, Jiang L. Trust and electronic government success: An empirical study [J]. Journal of management information systems, 2008, 25(3): 99-132.

[120] Thong J Y L, Hong S J, Tam K Y. The effects of post-adoption beliefs on the expectation-confirmation model for information technology continuance [J]. International Journal of Human-Computer Studies, 2006, 64(9): 799-810.

[121] Tom Dieck M C, Jung T. A theoretical model of mobile augmented reality acceptance in urban heritage tourism [J]. Current Issues in Tourism, 2018, 21(2): 1-21.

[122] Trafimow D, Kiekel P, Clason D. The simultaneous consideration of between-participants and within-participants analyses in research on predictors of behaviors: The issue of dependence [J]. European Journal of Social Psychology, 2004(34): 703-712.

[123] Trakulmaykee N, Baharudin A S, Arshad M R M. Perception on Intention to Use Mobile Tourist Guidebook: Comparison of

Self-managed Tour and Package Tour [C]. National Research & Innovation Conference for Graduate Students in Social Sciences. 2014.

[124] Trakulmaykee N, Benrit P. Investigating Determinants and Interaction Quality Effects on Tourists' Intention to Use Mobile Tourism Guide [J]. International Journal of Innovation and Technology Management, 2015, 12(01): 1-18.

[125] Tsai C Y. An analysis of usage intentions for mobile travel guide systems [J]. African Journal of Business Management, 2010, 4(14): 2962.

[126] Vance A, Elie-Dit-Cosaque C, Straub D W. Examining trust in information technology artifacts: the effects of system quality and culture [J]. Journal of Management Information Systems, 2008, 24(4): 73-100.

[127] Venkatesh V, Davis F D. A theoretical extension of the technology acceptance model: Four longitudinal field studies [J]. Management science, 2000, 46(2): 186-204.

[128] Venkatesh V, Morris M G. Why don't men ever stop to ask for directions? Gender, social influence, and their role in technology acceptance and usage behavior [J]. MIS quarterly, 2000, 24(1): 115-139.

[129] Venkatesh V, Morris M G, Davis G B, et al. User acceptance of information technology: Toward a unified view [J]. MIS quarterly, 2003, 27(3): 425-478.

[130] Venkatesh V, Bala H. Technology acceptance model 3 and a research agenda on interventions [J]. Decision sciences, 2008, 39(2): 273-315.

[131] Venkatesh V, Thong J Y L, Chan F K Y, et al. Extending the two-stage information systems continuance model: Incorporating UTAUT predictors and the role of context [J]. Information Systems Journal, 2011, 21(6): 527-555.

[132] Venkatesh V, Thong J Y L, Xu X. Consumer acceptance and use of information technology: extending the unified theory of acceptance and use of technology [J]. MIS quarterly, 2012, 36(1): 157-178.

[133] Wang D, Xiang Z, Fesenmaier D R. Adapting to the mobile world: A model of smartphone use [J]. Annals of Tourism Research, 2014(48): 11-26.

[134] Wang D, Xiang Z, Law R, et al. Assessing hotel-related smartphone apps using online reviews [J]. Journal of Hospitality Marketing & Management, 2016, 25(3): 291-313.

[135] Wang H I, Yang H L. The role of personality traits in UTAUT model under online stocking [J]. Contemporary Management Research, 2005, 1(1): 69-82.

[136] Wang Y S, Li H T, Li C R, et al. Factors affecting hotels' adoption of mobile reservation systems: A technology-organization-environment framework [J]. Tourism Management, 2016(53): 163-172.

[137] Wu J H, Wang S C. What drives mobile commerce? An empirical evaluation of the revised technology acceptance model [J]. Information & management, 2005, 42(5): 719-729.

[138] Wu S I. A comparison of the behavior of different customer clusters towards Internet bookstores [J]. Information & Management, 2006, 43(8): 986-1001.

[139] Yang S, Cao Y, Mao W, et al. Determinants of behavioral intention to mobile payment: Evidence from China [C] // In 2011 7th International Conference on Advanced Information Management and Service (ICIPM). 2011: 151-154.

[140] Yang F X. Effects of restaurant satisfaction and knowledge sharing motivation on eWOM intentions: the moderating role of technology acceptance factors [J]. Journal of Hospitality & Tourism Research, 2013(12): 1-35.

[141] Yang S. Role of transfer-based and performance-based cues on initial trust in mobile shopping services: a cross-environment perspective [J]. Information Systems and e-Business Management, 2016, 14(1): 47-70.

[142] Yi M Y, Fiedler K D, Park J S. Understanding the role of individual innovativeness in the acceptance of it-based innovations: Comparative analyses of models and measures [J]. Decision Sciences, 2006, 37(3): 393-426.

[143] Yoon C. The effects of national culture values on consumer acceptance of e-commerce: Online shoppers in China [J]. Information & Management, 2009, 46(5): 294-301.

[144] Young Im J, Hancer M. Shaping travelers' attitude toward travel mobile applications [J]. Journal of Hospitality and Tourism Technology, 2014, 5(2): 177-193.

[145] Yu C S. Factors affecting individuals to adopt mobile banking: Empirical evidence from the UTAUT model [J]. Journal of Electronic Commerce Research, 2012, 13(2): 104.

[146] Zhang J, Beatty S E, Walsh G. Review and future directions of cross-cultural consumer services research [J]. Journal of

Business Research, 2008, 61(3): 211-224.
[147] Zhao L, Lu Y, Zhang L, et al. Assessing the effects of service quality and justice on customer satisfaction and the continuance intention of mobile value-added services: An empirical test of a multidimensional model [J]. Decision Support Systems, 2012, 52(3): 645-656.
[148] Zheng Y, Zhao K, Stylianou A. The impacts of information quality and system quality on users' continuance intention in information-exchange virtual communities: An empirical investigation [J]. Decision Support Systems, 2013(56): 513-524.
[149] Zhou T. Understanding mobile Internet continuance usage from the perspectives of UTAUT and flow [J]. Information Development, 2011, 27(3): 207-218.
[150] Zhou T. The effect of initial trust on user adoption of mobile payment [J]. Information Development, 2011, 27(4): 290-300.
[151] Zhou T. An empirical examination of continuance intention of mobile payment services [J]. Decision Support Systems, 2013, 54(2): 1085-1091.
[152] Zhou T, Lu Y, Wang B. Examining online consumers' initial trust building from an elaboration likelihood model perspective [J]. Information Systems Frontiers, 2016, 18(2): 265-275.
[153] 艾瑞网. 2016年中国在线旅游平台白皮书 [R]. 上海: 艾瑞市场咨询有限公司, 2016.
[154] 毕继东. 基于技术接受模型的网络口碑接受研究 [J]. 当代经济管理, 2009 (09): 33-38.
[155] 常静, 杨建梅, 欧瑞秋. 基于TAM的百度百科用户参与

意向的影响因素研究 [J]. 软科学, 2010 (12): 34-37.

[156] 邓朝华, 鲁耀斌, 张金隆. TAM、可靠性和使用能力对用户采纳移动银行服务的影响 [J]. 管理评论, 2009 (01): 59-66.

[157] 杜鹏, 杨蕾. 智慧旅游系统建设体系与发展策略研究 [J]. 科技管理研究, 2013 (23): 44-49.

[158] 郭莲. 文化的定义与综述 [J]. 中共中央党校学报, 2002 (01): 115-118.

[159] 黄浩, 刘鲁, 王建军. 基于 TAM 的移动内容服务采纳分析 [J]. 南开管理评论, 2008 (06): 42-47.

[160] 李东和, 张鹭旭. 基于 TAM 的旅游 APP 下载使用行为影响因素研究 [J]. 旅游学刊, 2015 (08): 26-34.

[161] 林家宝, 鲁耀斌, 张金隆. 基于 TAM 的移动证券消费者信任实证研究 [J]. 管理科学, 2009 (05): 61-71.

[162] 刘春济, 冯学钢. 我国出境游客旅行前的信息搜索行为意向研究: 基于 TAM、TPB 与 DTPB 模型 [J]. 旅游科学, 2013 (02): 59-72+94.

[163] 鲁耀斌, 徐红梅. 技术接受模型及其相关理论的比较研究 [J]. 科技进步与对策, 2005 (10): 178-180.

[164] 孟健, 刘阳. 移动打车软件用户使用意愿影响因素研究 [J]. 现代情报, 2016 (02): 25-31.

[165] 闵庆飞, 刘振华, 季绍波. 信息技术采纳研究的元分析: 2000—2006 [J]. 信息系统学报, 2008 (02): 22-32.

[166] 彭润华, 阳震青, 熊励. 旅游移动商务游客接受实证研究: 基于对桂林游客的调查 [J]. 旅游学刊, 2009 (04): 67-72.

[167] 钱大群. 智慧地球赢在中国, IBM 商业价值研究院 [EB/

OL]. http://www.ibm.com/smarterplanet/cn.

[168] 宋之杰, 石晓林, 石蕊. 在线旅游产品购买意愿影响因素分析 [J]. 企业经济, 2013 (10): 96-100.

[169] 苏婉, 毕新华, 王磊. 基于 UTAUT 理论的物联网用户接受模型研究 [J]. 情报科学, 2013 (05): 128-132.

[170] 孙建军, 成颖, 柯青. TAM 模型研究进展: 整合分析 [J]. 情报科学, 2007 (07): 961-965.

[171] 汪旭晖, 徐健. 基于转换成本调节作用的网上顾客忠诚研究 [J]. 中国工业经济, 2008 (12): 113-123.

[172] 温忠麟, 侯杰泰, 张雷. 调节效应与中介效应的比较和应用 [J]. 心理学报, 2005 (02): 268-274.

[173] 温忠麟, 吴艳. 潜变量交互效应建模方法演变与简化 [J]. 心理科学进展, 2010 (08): 1306-1313.

[174] 武海东. 基于信息系统成功模型的数字资源统一检索系统评价 [J]. 情报杂志, 2013 (04): 177-182.

[175] 徐超毅, 欧梅妮, 杨力. 文化特征对用户采纳手机支付作用的研究 [J]. 经济问题探索, 2013 (10): 144-153.

[176] 姚国章. "智慧旅游"的建设框架探析 [J]. 南京邮电大学学报: 社会科学版, 2012 (02): 13-16+73.

[177] 易观智库网. 2016 年中国在线旅游市场综合报告 [R]. 北京: 易观智库网络科技有限公司, 2016.

[178] 于丹, 董大海, 刘瑞明, 原永丹. 理性行为理论及其拓展研究的现状与展望 [J]. 心理科学进展, 2008 (05): 796-802.

[179] 张凌云, 黎巎, 刘敏. 智慧旅游的基本概念与理论体系 [J]. 旅游学刊, 2012 (05): 66-73.

[180] 张星, 陈星, 夏火松, 王莉. 在线健康社区中用户忠诚度

的影响因素研究：从信息系统成功与社会支持的角度［J］. 情报科学，2016（03）：133-138+160.

［181］周涛，鲁耀斌，张金隆. 整合TTF与UTAUT视角的移动银行用户采纳行为研究［J］. 管理科学，2009（03）：75-82.

致 谢

盼着凤凰花开的时候,自己能够着手写致谢,因为这意味着可以不再为博士论文而辗转反侧,忧思如缕。而当这一日真来临的时候,才发现一路走来有许多人的扶持和帮助,需要铭记感恩。

首先感谢我的导师林璧属教授能够接纳我入博士之门,在我整个求学过程中给予悉心指点,只有日后学术上的加倍努力,才不负老师的期望。

还要诚挚地感谢在求学过程中给予我很多指导和帮助的厦门大学老师黄福才教授、林德荣教授、周星教授、魏敏教授、张讲福副教授等,他们严谨的学术风范和诲人不倦的精神都给予我鞭策和指引。此外,感谢在厦门期间,在学术和生活上都给予我照顾的周昌乐教授及夫人丁晓君老师。感谢访美期间给我指导的弗吉尼亚理工大学的樊卫国教授、王刚教授。

铭记厦门大学求学的美好时光,感谢刘晶晶、林文凯、周春波、郭晓琳、陈梅、李超、汪金祥、冯星、李盈璇、胡刘芬、高德、桑大鹏、刘晓晨、李帅、房雯雯等同学情谊。我们一起过三高,写论文,跑步锻炼,唱歌解压,互相鼓励和扶持。

感谢我的领导王昆欣书记和沈建龙主任一直以来的支持。感谢我的同事娄金霞、吴铮、吴樱、夏蓓、周寒琼、阳淑媛、张雪丽、边喜英等以及我的老同学陈华、朱蕾、孙寅、徐卫进等,他们帮助我发放了大量的问卷。感谢我的学生朱双双、周双秋、吴清云等,他们帮助我完成了烦琐的实验的组织工作。感谢我的好朋友张卓东和阮爱清在最困难的时候一直与我同行。其实还有很多人我不能一一提及,但是他们对我的毕业都功不可没。

感谢一直在背后支持我的先生,他不但在学术上予我援助,而且承担了许多家庭责任,还有我写论文时的坏脾气。感谢我的女儿扬扬,她的天真可爱是一直支持我前行的动力。感谢我的公公婆婆,他们全力支持了我的学业,并时常照顾我的小家。感谢我的父母,他们多年辛劳勤勉,无怨无悔,支持我求学,去实现自己的梦想。

最后感谢厦门大学的山海风光、芙蓉湖畔、上弦操场、丰庭小舍,处处记录了我一段难忘的成长时光。

策　　　划：赖春梅
责任编辑：贾东丽

图书在版编目（CIP）数据

手指划开新世界：旅游APP的用户采纳行为研究／潘澜著．--北京：旅游教育出版社，2020.1
（问题：概念、解析、实证之探索丛书）
ISBN 978-7-5637-4041-3

Ⅰ．①手… Ⅱ．①潘… Ⅲ．①旅游业－网络营销－研究－中国 Ⅳ．① F592.6

中国版本图书馆CIP数据核字（2019）第286030号

问题——概念、解析、实证之探索丛书
丛书主编／林璧属

手指划开新世界——旅游APP的用户采纳行为研究

潘澜／著

出版单位	旅游教育出版社
地　　址	北京市朝阳区定福庄南里1号
邮　　编	100024
发行电话	（010）65778403 65728372 65767462（传真）
本社网址	www.tepcb.com
E-mail	tepfx@163.com
排版单位	北京卡古鸟艺术设计有限责任公司
印刷单位	天津雅泽印刷有限公司
经销单位	新华书店
开　　本	850毫米×1168毫米 1/32
印　　张	10.75
字　　数	222千字
版　　次	2020年1月第1版
印　　次	2020年1月第1次印刷
定　　价	128.00元

（图书如有装订差错请与发行部联系）